**权威·前沿·原创**

皮书系列为

“十二五”“十三五”“十四五”国家重点图书出版规划项目

智库成果出版与传播平台

# 中国社会治理创新报告（2020~2021）

REPORT ON INNOVATIONS OF CHINA'S SOCIAL GOVERNANCE (2020-2021)

## 超大城市社会治理的朝阳经验

主　编 / 连玉明

社会科学文献出版社
SOCIAL SCIENCES ACADEMIC PRESS (CHINA)

图书在版编目(CIP)数据

中国社会治理创新报告：2020－2021．超大城市社会治理的朝阳经验／连玉明主编．－－北京：社会科学文献出版社，2022.4
（社会治理蓝皮书）
ISBN 978－7－5201－9448－8

Ⅰ．①中…　Ⅱ．①连…　Ⅲ．①社会管理－创新管理－研究报告－中国－2020－2021 ②社会管理－研究报告－朝阳区－2020－2021　Ⅳ．①D63 ②D671.3

中国版本图书馆CIP数据核字（2021）第249375号

社会治理蓝皮书
中国社会治理创新报告（2020~2021）
——超大城市社会治理的朝阳经验

主　　编／连玉明

出 版 人／王利民
责任编辑／张　媛
责任印制／王京美

出　　版／社会科学文献出版社·皮书出版分社（010）59367127
地址：北京市北三环中路甲29号院华龙大厦　邮编：100029
网址：www.ssap.com.cn
发　　行／社会科学文献出版社（010）59367028
印　　装／天津千鹤文化传播有限公司

规　　格／开　本：787mm×1092mm　1/16
印　张：17.25　字　数：256千字
版　　次／2022年4月第1版　2022年4月第1次印刷
书　　号／ISBN 978－7－5201－9448－8
定　　价／128.00元

读者服务电话：4008918866

# 《中国社会治理创新报告（2020～2021）》
# 编　写　组


主　　　编　连玉明

副　主　编　朱颖慧　张俊立

核心研究人员　（按姓氏笔画排名）

马　可　王新江　石立华　申艺琳　李瑞香
肖连春　吴钰鑫　张　健　张　涛　张志强
张俊立　张源畅　陈盈瑾　陈淑琴　郑荣思敏
赵博洋　袁学军　钱玉云　蒋承恭

# 主编简介

**连玉明**　教授，博士。现为全国政协委员，北京市朝阳区政协副主席，北京国际城市发展研究院院长。

连玉明教授是中国著名城市专家，北京市人民政府专家咨询委员会委员、京津冀协同发展研究基地首席专家、基于大数据的城市科学研究北京市重点实验室主任。研究领域为城市学、决策学和社会学。他研究提出的“城市价值链理论”被誉为世界三大竞争力理论之一。曾担纲北京 2008 年奥运功能区发展规划首席规划师、北京奥运中心区环境建设总规划师、北京奥运会残奥会奥运医疗卫生保障工作顾问。主要代表作有《城市的觉醒》《城市的战略》《城市的智慧》“新城市主义三部曲”。

连玉明教授也是大数据战略专家，兼任贵阳市委市政府首席战略顾问，大数据战略重点实验室主任，中国政法大学数权法研究中心主任。主要代表作为《块数据》《数权法》《主权区块链》“数字文明三部曲”。主编出版《数典》和《大数据百科术语辞典》（20 卷）是全球首部全面系统研究大数据标准术语的多语种智能化专业工具书。

# 摘 要

"十三五"时期，作为国家治理现代化重要组成部分的社会治理现代化建设取得了显著成效。"十四五"时期，是我国全面建成小康社会后奔向社会主义现代化目标的重大战略机遇期。党的十九届五中全会审议通过《中共中央关于制定国民经济和社会发展第十四个五年规划和二〇三五年远景目标的建议》，提出到2025年国家治理效能得到新提升，社会主义民主法治更加健全，社会公平正义进一步彰显，国家行政体系更加完善，政府作用更好发挥，行政效率和公信力显著提升，社会治理特别是基层治理水平明显提高。到2035年基本实现国家治理体系和治理能力现代化。"十四五"时期北京市要积极构建更加有效的首都治理体系的发展框架，以形成更加成熟更加定型的社会治理制度为目标，明确发展思路和建设重点。

《中国社会治理创新报告（2020～2021）》以"超大城市社会治理的朝阳经验"为主题，对朝阳区"十三五"建设成效特别是基层社会治理的模式和路径进行总结，结合当今世界百年未有之大变局背景下首都现代化建设面临的新挑战、新考验，对社会建设改革领域进行新一轮总结和探索，对朝阳区"十四五"时期社会治理路径进行创新。本书基于朝阳区实践情况重点针对社会治理共同体的基本内涵、重大意义以及市域社会治理现代化的路径探索从理论层面进行探讨、分析，抓住北京市2020年"四个条例"实施契机，聚焦"两个关键小事"，对朝阳区基层体制改革后，切实纾民困、解民忧，提升基层社会治理效能的治理模式进行提炼，进一步在现实语境下开拓创新思路。同时，更加重视基层调研和基层经验总结，围绕朝阳区党政群

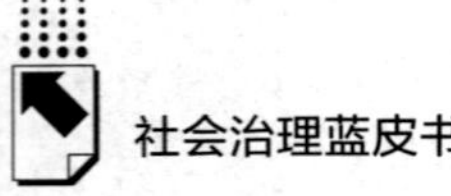


共商共治、撤村建居、“年度三件事”等具体工作，深入实地开展调研，对朝阳区通过党政群共商共治解决居民实际难题的工作方法进行总结。

本书认为朝阳区“十四五”时期应“统筹好市域、街区、社区三大主体，推进社会治理与社会服务双向发力”，并提出社会治理目标与战略重点，对具体项目进行细化，以期为朝阳区“十四五”时期社会治理提供参考。

**关键词：** 社会治理　基层社会治理　市域社会治理

# Abstract

During the 13th Five-Year Plan period, remarkable achievements had been scored in modernizing social governance, which is an integral part of the modernization of the national governance system in China. The 14th Five-Year Plan period is a period of major strategic opportunities as China strives for the goal of building a modern socialist country after we have put in place a moderately prosperous society in all respects. As pointed out in the *Proposal of the Central Committee of the Communist Party of China on Formulating the Fourteenth Five-Year Plan for National Economic and Social Development and the Long-Term Goals for 2035* adopted at the Fifth Plenary Session of the 19th CPC Central Committee, by 2025, the efficiency of national governance will be improved, the socialist democracy and the rule of law will be more complete, social fairness and justice will be further guaranteed, and the national administrative system will be further enhanced. The result will be that the government can better play its role, with higher administrative efficiency and credibility. The social governance, especially grassroots governance will also be significantly boosted. In this way, the goal of modernizing the national governance system and governance capability will be basically fulfilled by 2035. During the 14th Five-Year Plan period, Beijing Municipality and its Chaoyang District shall actively build a more effective development framework for the governance system of the capital, and clarify the ideas and priorities for development, with the goal of developing a more mature and sound social governance system.

Themed on "Chaoyang experience of social governance in megacities", the *Report on Innovation of China's Social Governance (2020 - 2021)* summarizes the achievements of Chaoyang District in this regard during the13th Five-Year Plan period, especially in the models and paths of grassroots social governance, makes new summaries and explorations in social reforms and innovates with social governance paths in the 14th Five-Year Plan period based on the new challenges and tests faced by the modernization of the capital amid changes unseen in a century. The book explores, discusses and analyzes the idea of social governance community and its major consequences as well as the ways to modernize social governance at the municipal level based on the practices in Chaoyang District from a theoretical perspective. It summarizes the governance model for relieving people's difficulties and worries, addressing public concerns and improving grassroots social governance efficiency after the grassroots system reforms in Chaoyang District, and further explores new ideas based on the reality on the occasion of the implementation of the 2020 Four Regulations as well as the rules on garbage sorting and property management. At the same time, it attaches more importance to the study and summary of experience at the grassroots level. Through field studies, it summarizes the methods of Chaoyang District in solving problems for people with joint participation in social governance from the local CPC and CPPCC organizations and the public as a whole, including projects of dismantling villages and setting up urban communities and "three priorities of the year".

This book believes that during the 14th Five-Year Plan period in Chaoyang District, the three main bodies of the city, neighborhoods and communities should be coordinated to promote social governance and service. It also proposes goals and strategic priorities for social governance, and refines specific projects, in a bid to offer references for the social governance of Chaoyang District during the 14th Five-Year Plan period.

**Keywords**: Social Governance; Grassroots Social Governance; Municipal Social Governance

# 导 语

## “十四五”时期推进社会治理现代化的关键点

党的十九届五中全会对未来一个时期加强和创新社会治理作出了系统性战略部署。站在“两个一百年”奋斗目标历史交汇点，开启全面建设社会主义现代化新征程，要以坚持和完善共建共治共享的社会治理制度为目标，把准推进社会治理现代化的发力点，着力破解制约社会治理体系和治理能力现代化的问题，助力人人有责、人人尽责、人人享有的社会治理共同体建设。

### 一 强化党建引领社会治理，把党的领导落实到基层治理的各领域各环节各方面

党的十九届四中全会提出“健全总揽全局、协调各方的党的领导制度体系，把党的领导落实到国家治理各领域各方面各环节”。社会治理是全社会的责任，党建引领社会治理是新时代社会建设的需要，是实现政府治理和社会调节、居民自治良性互动的要求。要以健全横纵交织、条块结合的党建协调委员会为抓手，创新全域协同治理。要以各级、各类、各行业党组织为纽带，带动全区域、各领域、各行业的统筹协作，切实解决人民群众所关切的问题。

## 二　以深化落实街道管理体制改革为主线，构建简约高效的基层管理体制，打通基层治理的“神经末梢”

街乡、社区（村）是首都治理体系的基础，是国家与社会之间的互动界面和连接触点。要以构建简约高效的基层管理体制为目标，深化街道管理体制改革，推进基层行政管理体制改革，统筹推动审批服务便民化改革，推动重心下移、权力下放、力量下沉，形成到一线解决问题的工作导向，实现责权统一、上下联动，切实发挥街乡在市域社会治理中的基础作用。

## 三　以完善基层协商的制度化实践为重点，建立健全超大城市基层治理新格局

十九届四中全会在“坚持和完善共建共治共享的社会治理制度”方面加入了民主协商，是对我国社会治理体系的进一步完善。特别是把民主协商放在了“党委领导、政府负责”的后面，充分体现了民主协商在社会治理中的独特优势。全国市域社会治理现代化工作会议进一步提出“凝聚社会治理的最大共识，包容是基本前提，协商是基本方式”。对于基层社会治理来讲，就是要更好地发挥社会主义协商民主制度在治理中的独特优势，进一步建立健全协商平台层级化、协商主体多元化、协商流程规范化、协商模式社会化的体制机制，及时反映和协调人民群众各方面、各层次利益诉求，保障居民群众的知情权、参与权、表达权和监督权，不断提升基层协商民主的深度、广度、力度和精度，丰富“有事好商量、众人的事情由众人商量”的制度化实践，找到全社会意愿和要求的最大公约数，把共建共治共享的同心圆画大。

## 四　聚焦民生需求深化供给方式变革，不断满足群众对民生服务的多样性、高品质需求

实现好、维护好、发展好最广大人民根本利益是我们党一切工作的出发

点和落脚点。要以满足人民日益增长的美好生活需要为出发点和落脚点，找准民生实际中存在的痛点难点问题，实施一批民生“补短板”工程，通过周期性的“短板补足—发展—发现新问题—再补足”的滚动式发展，不断拓展民生服务的多样性、提升服务质量，以服务供给的数量和质量回应群众的需求，让全体人民生活更舒心、工作更称心、办事更顺心、全社会更有爱心，不断提高群众对社区工作的满意度，强化群众对社区的认同感，不断增强社区凝聚力和向心力。

## 五 完善多元主体参与的制度化渠道，实现基层社会治理从分治走向共治

“建设社会治理共同体”关键是要形成合力。但从基层实际工作来看，目前政府、社会、市场、居民等各类主体在治理中各自为政的问题仍不同程度地存在，各类主体的协同治理能力和机制有待完善。完善群众参与的制度化渠道，发挥枢纽型社会组织作用，分类整合社会资源，吸引新的社会阶层人士、志愿者、居民群众等各类人群参与基层社会治理。充分利用科技信息化资源，创新互联网时代群众工作机制，建立平行、互动、多样的群众参与网络平台，形成人人尽责、人人享有的生动局面。创新社会治理思路，扩大公共服务市场开放，通过政府购买服务，健全激励补偿、举报奖励、公益反哺、以奖代补等机制，鼓励和引导企事业单位、社会组织、人民群众积极参与社会治理。

## 六 以推进全国市域社会治理现代化试点为契机，加强依法治理，推进法治社会建设

2019 年 12 月 3 日中央政法委召开全国市域社会治理现代化工作会议，明确了推进市域社会治理现代化的总体思路和试点工作要求。要把落实好市域社会治理现代化试点工作作为“十四五”时期社会治理的重要任务和重要抓手，以创建市域社会治理现代化建设试点为契机，推进法治社会建设，

更多地运用法治思维构建社会治理规则体系，更好地运用法治方式解决社会治理领域中的突出问题，把法治的引领、规范和保障作用充分发挥出来，把社会治理各项活动纳入法治的轨道。

## 七　充分运用大数据、区块链、人工智能等治理科技，推进首都基层社会治理精细、精准、精治

以互联网、大数据、人工智能、区块链、量子信息为标志的治理科技是决定社会治理现代化的核心力量。治理科技将促进社会治理更加精细化、精准化和精致化。要推动社会治理从事中干预、事后响应向事前预警、超前预判转变。探索数据驱动、人机协同、跨界融合、共创分享的智能化治理新模式，实现对城市运行的超强感知、公共资源的高效配置、异常情形的及时预警和突发事件的快速处置。要推动社会治理从网格化向块数据、区块链升级。推进“智慧城市”“城市大脑”建设，通过技术之治与制度之治的结合，实现精准、精细、精治的治理目标。

## 八　加强社会治理专业组织和人才队伍建设，不断提升基层治理效能

当前基层治理面临的问题越来越复杂、越来越专业。只有让专门人才使用专门工具才能解决专业问题，提高治理效能。建立健全基层治理规划师制度，定期对街乡、社区（村）开展体检，诊治治理问题，并提供标准化、规范化的工具模型，开展系统化、专业化指导。制定支持社会治理专门化、职业化、规范化队伍建设的政策体系，建立健全社会治理专门人才的培养、考评和激励机制，制定合理的薪酬政策，为社会治理提供人才保障。培育、扶持和发展第三方专业组织，创新“权随责走、费随事转”体制机制，不断拓宽社会组织发展空间，实现政府和社会的良性互动。

# 目　录

## Ⅰ　总报告

B.1　从朝阳区社会建设两次重大改革看“十四五”时期社会治理发展新路径 …… 001

一　20世纪80年代以来，朝阳区社会建设逐步发展，奠定社会治理快速发展的基础 …… 002

二　社会建设领域“两个改革”和三个“五年规划”期开启了从社会管理到社会治理的转型发展，为朝阳区社会治理不断创新发展积累了经验 …… 003

三　面向“十四五”，朝阳区社会治理面临的机遇与挑战 …… 006

四　统筹好市域、街区、社区三大主体，推进社会治理与社会服务双向发力 …… 008

五　朝阳区“十四五”时期社会治理基本思路与发展理念 …… 010

六　朝阳区“十四五”时期社会治理主要工程与实现路径 …… 011

## Ⅱ 理论探讨篇

B.2 以全面从严治党新成效推进基层治理能力和治理体系现代化的实践研究 …… 015
B.3 疫情背景下朝阳区重大风险防范机制研究 …… 028
B.4 新时代超大城市推进市域治理现代化的路径研究
——以朝阳区市域社会治理现代化试点创建为例 …… 042

## Ⅲ 专题篇

B.5 朝阳区落实《北京市街道办事处条例》提升基层治理效能的实践 …… 052
B.6 朝阳区落实《北京市生活垃圾管理条例》的实践创新研究 …… 064
B.7 朝阳区落实《北京市物业管理条例》提升城市精细化治理水平的实践探索 …… 076
B.8 朝阳区落实《北京市文明行为促进条例》推进精神文明建设的实践探索 …… 091

## Ⅳ 调研篇

B.9 关于团结湖街道以党建带动统战促进基层治理效能提升的研究 …… 100
B.10 关于呼家楼街道呼家楼北社区党建引领“两个条例”实践研究的调研报告 …… 113

## Ⅴ 数据篇

B.11 基于数据分析看朝阳区党政群共商共治的基层实践 …………… 126
B.12 关于朝阳区社工队伍建设现状研究 ……………………………… 143
B.13 关于朝阳区“年度三件事”的数据分析报告 ……………………… 164

## Ⅵ 案例篇

B.14 朝阳区党建引领基层民主协商的实践探索 ……………………… 180
B.15 朝阳区以共商共治推动解决“小电梯大难题” ………………… 190
B.16 朝阳区以共商共治推动解决居民停车难题 ……………………… 199
B.17 朝阳区推动老旧小区治理优化提升的实践探索 ………………… 211
B.18 朝阳区优化街区、楼院宜居环境的实践探索 …………………… 225
B.19 朝阳区疫情防控党建引领创新基层治理的实践 ………………… 237

B.20 后 记 ……………………………………………………………… 247

皮书数据库阅读**使用指南**

# CONTENTS

## I General Report

**B**.1 New Paths on Social Governance Developmetn During the14th Five-Year Plan Period From the Perspective of Two Major Reforms on Social Development in Chaoyang District / 001

1. Steady Progress in Social Development Have Been Made in Chaoyang District Since the 1980s, Laying the Foundation for the Rapid Development of Social Governance. / 002
2. During the Two Reforms and Three "Five-Year Plan" Periods,the Transformation From Social Management to Social Governance Started, Offering Experience for the Continuous Innovation and Development of Social Governance in Chaoyang District / 003
3. Opportunities and Challenges Faced by Chaoyang District in Social Governance in the 14th Five-Year Plan Period / 006
4. Coordinate Three Main Bodies of the City, Neighborhoods and Communities to Promote Social Governance and Service / 008

5. Basic Thinking on Social Governance in Chaoyang District During the 14th Five-Year Plan Period / 010

6. Major Projects and Ways of Implementation of Social Governance in Chaoyang Distinct during the 14th Five-Year Plan Period / 011

## Ⅱ Theoretical Discussion

**B**.2 Practical Study on Comprehensively Promoting the Modernization of Grassroots Governance Capacity and Governance System With the New Achievements of Strictly Governing the Party / 015

**B**.3 Study on the Major Risk Prevention System of Chaoyang District Amid the COVID-19 Pandemic / 028

**B**.4 Study on the Path of Promoting Social Governance Modernization at the Municipal Level for Megacity in the New Era

—*Take the Pilot Project of Municipal Social Governance Modernization in Chaoyang District as an Example* / 042

## Ⅲ Special Reports

**B**.5 Practice of Chaoyang District in Implementing the *Regulations on Sub-district Offices in Beijing* to Improve the Effectiveness of Grassroots Governance / 052

**B**.6 Study on the Practice and Innovation of Chaoyang District in Implementing the *Regulations on the Management of Domestic Waste in Beijing* / 064

**B**.7 Practical Explorations of Chaoyang District in Implementing the *Regulations on Property Management in Beijing* to Improve fine Urban Governance / 076

**B**.8 Practical Explorations of Chaoyang District in Implementing the *Regulations on Promoting Civilized Behaviors in Beijing* to Boost Cultural and Ethical Progress / 091

## Ⅳ Investigation Reports

**B**.9 Research on Tuanjiehu Sub-district in Improveing Grassroots Governance Efficiency Driven by Party Building at the United Front / 100

**B**.10 Investigation Report on the Practical Research on the "Two Regulations" Led by Party Building in Hujialou North Community, Hujialou Sub-district / 113

## Ⅴ Data Reports

**B**.11 Data Analysis Report on the Grassroots Practice of Joint Social Governance by the Party, the Government and the Masses in Chaoyang District Through Consultation / 126

**B**.12 Research on the Status Quo of the Development of Social Worker Team in Chaoyang District / 143

**B**.13 Data Analysis Report on the Three Priorities of the Year in Chaoyang District / 164

## Ⅵ Cases

**B**.14 Practical Explorations of Party Building-driven Grassroots Democratic Consultation in Chaoyang District / 180

**B**.15 Solution of the Problems of Elevators in Chaoyang District Through Consultation and Co-governance / 190

**B**.16 Solution of the Problems of Shortage in Parking Places in Chaoyang District Through Consultation and Co-governance / 199

**B**.17 Practical Explorations in Optmizing the Governance of Old Communities in Chaoyang District / 211

**B**.18 Practice Explorations of Optimizing the Living Environment of Neighborhoods and Buildings in Chaoyang District / 225

**B**.19 Practices of Epidemic Prevention and Control, and Party Building-driven Innovations in Grassroots Governance / 237

**B**.20 Afterwords / 247

# 总报告

General Report

## B.1 从朝阳区社会建设两次重大改革看"十四五"时期社会治理发展新路径

摘 要：改革开放以来，北京市朝阳区经济快速发展，朝阳区的社会建设工作取得了巨大成就，也成为我国社会建设成效和发展历程的缩影。特别是2008～2018年，朝阳区社会建设快速发展，为朝阳区优化城市发展空间、提升城市品质、增强城市功能奠定了坚实的社会基础。站在新的历史节点上，朝阳区要在贯彻落实好党中央要求特别是十九届四中、五中全会部署的基础上，梳理发展脉络，总结发展经验，厚植发展优势，补齐发展短板，逐步构建更加有效的社会治理体系发展框架，扎实推进社会治理创新并取得新成效。

关键词：社会治理　社会建设　朝阳区

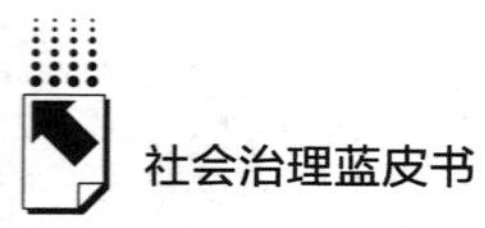


## 一　20世纪80年代以来，朝阳区社会建设逐步发展，奠定社会治理快速发展的基础

### （一）积极响应北京城市工作会议精神，逐步恢复社会建设建制

1978年3月召开全国城市工作会议，中央为顺应社会发展趋势对全国城市发展作出指导，制定并发布了《关于加强城市建设工作的意见》。北京市积极学习传达全国城市工作会议精神，同年7月召开北京市城市工作会议，对城市建设与经济建设之间的关系进行明确，提出把做好群众服务事业作为全党的一件大事来抓。朝阳区紧抓时代机遇，积极响应中央和北京市关于城市工作会议的精神，重视社会建设工作的开展，在基层对原有街道行政体系进行改革和完善，社会建设事业逐步进入正轨，全区各级职能部门为民服务能力得到明显加强。

### （二）以重大国际赛事为契机，推动社会建设不断迈上新台阶

从20世纪末开始，朝阳区坚持大事引领区域发展策略，经济社会各项事业进入蓬勃发展阶段。10年间，朝阳区以筹备亚运会、北京奥运会两大国际赛事保障服务为契机，开展各类精神文明创建活动和综合治理专项行动，区域环境得到明显改善，社会文明和谐程度大大提升。后奥运时期，朝阳区以创建全国文明城区为统领，进一步总结固化奥运期间社会服务、社会动员、支援服务等工作经验，推动了全区各个街乡、社区（村）基层管理和服务创新。在此期间，朝阳区获得“中国社区治理十大创新成果”“全国和谐社区建设示范城区”等多项荣誉称号。

## 二　社会建设领域“两个改革”和三个“五年规划”期开启了从社会管理到社会治理的转型发展，为朝阳区社会治理不断创新发展积累了经验

### （一）以两次政府机构改革引领社会治理改革，实现社会治理与社会服务互促互进

1. 第一次改革：社工委、社会办的成立，统筹推进社会建设和社会治理创新

2008 年 3 月，朝阳区成立中共北京市朝阳区社会工作委员会、北京市朝阳区社会建设工作办公室，撤销区委街工委、区街办设置。区社工委为区委派出机构，区社会办为区政府职能部门，二者合署办公。通过对原区委街工委、区街办机构和职能进行调整整合，除将原区委街工委、区街办承担的全部职能划入区社工委、区社会办，还将区政府办承担的朝阳区建设和谐社区和谐乡村工作领导小组办公室的相关职能，与区民政局社区建设办公室承担的统筹协调与指导本区城乡社区建设、监督有关政策法规贯彻落实和推广社区建设先进经验的职能一并划入。为避免职责交叉，对相关部门的职责关系也作了明确界定。区社工委、区社会办的成立，是朝阳区街道体制向社会建设管理体制嬗变的标志，预示着改革继续向加强社会建设、创新社会管理、创新社会治理纵深发展。

2. 第二次改革：社工委与民政局合署办公，在治理中优化服务，在服务中促进治理

2018 年底，朝阳区社会建设办公室机构退出历史舞台。2019 年 3 月 14 日，中共北京市朝阳区委社会工作委员会与朝阳区民政局合署办公正式揭牌，朝阳区社会建设迎来了新的发展机遇。社工委与民政局合署办公，不是简单的物理整合，而是职能和人员上的融合。合署办公后，整合了原社工委、社会办、民政局的工作职能，在街道管理方面工作职能更加细化，社会

治理与民生保障的工作体系更加健全。2019 年区社工委、区民政局围绕北京市重点工作和朝阳区基层建设年 128 项重点工作，构建全区社会治理与民生保障的八大工作体系，形成朝阳区基层治理工作新格局。区社工委、区民政局合署办公以来，聚焦非首都功能疏解和“大城市病”治理，不断创新社会治理理念，重视源头治理，开展动态治理，推动社会和谐发展。坚持以体系化、信息化、社会化为特色，努力构建社会治理责任链，打通服务群众“最后一公里”，探索城市基层治理新路径。

### （二）三个“五年规划”为朝阳区社会建设工作指方向、积经验，社会治理成果不断凸显

#### 1. “十一五”时期，朝阳区社会建设工作取得显著成效

“十一五”时期，朝阳区坚持统筹经济与社会协调发展，紧紧围绕保障和改善民生、构建和谐社会，着力创新社会建设体制机制，圆满完成北京奥运会筹办、新中国成立 60 周年庆典保障等各项重大任务，荣获全国和谐社区建设示范区、全国社区服务示范区称号，并被中央政法委、中央综治委列为“社会管理创新综合试点区”，被北京市列为“社会服务管理创新综合试点区”，一批社会服务管理创新的工作经验和工作模式成为全市、全国的典型经验。在此期间，朝阳区社会建设成效主要表现在 5 个方面：一是社会公共服务体系逐步完善，建立了适合区域特点的民生工作长效机制和民生工作体系，全区人民生活品质不断提升；二是社区服务管理体系基本形成，社区规范化建设成效明显，逐步实现由城市向农村延伸；三是“枢纽型”社会组织工作体系初步构建，各类社会组织的生机活力明显增强；四是社会工作运行体系初步建立，社会工作队伍专业化、职业化水平进一步提升，志愿者管理机制初步建立；五是社会领域党建工作体系初步形成，党建工作方式不断创新，实现了从空间全覆盖到工作全覆盖。

#### 2. “十二五”时期，社会建设强化规划引领，基层基础逐步夯实，城市环境持续改善

2011 年，《朝阳区“十二五”时期社会建设规划》（以下简称《规划》）

正式发布。《规划》明确了发展目标，指出到2015年，要基本构建起与“加快转变发展方式示范区、建设世界城市试验区、推进城乡一体化先行区、促进社会和谐模范区”建设目标相适应的社会治理与服务新体系，建立具有首都特色、时代特征、朝阳特点的社会建设新模式，努力使朝阳区的社会建设事业走在全市、全国前列。社会服务更加完善，居民群众的幸福感和满意度不断提升。社会管理更加科学，全模式社会服务管理体系基本建立。社会协同更加广泛，公民参与社会管理的机制和途径逐步完善。社会环境更加文明，创建全国文明城区的成果进一步深化。社会关系更加和谐，城乡居民共享改革发展成果的局面基本形成。同时，《规划》提出了9项主要任务：“完善社会服务强化社会管理；实现各类人群服务管理全覆盖；夯实社会服务管理基层基础；加强对公共安全的服务管理；加强对各类社会组织和经济组织的服务管理；加快建设全模式社会服务管理系统；加强对信息网络的服务管理；努力创建社会文明环境；加强对群众合法权益的维护”。

“十二五”时期，朝阳区积极落实《规划》确定的各项目标和任务，坚持党建引领，强化工作合力，统筹城乡发展，创新党政群共商共治模式，较好地完成了各项工作目标，社会治理创新逐步深入，群众动员灵活多样，基层公共服务体系不断完善，社会参与广泛，城市环境持续改善，基层基础逐步夯实，为“十三五”时期社会建设打下了坚实基础。

3. “十三五”时期，以制度建设为核心的社会治理体系基本形成，社会服务与社会治理双向发力能力不断增强

2016年，《朝阳区“十三五”时期社会治理发展规划》（以下简称《规划》）正式发布。《规划》明确了工作目标，紧紧围绕“服务国际商务中心区、国家文化创新实验区、和谐宜居模范区”建设，率先实现全面建成小康社会的总体目标，以城乡“六个一百”工程为抓手，以功能疏解、人口调控、“大城市病”治理、体制改革等为重点推进任务，扎实推进社会建设各项工作。到2020年，社会领域党建统领作用明显增强，社会治理体制改革稳步推进，社会协同基础有效夯实，公众参与水平显著提升，系统治理、依法治理、综合治理和源头治理能力切实增强，新型政社关系基本构建，以

法治、善治、自治、共治和德治为核心的社会治理体系基本形成，力争使社会治理创新继续走在全市前列，为建设高端集约、环境优美、开放包容、宜居和谐、民生幸福的魅力朝阳创造良好的社会环境。

“十三五”以来，朝阳区党建引领社会治理不断强化，党的领导在基层治理的各领域各环节各方面得到落实，基层管理体制不断健全，加强党建引领下的精治共治法治一体化建设，推动重心下移、力量下沉、服务基层。“民有所呼，我有所应”治理模式持续深化，实现从解决“最后一公里”向解决“事前一公里”转变。通过党建引领“街乡吹哨、部门报到”和“接诉即办”工作机制，对基层治理的应急机制、服务群众的响应机制和打通落实“最后一公里”的工作机制进行有效联通，不断完善“接诉即办”工作制度体系，实现吹哨报到与“接诉即办”的有效衔接。

## 三　面向“十四五”，朝阳区社会治理面临的机遇与挑战

“十四五”时期，朝阳区的功能定位和发展布局是既定的，但发展面临的不确定性、不稳定性和不可预知性都明显增加。尤其是在社会治理方面面临外部、内部双重压力。朝阳区作为首都经济发展、对外交流大区，置身世界百年未有之大变局和日趋复杂的国际环境之中，治理环境复杂、治理风险加剧。

### （一）适应新局势：日趋复杂的国际环境对社会治理提出新挑战

受疫情影响，世界主要经济体普遍面临经济下行压力。朝阳区国际化区情特征明显，外向型经济占比较高。受疫情影响，区域旅游业、文化产业、体育产业、餐饮娱乐产业等均受到不同程度的冲击。同时，疫情蔓延的综合效应可能使一些国家单边主义、民粹主义思潮加剧，逆全球化思潮兴起，保护主义、单边主义抬头，加剧不稳定因素。在此背景下，朝阳区应根据时势变化，积极创新符合自身发展实际、契合本土情境的治理范式，维护好首都安全稳定大局。

### （二）满足新需求：社会主要矛盾转化背景下要更好地满足人民日益增长的美好生活需求

随着基本物质生活需要得到满足，人们对生活质量有了更高的要求。新时期，人民对美好生活的需要将内容更广、层次更高、跨域更多，需求类型已经由原来的基本生活满足型转向综合发展型和富裕提升型，不单单是对物质文化生活要求更高，对民主、法治、公平、正义、安全、环境等方面的需求也日益增长。同时，人民对政府提供服务的方式也有新的要求，更充分地表达自己的参与诉求和治理诉求成为新的需求。朝阳区“十四五”时期社会治理应进一步把握人民群众向往美好生活的新特点、新要求、新期待，不断提升人民群众获得感、幸福感、安全感。

### （三）实现新要求：经济从高速增长向高质量转化的阶段性特征对创新社会治理方式提出更高要求

党的十九届四中全会提出，“坚持和完善社会主义基本经济制度，推动经济高质量发展”。高质量发展是对我国经济发展阶段变化和现在所处关口作出的重大判断，同时也为朝阳区“十四五”时期经济社会发展指明了方向。一方面，人民生活的持续改善使消费结构向高端化、个性化、多样化方向发展，对政府、社会的服务供给质量提出更高的要求。另一方面，高质量转型发展要求转变发展方式、优化经济结构、转换增长动力，其间结构性、体制性、周期性问题相互交织，特别是2020年，随着经济下行压力加大，就业压力增加、消费价格指数上涨过快、民生事业发展挑战性增加，对社会建设也会产生一定影响，政府治理改革带动社会治理改革的要求提高。因此，朝阳区“十四五”时期社会治理要顺应这种发展态势，提前谋划创新社会治理尤其是基层社会治理机制和方式。

### （四）落实新定位：要在持续优化提升首都功能中创新和完善社会治理体制机制，建设更高水平“平安朝阳”

“十四五”时期是全面落实《北京城市总体规划（2016年—2035年）》

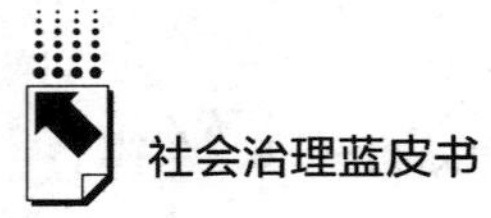


《朝阳分区规划（2017 年—2035 年）》的第一个规划周期，要把落实好城市总体规划、分区规划作为“十四五”时期朝阳区社会治理的一条主线，突出规划作为城市治理能力现代化综合工具的效用，在规划的落实中提高城市治理的效能。特别是要做好制度安排，加强在区级资源配置、政府服务、公共政策等方面的探索，也需要基层街乡、社区（村）进行实践创新，不断夯实基层治理基础。

### （五）应对新风险：新型社会风险给朝阳区创新平战结合的社会治理体系，提高社会抗风险能力带来新挑战

安全和稳定是首都的最大政治诉求。维护首都大局稳定，提高风险防范化解能力是朝阳区开展市域社会治理试点建设的重要任务之一。对朝阳区发展来说，加强首都安全稳定工作，深刻总结和反思此次疫情反映出的城市治理存在的问题和短板，着力破解当前在社会风险防范中普遍存在的政策更新滞后、问题发现滞后、办事效率滞后和破解风险防范被动、矛盾化解被动、服务治理被动的问题是新型社会风险对社会治理提出的新问题、新挑战。

### （六）把握新科技：抓住“新基建”机遇推动社会治理智能化发展

科技支撑是社会治理体系的核心内容之一，特别是在此次疫情防控期间，大数据等新一代信息技术的应用为研判疫情、科学决策提供了有力支撑。“十四五”时期，朝阳区仍需进一步把握新基建三年行动方案的重要内容，从更长的时间周期上进行长远谋划，抓住并用好“新基建”的重要机遇，推动社会治理智能化建设。

## 四　统筹好市域、街区、社区三大主体，推进社会治理与社会服务双向发力

新中国成立 70 多年来，我们党领导人民创造了世所罕见的两大奇迹。一是经济快速发展奇迹，二是社会长期稳定奇迹。这“两大奇迹”成为新

中国成立70多年来我们党执政成就和国家治理成效的重大标志，成为我国国家制度和国家治理体系具有多方面显著优势的生动体现。社会的长期稳定离不开社会治理制度的现代化。坚持和完善民生保障、社会治理制度是以习近平同志为核心的党中央坚持“以人民为中心”的体现，是以民生为重点的社会领域中的制度建设。随着经济社会的快速发展，社会公共领域不断健全和扩大，成为社会生活、社会活动的基础空间。在这一背景下，推动民生保障和社会治理创新，就是要围绕更好保障和改善民生，提升群众满意度。不断维护和促进社会公平正义，让公平正义的阳光照进人民心田。深化社会体制改革，确保社会既充满活力又和谐有序。

朝阳区将以开展市域社会治理现代化为重点，推动制治融通。全国市域社会治理现代化工作会议提出，市域社会治理现代化试点要聚焦解决市域社会治理突出问题，主动破解社会矛盾外溢这一最突出的难题，主动应对治安问题复杂多变这一最现实的挑战，主动补齐优质公共服务供给不足这一最明显的短板。朝阳区市域治理在首都治理中的作用更为明显，在市域层面既要完成“制”的落实，又要推动“治”的实施，还要促进“制”的完善，形成制治融通的闭环，成为承上启下的重要枢纽。在推进市域社会治理现代化过程中，核心要解决好防范矛盾风险、化解矛盾纠纷、防止矛盾外溢的问题。

在街乡层面，要以构建简约高效的基层管理体制为目标，形成一线解决问题的工作机制。街乡、社区（村）是朝阳区“十四五”时期社会治理组织实施和强基固本的基本单元，要通过构建简约高效的基层管理体制，实现体制赋权，切实发挥街乡在社会治理中的基础作用。坚持精治共治法治的治理理念，不断夯实基层治理基础，逐步形成具有首都特点的超大城市基层治理新格局。着眼于打通为群众服务的“最后一公里”，以赋权、下沉、增效为重点，尽可能把资源、服务、管理放到基层，实现责权统一、上下联动，保证基层事情基层办、基层权力给基层、基层事情有人办，切实发挥街乡在社会治理中的基础作用。落实好街道管理体制改革各项任务，实施街道办事处条例，完善建设文明街道、活力街道、宜居街道、平安街道的机制。

在社区层面，要以党建引领物业治理为突破口重构基层治理体系。社区是党委和政府联系、服务群众的“最后一公里”，物业服务管理水平直接影响社区的生活环境、关系居民的幸福指数。建立健全社区党组织领导下的居委会、业委会、物业服务企业等共同参与的协同治理机制，有利于最大限度把党的政治优势、组织优势转化为社区治理优势，更好地贯彻落实以人民为中心的发展思想。通过不断理顺居委会、业委会和物业服务企业之间的关系，建立一套完善的功能性整合机制，逐步形成政府、社会与市场三元治理机制，实现业主委员会的自治管理、物业管理公司的专业管理与居民委员会的社区管理分工合作，在基层社区形成治理共同体。

## 五　朝阳区“十四五”时期社会治理基本思路与发展理念

### （一）以政府治理改革为先导，以基层社会治理创新为重点，完善社会治理体系

以政府治理改革为先导，就是要履行好社会治理职能和社会服务职能，适应人民群众和社会发展的需要改进行政作风、创新行政方式、提高行政效能。“治国安邦重在基层，社会治理的重心必须落到城乡、社区。”朝阳区要进一步落实《关于加强新时代街道工作的意见》《关于深化党建引领“街乡吹哨、部门报到”改革的实施意见》等，推进基层社会治理创新，把基层社会治理创新作为完善治理内容、改善治理路径、扩大社会参与的重中之重。

### （二）培育社会主体，扩大社会参与，加强法治保障与科技支撑

多元社会主体参与，要更加注重联动融合、开放共治，实现人人参与、人人尽力、人人共享。同时，要进一步强调法治、科技的保障支撑作用。推进法治进程是固根本、稳预期、利长远的保障手段，要善于运用法治思维和

法治方式分析解决问题。治理科技是决定社会治理现代化的核心力量，通过治理科技促进社会治理更加精细化、精准化和精致化。

### （三）强化社会治理功能，在维持秩序、维护稳定、确保安全上持续发力，在保障民生、促进发展、增强活力中提供动力

“十四五”时期，社会治理要树立更为明确的“底线”思维，坚持国家利益至上，以人民安全为宗旨，以政治安全为根本，统筹外部安全和内部安全、国土安全和国民安全、传统安全和非传统安全、自身安全和共同安全，构建“大安全、大应急、大统筹”工作格局。同时，一个好的社会还要充满活力，“十四五”时期，朝阳区要更加突出在服务中治理，对标“七有”“五性”要求，围绕更好保障和改善民生、促进社会公平正义、深化社会体制改革，加快形成科学有效的社会治理体制，确保社会既充满活力又和谐有序。

## 六　朝阳区“十四五”时期社会治理主要工程与实现路径

朝阳区“十四五”时期社会治理，应紧紧围绕政策实施创新、安全保障、改革创新、平台搭建、社会动员、服务项目、规划布局，找准切入点，细化重点实施工程。

### （一）实施“三社联动”优化提升工程，推动社会治理政策创新

“十四五”时期应在优化“三社联动”运行机制的基础上，继续探索推动社工、社群、社企参与社会治理的政策创新，不断完善社区工作者工作办法，加快社会工作专业人才队伍建设，充实社区的基础力量。社会组织管理体制改革是社会体制改革的重要内容，“十四五”时期要丰富社会组织的政策工具，逐步取消或放松对社会组织进入社会治理投资、募捐等领域的限制，政府通过为社会组织提供发展所需的资金、资源，运用市场化手段，利用宣传

倡导等方式促进其快速、健康发展。同时，进一步健全社会企业承担社会责任的信用体系，研究制定相关奖惩办法，引导社会企业有效参与社会治理。

### （二）开展数据治理生态体系建设工程，推动社会治理平台搭建

新一代信息技术蓬勃兴起，必须把握以数字化为标志的新一代技术革命带来的机遇，充分发挥科技对社会治理的支撑作用。以“超大城市病”治理、生态模式建设为重点，聚焦普遍性、综合性、急迫性的问题，开展大数据应用试点，提升运用大数据推动超大城市社会治理创新的引领能力。针对社会治理数字化管理平台杂、乱及功能发挥不明显的现状，应以各类数字平台的集成为重点，形成数据平台体系，加快推动数据治理生态体系建设。整合区、街乡各类平台，优化数字平台的功能设置，统一使用标准，真正做到治理数据的互联互通，实现数据在政府部门之间的横向联通，在区、街乡之间的上下贯通，在政府、社会之间的相互融通，切实提升数据使用效率。

### （三）开展公共服务提升工程，推动社会服务广泛惠民

以服务项目为抓手，在服务中实现治理是新时代社会治理的显著特征。“十四五”时期朝阳区应围绕“七有”“五性”要求，从服务供给主体和服务供给内容两个维度入手，推动基本公共服务均等化和各类人群全覆盖，形成以政府为主导，持续发展、覆盖城乡、优质高效的公共服务体系。引导和支持社会力量参与社会治理和社会服务，扩大社会服务供给。创新生产性和生活性服务内容，丰富群众多样化的文化生活方式。现代公共文化服务体系的构建，是保障和改善民生的重要举措，“十四五”期间朝阳区应依托国家公共文化服务体系示范区建设，持续强化公共文化服务供给，建立便捷有效的需求反馈机制，不断满足群众对多样性公共文化服务的需求。

### （四）开展新型基础设施建设工程，推动安全保障设施更新

新型基础设施将推动城市治理进入一个全面感知、可靠传输、智能处理、精准决策的万物智联时代，朝阳区要顺应新基建发展趋势，积极主动融

入新基建发展大潮。通过运用智能监测预警设备，如无人机巡查、警务防控系统、身份证/人脸识别系统等，高效辅助疫情排查和风险防控，构建上下畅通的指挥体系、科学高效的研判体系、快速反应的处置体系，推动社会治安防控从事后处置向事前风险研判、智能预警转变，实现风险防控前置化。通过物联网、大数据、云计算的应用，有效连接防、控、治三个环节，建立覆盖区、街乡、社区（村）三级的“纵向贯通、横向集成”的一体化技防体系，推动建立跨界融合、人机协同、数据驱动、共创共享的智能化治理新模式，促进社会安全稳定监察网、突发事件预警处置网、治安防范防控网、实时图像监控网、消防安全监管网等“五网融合”，实现对城市运行的超强感知、应急资源的高效配置、异常情形的及时预警和突发事件的快速处置，提升城市治理和社会治理精细化水平。以新技术、新设施、新装置的创新应用为契机，推动智慧警务、智慧法院、互联网法庭等平台建设，为企业和群众提供“零距离”司法服务、人民调解“掌上服务”。有效整合门户网站、12345 服务热线、两微一端等平台资源，畅通群众监督评价渠道，推动“接诉即办”向“未诉先办”转变。

### （五）开展市域治理专项工程，加快推进城乡治理一体化布局

“十四五”时期要把城乡治理一体化布局融入朝阳区社会治理中，以市域治理统筹城乡治理一体化布局。进一步健全与城市化水平相匹配的管理体制，完善与城市化进程相适应的服务政策，创新与城市化特征相契合的治理文化，实现城乡管理、城乡服务、城乡保障一体化，确保基本公共服务和日常管理的全人口、全区域覆盖。要推进依法治理和综合治理一体化，解决好在土地流转、拆迁腾退过程中出现的一系列社会问题，推动法治乡村和平安乡村建设。要对城乡接合部、农村地区进行统一管理、整体改造，完善基层设施配套，推进美丽乡村建设，改善人居环境，实现城乡基础设施一体化。

### （六）开展文明促进工程，推进形成和谐社会氛围

一是区级层面出台《北京市文明行为促进条例》配套实施办法，推动

社会主义核心价值观融入法治中国首善之区建设。二是强化社会诚信体系建设。加强信用制度体系建设，完善社会信用承诺、信用分级分类、信用奖惩和信用修复等监管制度，加大守信联合激励、失信联合惩戒力度。三是深入开展“社区公约”“村规民约”制定与实施。加强公民道德建设，深入推进公民思想道德建设，深入实施社会公德、职业道德、家庭美德和个人品德教育活动，以道德榜样引领道德实践，营造崇德向善、德行天下、见贤思齐的浓厚社会氛围。四是培育健康社会心态。加强社会舆论引导，培育奋发进取、理性平和、开放包容的社会心态。持续开展社会心态调研，加强社会心态监测分析，开展分析研判和风险评估，制定社会心态预警指标体系，引导社会心态良性发展。加强社会心理服务体系建设，建立健全区、街乡两级工作联席会议制度，形成区、街乡、社区（村）三级社会心理服务体系。

## 参考文献

张政：《改革开放以来我国社会发展问题探析》，《南方论刊》2011 年第 8 期。

丁元竹：《民生保障和社会治理制度的核心要义——基于功能、历史逻辑、愿景视角》，《开放导报》2019 年第 6 期。

曹垚、白光斌：《我国城市社区体育治理的困境与超越》，《体育与科学》2021 年第 1 期。

戴海东：《马克思市民社会理论视角下社会组织参与基层社会治理研究》，浙江大学博士学位论文，2017。

陈石明：《习近平总书记关于公平正义的重要论述探析》，《贵州省党校学报》2019 年第 1 期。

陈鹏：《中国社会治理 40 年：回顾与前瞻》，《北京师范大学学报》（社会科学版）2018 年第 6 期。

王国斌：《近年来党的社会治理思想创新》，《红旗文稿》2018 年第 7 期。

# 理论探讨篇

Theoretical Discussion

## B.2 以全面从严治党新成效推进基层治理能力和治理体系现代化的实践研究

摘　要：　党的十八大以来，以习近平同志为核心的党中央把“全面从严治党”纳入“四个全面”战略布局。基层党组织作为基层治理主体中的关键，是加强和创新基层治理最基本、最直接的力量。朝阳区以从严治党新成效推进基层治理能力和治理体系现代化，在基层治理中做实党建创新，始终坚持党在基层社会治理中的领导核心地位，不断创新基层社会治理格局。

关键词：　从严治党　基层治理　朝阳区

### 一　基层治理能力和治理体系现代化在新时期新形势下有新的要求

推进基层治理体系和治理能力现代化建设，是筑牢国家治理基石的集中体现，是全面建设社会主义现代化国家的一项重要工作。党的十九大报告围绕打造共治共享的社会治理格局，聚焦治理机制创新，提出完善“党委领导、政府负责、社会协同、公众参与、法治保障的社会治理体制”。为不断加强和创新社会治理工作指明了方向，也对基层治理提出了更高要求。

第一，社会治理在国家治理体系中占有重要地位，基层是社会治理的基础和支撑。人民群众生活、工作的载体在基层，直接面向人民群众开展治理和服务的层级也在基层，基层治理是我们党长期执政的最坚实支撑。同时，基层也是经济社会发展过程中问题和矛盾的汇聚地，有力有序有效开展好基层社会治理工作，把治理问题、民生问题最及时地解决在基层，真正实现纾民困、解民忧，保障人民群众的现实利益，关乎党的执政基础的不断巩固和群众基础的不断扩大。

第二，基层治理面临的新形势与新要求。进入新时代，我国经济社会进入转型发展的关键时期，社会矛盾形势趋于复杂，越来越多利益主体的多种利益诉求相互碰撞，治理任务更加艰巨。同时，互联网、新媒体快速发展，一方面提升了基层社会治理能力，提高了基层社会治理透明度和公开性；另一方面也为线上治理、舆论监督等带来新的压力，利用信息化治理手段，成为基层社会治理现代化的必然要求。“十四五”期间面对新的形势和挑战，我们党提出要努力实现“社会治理特别是基层治理水平明显提高”的目标。这是新时代新发展阶段我国社会治理的科学指引，是以习近平同志为核心的党中央总揽全局作出的重要部署，对新时代背景下的基层治理提出了新的要求。

第三，党对基层治理的领导是国家治理的必然要求。我国基层社会自治制度从其兴起到成型再到发挥作用的整个过程，是由我们党基于国家整体发展战略和人民群众现实所需来规划和推进的，“基层群众自治制度”被确立为国家的基本政治制度，因此，党一直在基层治理整体发展与进程中起着决定性作用。党作为第一推动力不断推进群众自治、基层社会治理发展，这是我国基层经济社会结构变迁的内在驱动，也是党及其领导的国家有效执政的

要求，它体现的是基层治理的根本价值取向，是推进国家治理体系和治理能力现代化的题中应有之义。

## 二　全面从严治党向基层延伸是推进基层治理体系和治理能力现代化的必然要求

### （一）基层党的建设是基层治理的保障

实践证明，基层治理离开基层党组织的领导不仅容易走偏方向，还难以把其他主体有效地凝聚起来，基层各治理主体会缺少积极性，不仅降低基层社会活力，还严重影响治理力量的发展。因此，为防止这类问题的出现，需要加强基层党组织建设。提升基层党组织的工作能力，全面强化基层党组织的引领力和组织力，发挥出基层党组织的战斗力、吸引力，突出政治功能，团结、带领群众切实把基层党组织建设成为推动改革发展的坚强战斗堡垒，构建“党建引领社会组织发展、社会组织服务群众、群众受益促进社会和谐”的良好局面。

### （二）全面从严治党是推进国家治理体系和治理能力现代化的核心

要不断满足人民日益增长的美好生活需要，就要对党的治理能力提出更高的要求。我们党充分认识到这一问题，在党的十九届四中全会审议通过的《中共中央关于坚持和完善中国特色社会主义制度、推进国家治理体系和治理能力现代化若干重大问题的决定》中，就推进国家治理体系和治理能力现代化“坚持和巩固什么、完善和发展什么”等作出明确指导，这是全党的一项重大战略任务。推进国家治理体系和治理能力现代化，首要的是坚持中国共产党的领导。党的领导，不仅仅停留在“坚持党的领导”这个层面，而是正视和解决那些影响党的正确领导的种种问题，及时纠正和预防各类错误，做好加强党的建设、改善党的领导工作。其中关键的就是习近平总书记指出的：“勇于自我革命，从严管党治党”。只有全面从严治党，勇于自我革命，才能深刻认识、正确应对面临的“四大危险”，在推进国际治理体系和治理能力现代化过程中，不断保持坚定立场。因此，全面从严治党，是正确推进国家治理体系和治理能力现代化建设的核心问题。

### （三）全面从严治党向基层延伸是新时代党的建设的应有内涵

党的建设关乎我们党和国家未来发展。治理国家的前提是治党，治党必须从严。党建之所以地位非凡、意义重大，不仅在于党自身发展的需要，更因为此举切实关乎人民群众切身利益与国家发展。党的十八大以来，我们党交出了一张张令人满意的成绩单，不断实现全方位发展，推动自身和国家的全面进步。究其原因，根源于以习近平同志为核心的党中央始终坚持全面从严治党，带领全党全国各族人民直面风险挑战，勇于解决问题，不断锻造党的品格，使我们党成为国家发展、人民幸福的坚强后盾。

“治党”的实质是“治人”，即管理好广大党员，不仅要管好基层广大党员这个“多数”，还要管理好基层党组织的领导干部这个“关键少数”，这便是两点论与重点论相结合的工作方法。管理教育好广大党员干部，坚持走好群众路线、深入群众，了解和关心群众疾苦，为群众办实事、解难事，得到群众的支持和拥护，基层党组织的战斗堡垒作用和广大党员的先锋模范作用才能得到充分发挥，党组织在群众中才有威信，党和国家事业的领导核心才能做到坚不可摧。只有基层党组织坚强有力，才能守住护好建党、强党、兴党的生命线，党和人民的事业才能兴旺发达。由此可见，全面从严治党向基层延伸是新时代党的建设的题中应有之义。

## 三　以从严治党新成效推进基层治理能力和治理体系现代化的朝阳实践

近年来，朝阳区坚持把党的政治建设摆在首位，牢固树立“四个意识”，坚定执行党的政治路线，严格遵守政治纪律和政治规矩，推动全面治党向基层不断延伸，提升基层治理水平。各级党委（党组）认真履行管党

治党主体责任，以上率下，层层传导压力，聚精会神抓好党的建设，把中心工作和党建工作紧密结合起来，同谋划、同部署、同考核。全区各级党委（党组）书记认真履行第一责任，切实把党的建设工作作为主责主业抓实、抓牢，普遍拿出硬招实招，带头抓点示范，带头指导推动，切实把基层党建工作各项任务落到实处。各级党委（党组）班子成员认真落实责任、履行“一岗双责”，把党建工作融入分管领域日常业务工作，把分管领域党建工作与业务紧密结合起来，做到抓党建与抓业务相促进、管事与管人相统一。

### （一）区委统筹，街乡落实，抓好党建引领基层治理

朝阳区推动全面从严治党向基层延伸，各级党委（党组）认真履行管党治党主体责任。区委把落实主体责任作为全面从严治党的重要举措，强化政治担当，认真种好党风廉政建设“责任田”。由区委统筹，每年召开全面从严治党工作部署会、纪律检查委员会全体会议等多项会议，对推进全面从严治党进行部署，每个月召开街乡党（工）委书记月度工作点评会，多次听取反腐倡廉汇报、组织专题学习，围绕深入贯彻落实全面从严治党方针进行学习，深刻认识全面从严治党和基层治理新形势。

在2021年召开的北京市朝阳区第十二届纪律检查委员会第六次全体会议上，传达了十九届中央纪委五次全会、市纪委十二届六次全会精神，会议对推进全面从严治党和纪检监察工作高质量发展进行部署。会议指出，2021年是建党100周年，是“十四五”开局之年，做好纪检监察工作意义十分重大。应对和战胜前进道路上的各种风险和挑战，关键在党，必须把“严”的主基调贯穿管党治党全过程，做到管党有方、治党有力、建党有效。街乡党（工）委书记月度工作点评会主要由区委主要领导对各街乡在疫情防控、“接诉即办”、环境整治等基层治理工作方面进行现场点评，充分发挥党建引领作用，积极探索城市更新的有效路径，不断推动基层治理水平再上新台阶。比如在“接诉即办”此类重点问题上，提出要全面提升“接诉即办”工作水平。明确责任主体，强化主要领导统筹调度，健全完善首接负责制、一把手签批调度、主动回访等机制，全面推广“三上门”工作法。突出问

题导向，主动向前一步，聚焦市民反映集中问题和全市主抓问题，开展精准治理，积极探索预付式消费第三方资金监管模式，有效解决群众身边的操心事烦心事揪心事。完善考核办法，建立淘汰和选拔机制，将考核结果作为选拔任用、职级晋升、奖励评优的重要依据，对推诿扯皮、履职不力等问题及时予以问责通报。街乡党（工）委每年召开社区（村）党组织书记述职评议考核会，听取社区（村）基层党建工作，推动街道领导干部下基层、下社区，指导帮助社区解决问题，把全面深化改革向党建引领深化、向社区治理深化。

### （二）督促履职，警示教育，层层传导向基层延伸

朝阳区各级纪检监察组织积极推动全面从严治党责任向基层延伸。认真梳理各级各类第一责任人差异化责任清单，组织全区逐级签订责任清单、责任书，构建“横向边、纵向底、点面结合的责任网络”。推动党风廉政建设主体责任全程纪实工作精细化，进一步明确区、处、科三级各类第一责任人的“规定动作”及时限要求，增加落实“第一种形态”约谈情况的纪实内容，初步实现“履责有痕、落实有力、倒查有据”。2021 年，区纪委区监委紧紧围绕学习宣传贯彻落实党的十九大和深化国家监察体制改革试点工作，聚焦“疏解非首都功能”、“为官不为、为官乱为”问题专项治理和“严肃查处群众身边的不正之风和腐败问题”专项工作，整合资源、深挖内涵，做深做实宣传教育工作，通过警示教育、示范教育、节点教育三个关键环节，细化研究教育内容、呈现方式、受众反馈，不断提升全面从严治党宣传教育实效。

通过警示教育专题，筑牢拒腐防变底线意识。在区纪委常委会、区监委委员会上由专人领学党的十八大以来中央纪委查处严重违纪违法中管干部忏悔录摘编相关内容，协调区委宣传部、区委组织部，将学习忏悔录列为区委理论中心组和党校主体班的重要学习内容。制作警示教育展板，总结梳理“微腐败”典型案例。组织法庭旁听，与区法院、区检察院积极对接，选取贪污贿赂类、渎职侵权类职务犯罪案件，组织基层单位党员干部分批次、分

层级进行旁听。

通过示范教育专题，滋养朝阳廉洁文化土壤。在全区范围内统筹整合廉洁文化资源，将廉洁奥运文化园、高碑店匾额博物馆、南磨房村史馆、小红门郊野公园、中关村朝阳园党员活动中心等纳入区级廉政教育阵地资源库。下发《关于进一步加强朝阳区廉政文化阵地建设的实施意见（试行)》，从指导思想和工作目标、主要任务、工作要求等方面规范全区廉政文化阵地的报备、建设标准等。

通过节点教育专题，利用多种形式有效预防。区纪委区监委注重抓住重要时间节点，开展廉政教育提醒，严防“节日病”，预防腐败发生。比如在“三八”妇女节前夕，通过《朝阳报》向辖区万余名党员干部发出廉洁家庭倡议，与区妇联共同组织开展全区百余名处级女干部诵读廉政家书活动，讲述家风故事，进一步引导女性领导干部增强家庭建设意识，继承和弘扬优良家风，以家风促民风带党风。

开展全面从严治党（党风廉政）工作现场检查，对全区单位实现检查全覆盖。根据朝阳区全面从严治党（党风廉政）工作考核实施方案工作安排，制作《现场检查手册》，明确监督清单、监督要点，围绕党的政治建设、思想建设、组织建设、作风建设等8个维度，重点对落实党章党规党纪等管党治党制度情况、全面从严治党主体责任落实情况以及上一年度检查考核、民主生活会对照材料、巡视巡查反馈、纪检监察建议等指出问题的整改情况进行监督检查。

### （三）创新党建引领机制，构建“两全治理”格局

朝阳区强化党建引领，以全面从严治党为统领，坚持以人民为中心，聚焦构建共建共治共享的治理格局，通过对党组织和党员的再组织、再动员，不断创新全区行政力量与各领域、各行业主体参与社会治理的机制和平台，不断强化基层治理体系和治理能力建设，形成了全区域统筹、全领域协同的“两全治理”格局，为朝阳区推动社会治理共同体建设提供了机制保障。

“两全治理”充分发挥各级党组织以及党建工作协调委员会的支撑作

用，依托区、街道（乡镇）、社区（村）三级党组织以及相应的党建协调委员会，将行政统筹和社会协同进一步整合起来，在发挥政府治理作用的同时，积极探索社会各领域、各行业在党的领导下发挥协同作用的有效路径，不断凝聚各类社会力量，壮大社会治理主体队伍，形成参与基层社会治理的强大合力。朝阳区依托三级党建工作协调委员会，充分发挥行业协会、商会的作用，统筹辖区内各领域优质资源和党员力量下沉到网格责任区，建立起党建引领社会全域参与基层治理的协同机制。朝阳区深化街乡体制改革，完成街道机构改革、试点乡机构改革，完成综合执法平台建设，将治理资源下沉到基层，也是推动全面从严治党向纵深发展的体现。在基层，朝阳区突出向社区治理深化，引导社区党组织和自治组织聚焦主责主业，开展社区体制改革、推进社区减负增效、不断激发社区治理内生动力。围绕群众关切的重点难题，突出向解决群众身边问题深化，以群众需求为导向，不断提升解决群众诉求的响应率、完结率和满意率，进一步强化为民服务能力。

通过全区域统筹、全领域协同，不断在加强政治领导中提升组织力，加强党组织对基层各领域的政治领导，把党组织意图贯彻到各类组织，成为参与治理的有效举措。在组织、发动群众中提升组织力，借助党政群共商共治项目、居民提案项目实施等提升群众组织力，借助重大活动保障契机发动群众、组织群众。在持续自我革新中提升组织力，不断推动全面从严治党向基层延伸，坚持把党建、业务工作相结合，坚持问题导向、需求导向相结合，注重抓民生、抓落实。在聚焦发展中提升组织力，围绕文化科技创新服务、国际化服务等品牌，在营商环境改革深度攻坚和前沿探索中提升党对企业的组织力。在强化组织覆盖中提升组织力，在非公经济组织尤其是“两新组织”以及行业协会、商会中推进党的组织覆盖，以分片建、挂靠建、联合建等方式实现楼宇、园区党的组织全覆盖。在团结服务群众中提升组织力，全面落实党员干部分片包户制度、全程代办制度等，提高党员干部服务群众能力，推动党员干部深入基层、深入群众。

## 四　基层治理中全面从严治党面临的新挑战

党的十八大以来，推进全面从严治党成效显著，但也存在“四大考验”“四种危险”，这些问题是长期的、尖锐的、严峻的，对于党的先进性、纯洁性有复杂的影响。特别是在推进基层治理体系和治理能力现代化进程中，社会主体的多元化、社会资源的多样化，以及人民群众日益增长的迫切需求等，对充分发挥和提高基层党组织在群众中的吸引力、号召力、凝聚力，保证基层党组织的先进性提出了更高的要求和更新的挑战。

### （一）基层社会矛盾更加凸显，管党治党意识更需强化

党的工作基础在基层，社会矛盾以及群众关心的难题也在基层。但是基层党组织仍然存在一些亟待改进的问题，如组织涣散、党的观念淡薄、纪律松弛等，部分地区基层党的领导弱化、管党治党不严、责任担当缺失。加强基层党组织建设工作需要层层向下传导从严治党压力，把好手中的“方向盘”，要树立抓党建是最大的政绩的意识。因此，各级党委要提高政治站位，把抓好党的建设、管理、监督各项工作作为“第一责任”。注重示范带动，以“关键少数”来引领“绝大多数”。在全面从严治党向基层延伸过程中要把党的纪律摆在更加突出的位置，充分发挥纪检监察机关执纪监督问责的重要作用，以监督执纪“四种形态”为抓手严把纪律关，做到街乡党政领导、村（居）党组织书记、主任等基层监督全覆盖，确保基层党员遵守党内法规。

### （二）监察体制改革任重道远，党风廉政建设不能松懈

各级纪检机关在推动全面从严治党向基层延伸方面，仍是任重道远。全面从严治党要实现管党治党从“宽松软”向“严紧硬”的转变，需要下大力气、创新机制。基层党风廉政建设的重点是要把纪律挺在前面，强化监督执纪问责，履行好党章赋予的职责。部分领导干部在思想上没有真正把落实

主体责任作为自己的“责任田”和“分内事”，认为廉政建设方面是纪检书记的事，和自己关系不大，这种认识需要及时予以批评纠正。遵守党章党规党纪和落实党的路线方针政策情况的监督检查仍需加强，尤其是加强对腐败多发领域的执纪监督。加大纪律检查体制改革力度，不断推进“党内法规”与“国家法律”无缝对接，仍需要创新纪检监察工作机制，推进改革向纵深发展。

### （三）组织体系建设不断完善，制度落实不可忽视

当前基层党组织体系发展比较健全，但仍然存在一些薄弱环节。在全面从严治党制度建设方面，存在越往基层越薄弱的问题，出现上重下轻、上严下宽、上实下虚的现象。越往基层对全面从严治党的执纪力度越小，过于依赖上级的布置和推动，导致制度落实不到位。部分基层党组织缺乏严抓的党性、常抓的韧劲、细抓的定力，对苗头性、倾向性的问题重视不够，“全面”和“从严”没有在基层真正得到贯彻落实。必须按照全面从严治党的要求，不断加强基层党组织建设，强化基层组织的战斗堡垒作用。要保障党员民主权利，加强党员领导干部监督，推进基层党组织依规治党水平不断提高，实现基层党组织体系建设的规范化、程序化、制度化，以基层党组织的规范化建设引领和带动其他组织建设。

## 五　把握全面从严治党核心重点，坚持党建引领，推动朝阳区基层治理能力和治理体系现代化发展

### （一）强化区域化党建组织构架，健全基层治理组织领导体系

朝阳区要进一步发挥区域化党建工作优势，大力加强街道（乡镇）、社区（村）等基层党组织建设，发挥区域领导核心作用，进一步强化基层党组织在政治引领、统筹协调、整合资源、组织动员等方面的重要作用，切实

实现区域化党建向基层治理动态延伸。一是纵向到底，层层贯通。完善“街道党工委—社区党组织—网格党支部—楼栋党小组—居民党员”的五级组织架构，畅通党委、政府与人民群众联系渠道。通过纵向到底的各级党组织，构建起发现、反映、处置、考核的治理机制，形成提升治理效能的工作链条，实现发现问题、反映问题、解决问题和反馈评价的闭环管理。持续深入开展街道、社区体制机制改革工作，坚持工作重心下移、权力下放、资源下沉，为街道、社区党组织赋权增能，提升为人民群众服务能力。二是横向到边，共建共享。依托各级党建工作协调委员会健全以街道社区党组织为核心，社区居委会、物业公司、辖区单位、社会组织等共同参与的组织体系，不断创新社区治理模式，形成基层治理合力。三是纵横交叉，推进网格管理。整合街道干部、社区工作者、在职党员、社区民警和社会志愿者等，组建网格服务团队。在各级党组织的领导下，落实日常巡查工作制度，以居民群众需求为导向，及时处置职责范围内事项，发现问题及时上报，把各项问题解决在网格内。

### （二）强化基层党组织政治属性，提高基层党组织服务效能

朝阳区要加强基层服务型党组织建设，坚持以强化政治属性、落实群众服务功能为核心，打通联系服务群众的“最后一公里”。一是建好服务平台。加强党员群众服务中心建设，确保场所面积充分满足群众需求，确保功能作用得到充分发挥。加强区、街道、社区三级服务功能有效对接，把党群服务中心打造成开展便利活动、提供便捷服务、便于议事的综合服务型阵地。二是完善服务功能。加快整合资源和投向群众，围绕服务群众开展各项活动，推动教育、卫生、司法、文化、体育等部门和群团组织的资源进社区，开展群众服务活动，真正让党员群众“发展离不开、生活离不开、感情离不开”。三是健全服务机制。完善党员干部直接联系服务群众制度，建立党员领导干部基层联系点，加强街道、社区党组织领导下的居民自治组织以及企业之间的联系，进一步深化“三方联动”“五化协同”等工作机制，构建多方共同参与社区服务的格局。健全基层民主协商机制，提高基层干部

依法办事和服务群众的工作能力，一方面要教育引导居民群众运用法治思维和法治方法解决问题，妥善处理基层各项事务；另一方面要组织好协商工作，激发群众参与治理的积极性。

### （三）建立健全党建主体责任制度，强化基层治理保障机制

各级党委是落实从严治党要求的责任主体，全区各级党委必须全面落实党建工作主体责任制度，加大主体责任的压力传导力度，形成责任具体、环环相扣的“责任链”。一是健全主体责任制度。建立党建项目清单、责任清单，细化“抓书记”的工作要求，强化“书记抓”的责任意识。明确将基层治理工作纳入党委（党组）项目清单、责任清单，督促班子成员分工协作、各负其责。二是健全考评机制。把基层社会治理作为考核评价党委（党组）领导班子和领导干部的重要指标，分类分级细化指标内容，按具体分工明确项目责任人、责任部门（单位），并制定路线图和时间表，督促各级党委（党组）主动研究，把及时帮助基层解决困难和问题作为重中之重。三是健全保障机制。要进一步加大对基层党建工作的财政投入，统筹好基层组织运转经费、基层干部报酬待遇、惠民项目资金等多项财政资金，为基层工作人员和开展群众工作提供良好条件。各部门要按照权随责走、费随事转原则，将资金和资源在基层落实到位。

## 参考文献

黄智勇：《十八大以来全面从严治党的理论与实践研究》，湖南师范大学博士学位论文，2017。

徐广田：《习近平全面从严治党重要思想研究》，大连理工大学博士学位论文，2019。

牛小川：《新时代全面从严治党向基层延伸路径研究》，河北师范大学硕士学位论文，2020。

王小军：《全面从严治党背景下加强基层党组织建设研究》，《三晋基层治理》2020

年第3期。

周明华：《社会治理创新视域下胥口镇推进基层法治型党组织建设的实践》，苏州大学硕士学位论文，2016。

方世南：《以质量强党引领全面从严治党在基层落地生根》，《党政研究》2019年第2期。

董鹏鹏、李香钻：《新时代全面从严治党向基层延伸的研究》，《河北青年管理干部学院学报》2018年第2期。

杨正明：《国有企业基层党组织履行全面从严治党责任的途径及方法探究》，《中小企业管理与科技》（中旬刊）2019年第2期。

# B.3 疫情背景下朝阳区重大风险防范机制研究

摘　要： 及时意识到风险状态，敏锐察觉风险苗头，防范风险于未然，遏制风险于未发，减缓风险压力与人民群众对和谐安定美好生活追求之间的矛盾张力，是国家治理体系和治理能力现代化建设的题中应有之义。重大风险治理是国家治理的重要内容之一，是国家治理体系的重要组成部分。特别是2020年突袭而至的新冠肺炎疫情，是对基层重大风险治理的一次"大考"，对基层推动重大风险防范机制建设，提升基层风险治理能力提出了新的要求。朝阳区区情特殊，提高风险应对能力，构建多元参与的重大风险防范格局，对维护国家首都安全和社会稳定具有重要意义。

关键词： 疫情防控　重大风险　防范机制　朝阳区

## 一　中国进入风险社会

党的十九大报告首次把"重大风险"作为一个战略性概念提出，"我们党要团结带领人民有效应对重大挑战、抵御重大风险、克服重大阻力、解决重大矛盾"，把重大风险防范放在了重要位置，事关国家安全稳定以及人民群众的美好生活。党的十九届五中全会提出当今世界正经历百年未有之大变局，发展的"不稳定性不确定性明显增加"，要"坚持系统观念"，"统筹国内国际两个大局，办好发展安全两件大事"，"注重防范化解重大风险挑

战”。这表明，“十四五”时期要把防范和化解重大风险放在更加重要的位置，切实提高重大风险防范化解能力，真正做到“既要有防范风险的先手，也要有应对和化解风险挑战的高招；既要打好防范和抵御风险的有准备之战，也要打好化险为夷、转危为机的战略主动战”。

### （一）当代社会风险具有客观性、普遍性、关联性和不确定性的特征

国家经济社会发展目前正处于一个转型时期，各类自然和社会风险影响经济社会的高质量发展和人民群众的高品质生活。尤其“风险社会”是以人类生产生活方式的发展转变为基本因素而产生、裂变的。随着全球范围内城市化、工业化、信息化进程的快速发展，各类“风险”也悄然而至，并影响着人们的生活，风险的存在成为客观事实，人类社会与“风险社会”日益共生共存。“风险社会”的来临，在“后工业时代”尤为突出，它的存在不分制度、不分地域，受人类生产生活方式影响。最早提出“风险社会”理论的是在1986年出版的《风险社会：新的现代性之路》一书，作者为德国社会学家乌尔里希·贝克，他提出“风险社会”的著名论断，并认为“当代中国社会因巨大的变迁，正步入风险社会，甚至将可能进入高风险社会”。在风险社会，风险的存在具有以下特征。

一是风险的客观性。这是相对于一个稳定有序的矛盾统一体来讲的，本质上是事物运行演化过程中的一种固有的态势或倾向。“风险”不以意识为转移，不会自动消失，只要条件具备，它就会存在。二是风险的普遍性。风险有可能在任意时间存在于任意地点。习近平总书记提出“我们面临的重大风险，既包括国内的经济、政治、意识形态、社会风险以及来自自然界的风险，也包括国际的经济、政治、军事风险等”，自然与社会都会存在风险。三是风险的关联性。习近平总书记指出，“各种风险往往不是孤立出现的，很可能相互交织并形成一个风险综合体”。在百年未有之大变局下，各类风险要素关联性增强，呈现跨群体、跨区域、跨境流动的态势，严重影响社会安全稳定发展。四是风险的不确定性。尽管风险是客观

的、无处不在的，但触发风险的发生也存在概率性，充满不确定性。风险是潜在的危险，如果任由风险条件聚齐、风险得不到事前防控，就会演化为现实危险。

### （二）习近平总书记关于风险防范的重要论述为重大风险防范提供指导

习近平总书记关于风险防范的重要论述是在充分把握国际、国内形势的基础上，对风险点日益增多的敏锐观察和理论创新，是习近平新时代中国特色社会主义思想的重要组成部分。习近平关于风险防范的重要论述，可以概括为“居安思危”的风险意识观、下好先手棋的风险准备观、“守土尽责”的风险责任观、“驾驭风险”的风险本领观、机制建设的风险实践观。

一是“居安思危”的风险意识观。2013 年 1 月，习近平在新进中央委员会的委员、候补委员学习贯彻党的十八大精神研讨班开班式上明确提出“我们的事业越前进、越发展，新情况新问题就会越多，面临的风险和挑战就会越多，面对的不可预料的事情就会越多。我们必须增强忧患意识，做到居安思危”。2019 年 1 月，在省部级主要领导干部坚持底线思维着力防范化解重大风险专题研讨班开班式上的重要讲话中，习近平强调“要强化风险意识，常观大势、常思大局，科学预见形势发展走势和隐藏其中的风险挑战，做到未雨绸缪”。我们当前经历百年未有之大变局，国际形势复杂多变，国内各项改革发展任务仍然十分繁重，要有做好重大风险防范、解决风险于未萌芽状态的观念，这是持续推动发展的重要保障。

二是下好先手棋的风险准备观。防范风险不仅要有意识，更需要实实在在的预防手段和应对措施。2018 年 1 月，习近平在学习贯彻党的十九大精神研讨班开班式上提出，“既要有防范风险的先手，也要有应对和化解风险挑战的高招；既要打好防范和抵御风险的有准备之战，也要打好化险为夷、转危为机的战略主动战”，习近平总书记的重要论述让我们充分认识到，必

须前移风险治理关口，扎实做好预防风险和应对风险的准备工作，这种风险准备观对我们党贯彻落实“空谈误国，实干兴邦”的务实精神，切实做好未雨绸缪、牢牢掌握防范风险的制高点和主动权、“下好先手棋，打好主动仗”具有极其重要的指导意义。

三是“守土尽责”的风险责任观。预防风险是政治任务，需要勇挑重担、强化责任担当。在当前国际国内风险不断涌现、全球已成为联动综合体的现实情况下，风险的发生会对我国总体安全造成严重威胁。习近平充分认识到我们党防范化解风险、保障人民利益、增进民生福祉的责任高于一切，强调“防范化解重大风险，是各级党委、政府和领导干部的政治职责，大家要坚持守土有责、守土尽责，把防范化解重大风险工作做实做细做好”。绝不能“把防风险的责任都推给上面，也不能把防风险的责任都留给后面，更不能在工作中不负责任地制造风险”。

四是“驾驭风险”的风险本领观。“驾驭风险”是新时代中国共产党执政的“八大本领”之一，要深刻学习党的十九大报告中关于“增强驾驭风险本领”的新理念和新思路，切实做到把马克思主义作为看家本领，贯彻习近平总书记提出的“以更宽广的视野、更长远的眼光来思考把握未来发展面临的一系列重大问题，不断提高全党运用马克思主义分析和解决实际问题的能力，不断提高运用科学理论指导我们应对重大挑战、抵御重大风险、克服重大阻力、解决重大矛盾的能力”的重要指示，切实提升各级党委、政府化解风险的能力。

五是机制建设的风险实践观。习近平总书记认识到，有效防范化解风险，必须建立起多环节、多领域、多部门的风险防控机制，健全风险防范的工作链条，“完善风险防控机制，建立健全风险研判机制、决策风险评估机制、风险防控协同机制、风险防控责任机制，主动加强协调配合，坚持一级抓一级、层层抓落实”。只有建立健全风险防范机制，清除体制机制障碍，真正实现协同联控、分析风险之源、遏制风险点、化解风险危机，提高风险防范工作水平，才能成功保障社会和谐稳定、人民安居乐业。

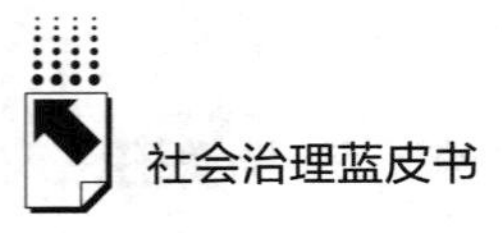


## 二　进一步认识朝阳区建立健全重大风险防范机制的重要意义

### （一）基于国家总体安全观：重大风险防控机制是维护国家安全和社会稳定的重要举措

当前，朝阳区正处于经济转型发展和高质量发展的新时期，从区情实际来看，朝阳区面积大、城乡结合地区多，人口多、结构复杂，区域国际化特征明显，且三期叠加的特殊发展阶段，各类新老问题和难题交织形成连锁效应的风险增加，防控形势复杂，防控难度增大。朝阳区坚持底线思维，始终把人民群众生命安全和身体健康放在第一位，切实维护区域安全和社会大局稳定，密切关注全局性重大风险，完善重大风险防控机制，织紧织密、筑牢筑实保障公共安全、维护人民健康的"防护网""隔离墙"，把问题解决在萌芽之时、成灾之前，不断增强人民群众获得感、幸福感、安全感。

### （二）基于国家治理体系和治理能力视角：健全重大风险防控机制是推进国家治理体系和治理能力现代化的必然要求

习近平总书记在2020年2月14日主持召开中央全面深化改革委员会第十二次会议时强调，"这次抗击新冠肺炎疫情，是对国家治理体系和治理能力的一次大考"。

创新和完善重大疫情防控举措需要在体制机制上进行突破，健全公共卫生应急管理体系，不仅是完善城市应急体系，加快推动城市公共安全治理体系和治理能力现代化的题中应有之义，而且是为加强社会综合防控治理提供制度保障的有效路径。朝阳区要提高政治站位，从市域社会治理现代化的角度出发，建立健全重大风险防控机制，既要高度警惕"黑天鹅"事件，也要防范"灰犀牛"事件，不断丰富预防、化解风险的手段，不仅要具备防范和抵御风险的能力，还要在打好化险为夷、转危为机的主动战上多下功

夫，不断提升区域应急管理现代化水平，为完善首都治理体系提供生动的朝阳实践。

### （三）基于城市运行管理的视角：重大风险防控机制是完善城市应急管理体系的重要内容

此次新冠肺炎疫情具有传播速度快、感染范围广、防控难度大的特点，直接冲击了我国公共卫生安全和城市公共应急管理体系。习近平总书记在中央全面深化改革委员会会议以及统筹推进新冠肺炎疫情防控和经济社会发展工作部署会等多次会议上，对健全国家公共卫生应急管理体系、完善重大疫情防控体制机制等作出重要部署。朝阳区深入贯彻习近平总书记关于防范化解重大风险重要讲话以及指示批示精神，根据实际区情，既要立足当前，总结和改进此次疫情防控中暴露出的问题，抓紧补短板、堵漏洞、强弱项；又要着眼长远，完善重大风险防控体制机制，消除突发公共应急事件带来的风险，确保城市安全平稳运行。

## 三　新冠肺炎疫情暴露我国社会风险和公共危机治理面临诸多短板

### （一）公共危机管理意识有待增强

公共危机的防范和应对需要科学管理，危机管理意识是警惕公共危机发生的生态警钟，管理者如果具有较强的危机管理意识，可以在一定程度上规避危机发生条件，降低公共危机发生的概率，也可以在危机发生时更有意识地采取有效措施进而降低公共危机的破坏力，同时对公共危机的灾后恢复重建等工作也具有重要作用。当前，危机管理仍没有进入大众视野，部分管理者也没能重视，一些地方政府和人民群众的公共危机管理意识仍然比较薄弱，情况不容乐观。地方政府看重的仍是传统的 GDP 和财政收入增长等经济发展指标，通常用这些指标来进行绩效考核，因此地方政府官员一般都把经济发展指标作为主要目标去完成，相反，公共危机管理意识薄弱，对危机管理重视度不高，一些地方政府在制定长期发展战略时，也没有纳入公共危机管理这一常态化重要指标。最为明显的是，很多地方政府出台的政策、法律法规或者具体到某项实施方案，都很少有明确的风险评估机制，绩效考核也缺少危机防范指标，能够运用新媒体技术监视危机发生的职能部门没有发挥实际作用，常常轻防范而重治理，这种危机预防前置工作机制不完善、事后诸葛亮的做法也是不科学的，难免会造成不必要的损失。在公共危机发生后，政府部门介入、应对和恢复过程中，存在体制机制障碍，凸显一些部门职责划定不清、工作协调性不高、推诿扯皮的现实问题，严重影响危机处置效率。对普通民众来说，由于对危机认识程度不一、文化素质高低不等，大家对公共危机的预防和应对知识也不同。农村地区大部分老人和儿童、青少年等对危机预防和应对知识的掌握就更少。更严重的是，一些人心态顽固，对危机疏于防范，常抱有侥幸心理，即使了解危机的威胁性，仍坚持我行我素、不听指挥、不配合工作，不仅为管理带来难度，也为他人带来危害。以这次疫情防控为例，在一些老旧小区和外来人口多的出租住房地区，仍有人不顾大局想方设法地打破警戒线，随意出入封闭区。这不仅是当事人对自己生命健康不负责任的表现，也是基层政府管理缺乏危机意识、对严重后果认识不到位的表现，归根到底还是存在侥幸心理，公共危机管理意识仍有待增强。

### （二）公共危机管理法制体系不完备

我国目前虽然出台了一系列法律法规对公共卫生危机、自然灾害等进行防范，但是仍然存在管理短板。法律法规作为一切社会行为的行动指南和准则，针对公共危机各个环节从预防、预警、应急处置、动态监测、组织救援、善后和违法处理等各方面做了相关规定，我国也在多个领域颁布了相关法律，如《传染病防治法》《突发事件应对法》《防震减灾法》《国家突发公共事件总体应急预案》等，标志着我国公共危机管理的法律体系建设取得了一定的成果。但在实践过程中，还在具体参照、执行、处置方面存在一

定的不足，“有法可依，有法必依，执法必严，违法必究”在公共危机管理中的落实还不够，公共危机管理有时变成了政府的“空头支票”。在应对新冠肺炎疫情的过程中，中央临时成立了应对疫情的领导小组，负责统筹疫情防控中的各项工作，各地也相应地成立防控指挥机构，当然这些都是必要的和急需的，对打好疫情防控攻坚战具有极其重要的作用，如果将防控过程中的各项机制进行制度化确立，政府工作效率会更进一步提高。

## （三）信息管理不完善

信息和数据对于动态管理公共危机具有支撑作用，公共危机管理需要有一定的信息沉淀，也需要在管理过程中及时公开相关信息，这是上级政府部门进行科学、民主决策的关键，是让人民群众知悉危机管理状态、监督政府机构危机管理的重要之举，更是维护政府公信力、维护社会秩序安全稳定的必然选择。但是目前存在公共危机管理过程中信息公开、信息监管、信息沉淀等措施不力的现象。存在这种现象的原因：一是政府内部信息资源共享平台亟须更新换代，公共危机爆发后，信息平台作用难以发挥，极大地影响了政府处置危机的效率。二是一些管理者的不作为和乱作为，延误了危机应对、处置的最佳时机，造成事态进一步严重化。三是信息发布形式单一。从信息公开方式看，目前大部分地方政府采取官方门户网站或者新闻发布会的方式进行信息公布，信息发布形式比较单一，与公众良性互动的渠道缺乏，没有根据当下信息时代特征利用在线媒体传播信息，引导社会舆论的能力也有待提高。四是政府对网络信息监管不力。在信息时代，互联网作为信息发布、传播的重要阵地，需要政府加大监管力度，保障信息在传播过程中的真实可靠。

## （四）社会参与管理不足

在我国，政府仍是公共危机管理的最主要主体，危机管理模式基本上也是政府主导进行统一管理。政府是全能的政府，全权负责危机管理的全部事务，其他一切社会主体作为受助者或者被管理对象，主体意识较弱，没有发挥能动意识参与到公共危机管理的过程中。公共危机爆发后，政府会第一时间制定应对措施，结合各职能部门职责将具体任务安排到位。而其他社会主体较普遍的做法是关注政府应对危机的进展，坐等政府成功解除危机的好消息，自觉参与危机管理的意识薄弱。这反映出我国各种社会力量参与管理的相关规定在法律上没有落实的现实问题，没有具体贯彻参与危机管理的主体地位、权利、义务等有关内容。

## 四　关于朝阳区建立健全重大风险防范机制的建议

### （一）创新治理模式，构建多元参与的重大风险防范格局

风险具有客观性、普遍性和关联性等特征，导致其管理难度大，特别是在基层社会应对风险的行动方面更加需要多方协同，因此，实现基层重大风险防控从条块分割转向多元融合，需要建立起多元治理主体协同参与、多方资源整合调配、多重立场民主协商、多项力量调整融合的风险预防综合性行动策略。

一是提高嵌入性，强化基层党组织在重大风险治理中的领导作用。基层党组织直接面对风险处置的最前沿，需要发挥好引领作用，切实做好基层服务工作，满足群众需求，不断提升群众的信任度，强化基层群众遇到风险时首先想到党和政府的意识。中国共产党的领导是中国特色社会主义最本质的特征，是中国特色社会主义制度的最大优势，也是有效应对化解重大风险的基本前提。党员与基层党组织分布在全国的每一个行业、每一个领域，与群众朝夕相处。在各类重大风险治理活动中，党组织以其强大的政治领导力、思想引领力、群众组织力、社会号召力，充分彰显了其在基层治理结构中的核心地位。特别是在这次新冠肺炎疫情防控中，基层党组织发挥凝聚力、战斗力，成为疫情防控的战斗堡垒。在应对化解重大风险过程中，党组织要创新群众工作体制机制以及方式方法，通过“再嵌入”方式实现对基层社会

的“再组织化”，进而提高党组织在重大风险防范中的治理功能。

二是提升回应性，提升基层政府在重大风险治理中的治理能力。应对化解重大风险，需要政府及时解决问题。在各种重大风险治理中，基层政府要直面群众。既要用好线上与线下多种平台渠道，及时发布权威信息，提高政府信息公开的透明度，抢占舆论主动权；又要善用新媒体传播方式，主动了解基层群众意见，及时回应百姓需求，有效引导社会情绪。把风险防范化解的过程变成提升政府服务能力、提高政府公信力的过程。

三是突出社会性，提升社会力量在重大风险治理中的协同功能。社会组织作为参与风险治理的重要力量，要最大限度发挥其专业性、公益性优势，组织好专业力量、志愿者，协助政府提供高品质社会服务，精准补位。社会组织参与不足也是新冠肺炎疫情防控中比较突出的问题。为此，从政府来说，加强政社协同，优势互补，关键是要对社会组织充分“授权”，政府在制定突发事件应对措施时，要有意识地将社会组织纳入其中，在应急状态下动员和协调社会组织参与做到有章可循；通过政府购买服务等方式，将双方合作关系进行确定，不仅可以保障社会组织的合法权益，还可以提高应对风险的协同度。对于社会组织来说，要充分发挥自身优势，对接社会需求。特别是要搭建枢纽型平台，整合各类社会组织力量，增强社会组织在风险应对中的合力。枢纽型平台的搭建可以有效帮助社会组织解决“志愿失灵”问题，通过平台互通有无，使各项资源达到合理配置，可以减轻重大突发事件中紧迫的社会救助压力，真正发挥出社会组织的综合力量，使之成为今后应对重大突发事件的有力支撑。

### （二）加强制度建设，构建平战结合、以平保战的重大风险防范模式

危机前对临界点的预判能力和危机后的应急恢复能力，是社会在常态和应急状态之间实现有效转换的关键点。

一是强化重大风险防控属地责任制，提高应急管理指挥和响应效率。进一步理顺职责，应急管理部门和专业部门在应对重大风险时既要各司其职，

又要通力合作，建立标准化应急指挥体系，完善指挥链条，加快建立统一指挥、专常兼备、反应迅速、多方协同的应急管理体制。坚持综合协调、分类指导、属地管理和精准施策的原则，强化联防联控，探索建立“分块包干”制度，推动区级力量下沉，充实街道、社区力量，不断完善市、区、街道、社区四级应急防控体系，明确责任体系，实现条块结合、条块联动。同时，充分发挥网格化社会治理机制优势，把防控末端触角延伸至楼栋、小区和网格，建立纵向到底、横向到边、分工协作、全面覆盖、信息共享的网络化、常态化风险防控体系。

二是建立早防早控监测预警机制。强化风险预警功能，逐步建立起风险识别、预警告知、开放协同、问责处理的全流程管理机制。明确奖惩工作标准，针对重大突发事件加大过程监督力度。构建更为权威、快捷、透明的疫情信息发布机制，建立涉及重大突发事件事实类信息的“1 小时发布制度”，及时向社会发布事件处理信息，避免“次生舆论陷阱”的危害，最大限度消除可能的社会负面反馈。引导专家和相关人员参与对公共安全事件的风险评估，分析事件发展趋势，将突发事件预测信息和分析评估结果定时向社会发布，并做好信息管理工作，做到平时预防、急时预警。

三是着力完善重大风险社区防控机制，打造基层防控的坚强堡垒。社区是风险防控的重点和难点所在，要充分发挥社区在风险防控中的坚强堡垒和健康社会细胞的作用。依托基层社区网格力量，扎实织密风险防控圈，重点构建覆盖重点地区、街道、社区的三道防护墙，在社区建立由街道、派出所、综治中心三方共同参与的工作协调机制，采取“街区包干、楼宇包干、楼组包干、村组包干、市场包干”方式，精准管理和服务社区居民。构建信息导向的社区防控机制，运用大数据分析技术，加强风险摸底和排查，确定风险等级，对不同社区实行分类精准防控，进一步完善风险防控的基层落实环节，提升区域重大风险防控的整体能力。

四是探索建立综合性应急储备机制，为应对重大风险挑战提供战略性手段。强化战略储备意识，着力构建集中高效、统一调拨、平时服务、灾时应急、采储结合的应急物资保障体系，健全产能保障、产业支撑等相应保障机

制，完善调度运输机制、储备体系等各环节工作机制，确保应急物资能在关键时刻供给一线。加强应急网络平台建设，及时开展应急防控设施、设备、物资及相关资源普查和登记，加强物资储备信息和调用调控模块的协调互动。进一步充实社区应急物资储备能力，形成基本防护、生活物资联合保障网，提高社区“韧性”。建立具有战略储备性质的公共应急队伍，重视应急管理培训，健全考核、资格认定机制，提升防范应对专业能力。把社区“微空间”整合进应急管理体系，做好应急空间“留白”，增强社区党建中心、图书馆、体育馆、医院、学校等公共服务设施在应急管理中的地位和作用，同时做好社区公共消防、公共配电等公共设施改造提升工作，保障社区应急基本能力。

## （三）注重科技赋能，构建智能分析、精准预测、过程监控、结果反馈的重大风险全过程防范机制

新一代信息技术在新冠肺炎疫情防控中的广泛应用为风险防控、应对和处置提供了重要支撑。后疫情时代，建立和完善重大风险防控机制，要更加注重技术的支撑作用，不断完善风险识别、预警、监测机制，以数据支撑实现对风险的发生诱因与事前防范、风险的事中演进与有效控制、风险的化解与事后治理等进行全方位管理、全过程监控。

一是推动城市大脑建设，在城市管理、风险治理领域布局新一代信息基础设施。以疫情防控和新型基础设施建设为契机推进城市大脑建设，加快布局建设5G网络、千兆光纤宽带、物联网、云计算、边缘计算、新型互联网交换中心等设施，再造特大城市治理与风险防控流程。重点针对社区安全、城市安全以及新兴风险等应用场景，构建相关知识图谱，收集、清洗、存储、融合多部门数据，实时感知城市安全风险，追查挖掘征兆和根源，生成风险防范方案，支撑相关部门实现科学化、精准化的风险管理、应急管理和决策指挥。

二是探索建立智能治理机制，加快构建现代特大城市风险防控的智能化治理模式。为特大城市风险防控提供制度保障。其一是数据共享机制，推进

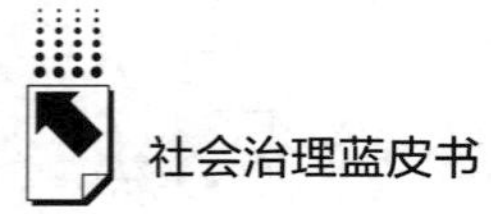


各部门、各领域、各行业等数据开放，为企业、社会组织、市民参与城市风险治理提供基本渠道和条件。其二是基于大数据的决策咨询机制，及时回应并吸纳市民对城市治理的利益诉求与决策建议，动员社会力量和市民的民主参与，提高风险防控与治理的科学决策、民主决策水平。其三是智能化的监督评价机制，依靠大数据、云计算、物联网等技术对特大城市各领域、各角落全天候的无缝监管，构建城市风险治理智能化评估体系。其四是智能化的应急管理机制，以智能化手段构建城市应急管理的协同联动机制。

三是完善数据信息保护机制，规避数据治理引发的数据安全风险。数字时代对个人信息的采集、处理与分析让重大疫情防控更高效精准，但也出现了个人信息被滥用、泄露等情况。近日，中共中央网络安全和信息化委员会办公室发布《关于做好个人信息保护利用大数据支撑联防联控工作的通知》，特别强调在积极利用包括个人信息在内的大数据支撑新冠肺炎疫情联防联控工作的同时，做好联防联控中的个人信息保护。为此，要把个人信息保护放在更加突出和重要的位置，加快完善个人信息保护的法律制度，不断提高个人信息的保护标准，并针对违反该禁止条款的行为制定严格的法律责任。

## 参考文献


崔德华：《习近平关于风险防范重要论述的基本内涵及时代特征》，《治理现代化研究》2020 年第 2 期。

张秀梅：《新冠肺炎对我国公共危机管理现存问题的揭示与对策研究》，《陕西行政学院学报》2020 年第 2 期。

弘文：《从新冠肺炎疫情看抵御“重大风险”》，《党史文苑》2020 年第 3 期。

刘贤伍：《习近平新时代风险防控思想研究》，《佳木斯大学社会科学学报》2021 年第 1 期。

刘凤：《公共卫生重大风险防控背景下的社区治理：力量下沉与效能提升》，《秘书》2020 年第 6 期。

颜海娜、唐薇、王露寒：《基层重大公共卫生风险防控中的敏捷治理机制——基于

H 街道的新冠肺炎疫情防控个案分析》，《华南理工大学学报》（社会科学版）2021 年第 1 期。

张小明、周晓宇：《风险防控导向下的应急体系建设》，《中国应急管理》2020 年第 11 期。

卢芳霞、刘开君：《“枫桥经验”在重大社会风险防控中的应用》，《中国领导科学》2020 年第 4 期。

徐文锦、廖晓明：《重大社会风险致灾机理分析与防控机制建构——基于新冠肺炎疫情风险防控的研究》，《软科学》2020 年第 6 期。

刘学涛：《重大突发公共卫生事件中政府信息公开的优化探寻》，《哈尔滨市委党校学报》2021 年第 1 期。

《薛澜：这是一堂风险社会启蒙课》，《吉林劳动保护》2020 年第 2 期。

# B.4
# 新时代超大城市推进市域治理现代化的路径研究

## ——以朝阳区市域社会治理现代化试点创建为例

摘　要：　党的十九届四中全会提出“社会治理是国家治理的重要方面，加快推进市域社会治理现代化，构建基层社会治理新格局，是全党的一项重大战略任务”。习近平总书记指出：“把市域社会治理现代化作为切入点和突破口，深入推进社会治理创新，构建富有活力和效率的新型基层社会治理体系。”开展市域社会治理，发挥其在国家治理体系和治理结构中至关重要的作用，是推进国家治理体系和治理能力现代化的题中应有之义和核心动力。本报告对朝阳区市域社会治理现代化的内涵、原则及新一代信息技术推动市域社会治理现代化的路径进行分析，总结经验、查找不足，为朝阳区进一步推动基层社会治理实践和创新提供决策建议。

关键词：　新时代　超大城市　市域治理现代化　朝阳区

## 一　市域社会治理

随着我国新型城镇化的快速推进，各种要素集聚的同时，各种风险、矛盾也向城市汇聚，加快推进市域社会治理现代化的重要性、必要性和紧迫性日益凸显。

## （一）市域是实现制治融通最有效的治理能级

地级市行政区域是市域社会治理的范围主体，市域社会治理是在这一区域内发挥党委政府、企事业单位、社会团体及个人等主体作用，推动落实社会治理体系和治理能力现代化的各项任务，突破社会治理创新机制难点，管理和服务好辖区内的各类组织、事务以及居民群众，在这个过程中更加强调市级党委、政府在社会治理中的主导作用。在我国行政架构中，市级处在承上启下的关键环节，“上联天气、下接地气”，不仅要统筹区域经济发展、民生保障、社会稳定，还要指导基层实践、推动各项政策落实，是促进国家长治久安的重要基础。在市域层面既要完成“制”的落实，又要推动“治”的实施，还要促进“制”的完善，形成制治融通的闭环，成为承上启下的重要枢纽。换句话说，推进市域社会治理现代化，承载着制度优势转化为治理效能的重要任务，也是坚持问题导向以实践探索推动中国特色社会主义制度不断自我完善和发展的过程。因此，市域社会治理在整个国家治理体系中发挥着重要的枢纽作用，对上需要承担党中央各项决策部署，对下需要深入基层指导实践工作，在构建基层社会治理现代化新格局中发挥着不可替代的作用，把握好“市域”这一关键环节，就可以盘活整个社会治理大格局。

## （二）市域社会治理是打通城乡治理的关键环节

“健全城乡融合发展体制机制”是党的十九届四中全会明确提出的任务要求。解决城乡二元问题，需要更加统筹、更加融合的理念，形成城乡二元共生、双向流动的新机制新模式。市域是城市和农村两种社会形态的结合体，推进市域社会治理现代化，打通城乡治理“最后一公里”，是统筹推进城乡一体化的重要突破口。一方面，城乡存在差距，乡村相对落后，需要把市域作为完整的治理单元，激发城市资源向乡村辐射，更多优质服务、优质项目去农村地区落地生根，让治理成效更多、更公平地惠及城乡居民。另一方面，需要关注城乡治理面临的新问题。在城市特别是特大城市可持续发展中，治理“城市病”的出路在农村。因此，打通城乡治理“最后一公里”，不是单纯地解决农村问题，也是解决城市问题的重要支撑。

### （三）市域社会治理是防范矛盾风险的关键环节

全国市域社会治理现代化工作会议提出，“市域治理做得怎样，事关人民安居乐业、事关社会安定有序、事关国家长治久安”。目前，一些最突出的矛盾和问题汇聚在市域，呈现危机频发的特征。从发展的实际看，一些社会纠纷成为引发社会矛盾和社会风险最直接的因素，比如事关群众身边利益的劳资纠纷、医患纠纷、物业纠纷、企业改制纠纷、污染纠纷、借贷纠纷、拆迁纠纷、征地纠纷、本地人和外地人纠纷等。这些纠纷极易转化为公共危机，系统性、跨界性、传导性特点突出。因此，及时将矛盾化解在市域范围、及时解决群众所反映的各项困难、守住安全稳定底线、保障好人民群众利益就必须加强市域社会治理。

## 二　把握市域社会治理现代化的三个着力点

### （一）坚持党的领导作为根本保障

党的十九届四中全会提出完善社会治理体系要完善党委领导，为新时期不断推进和创新社会治理提供了一个明确的、崭新的制度保障，只有充分发挥党总揽全局、协调各方的领导核心作用，才能确保市域社会治理始终沿着正确方向前进。习近平总书记强调，这就像是“众星捧月”，这个“月”就是中国共产党。推进市域社会治理现代化必须坚持党的领导核心地位。要把党的领导作为贯穿市域社会治理的主线，不断完善党委领导的社会治理体系，突出市域社会治理重要地位，将推进市域社会治理现代化工作列入党委重要日程，推动社会治理融入市域经济社会发展全过程。

### （二）落实以人为本的民本导向

为了群众、相信群众、依靠群众、引领群众，带领群众创造美好生活，

是中国共产党矢志不渝的奋斗目标。进入新时代，我国社会治理能力和水平与人民群众更高标准的需求仍有差距，社会治理领域的不足和短板亟须补足。党的十九届四中全会指出，“全党同志一定要永远与人民同呼吸、共命运、心连心，永远把人民对美好生活的向往作为奋斗目标”，“坚持立党为公、执政为民，保持党同人民群众的血肉联系，把尊重民意、汇聚民智、凝聚民力、改善民生贯穿治国理政全部工作之中”。必须坚持以进一步提升人民群众获得感、幸福感、安全感为根本目的，始终坚持以人民为中心，遵循治理规律、把握时代特征，推进市域社会治理体制机制更加完善、工作布局更加科学、治理方式更加优化。只有这样，建设人人有责、人人尽责、人人享有的社会治理共同体才能扎实根基、注入灵魂。

### （三）强化大数据等信息技术支撑

科技的不断进步一直是创新治理体制机制的重要支撑，放眼未来、顺应发展趋势需要自觉运用科技手段提升社会治理现代化水平。立足新要求，我们更需要强化理论创新和实践创新，找准国家治理现代化的战略定位，认清以信息化、大数据、智能化为代表的新的时代特征。利用数字化技术是推进市域社会治理现代化的重要手段，通过技术嵌入，提升数据信息收集、存储、处理和分析的效率，通过整合、共享信息，深化应用场景建设，有效拓宽社会参与渠道、提升全社会各领域协作水平，从而降低治理成本、提高治理效能。

## 三　从朝阳区实践看市域社会治理现代化建设重点

作为首都中心城区，朝阳区发展整体呈现农村城市化、城市现代化、区域国际化同步推进的过程，具备试点示范市域社会治理现代化的典型性和代表性。2020 年，朝阳区正式启动市域社会治理现代化试点创建工作。综合分析朝阳区区情特点和市域社会治理基础，朝阳区市域社会治理现代化试点创建要在以下方面开展探索创新。

## （一）聚焦共建共治共享，把党政群共商共治转化为社会治理的制度化安排

十九届四中全会提出“加强和创新社会治理，完善党委领导、政府负责、民主协商、社会协同、公众参与、法治保障、科技支撑的社会治理体系”，首次把民主协商纳入其中，特别是把民主协商放在“党委领导、政府负责”的后面，充分体现了民主协商在社会治理中的独特优势。“凝聚社会治理的最大共识，包容是基本前提，协商是基本方式。”推动市域社会治理现代化亟须在民主协商上破题。

2013 年朝阳区按照党的十八大关于加强社会管理创新的要求，基于社会结构多样化、利益诉求差异化、社会关系复杂化的基本区情，创新性地开展了党政群共商共治工程，探索了社会管理向社会治理转变的新路子，充分发挥出党委、政府在市域社会治理中的主导作用，还积极调动人大代表、政协委员、社会单位、专家学者、广大居民参与其中，凝聚治理合力。党政群共商共治，本质上就是按照协商于民、协商为民的要求，深入推进基层协商民主，以协商的方式创新社会治理。

朝阳区在市域社会治理现代化建设中，要在党政群共商共治创新模式的基础上，进一步建立健全协商平台层级化、协商主体多元化、协商流程规范化、协商模式社会化的体制机制，不断提升基层协商民主的深度、广度、力度和精度，丰富“有事好商量、众人的事情由众人商量”的制度化实践，把共建共治共享的同心圆画大。

## （二）推进城乡融合，着力破解城乡治理一体化难题

把城乡治理一体化作为推进市域社会治理现代化的一项重点任务，朝阳区有现实条件、有实践基础、有改革空间。朝阳有城有乡，在“一绿”试点建设中初步探索了农村城市化路径和治理模式。《北京城市总体规划（2016 年—2035 年）》明确朝阳区要建设高水平城市化综合改革先行区，向推动城乡治理一体化改革提出了更高要求、提供了更大空间。当前，对于朝

阳区来说农村城市化的重点在于城乡融合，要妥善解决好城市化进程中遗留的人、地、业的问题。推进城乡治理一体化正是解开这三个“结”的一把钥匙。要把城乡治理一体化布局融入朝阳区“十四五”发展规划，以城乡规划一体化为抓手推动城乡社会治理体系整体性发展。

城乡治理一体化的核心是人，要进一步健全与城市化水平相匹配的管理体制，完善与城市化进程相适应的服务政策，创新与城市化特征相契合的治理文化。在回迁安置过程中，要进一步推进治理要素聚集，对行政资源进行合理配置，对社会资源进行有效引导，实现城乡管理、服务、保障一体化。加强人口治理，处理好农村人口与城市人口、本地人口与外来人口的关系，引导农村人口树立市民角色意识、提高职业适应能力、强化主人翁意识。发挥文化在城乡治理中的引领和支撑作用，引导群众参与公共服务政策制定、监督、评估，探索农村地区新型治理模式。

城乡治理一体化的关键是推进依法治理和综合治理一体化，落实市委“疏解整治促提升”专项行动，深入开展城乡接合部地区安全隐患综合整治，解决好在土地流转、拆迁腾退过程中出现的一系列社会问题，推动法治乡村和平安乡村建设。完善土地管理、农转居等相关政策，创新土地资源集约高效利用模式、安置房开发建设模式和撤村建居模式。对城乡接合部、农村地区进行统一管理、整体改造，完善基层设施配套，推进美丽乡村建设，改善人居环境，实现城乡基础设施一体化。注重村居委会、社会组织、市场主体等的融合治理，推动执法力量下沉，形成到边到底的治理网络，规范乡村治理运行。

城乡治理一体化的重点是解决好产业和就业的问题，实现产业一体化发展。推进农村集体资产产权制度改革，保障农民对集体资产的权利，妥善解决农民在征地拆迁、补偿分配中出现的矛盾和冲突。在深化“疏解整治促提升”过程中，坚持减量发展，推动农村地区产业升级，探索产业社区发展模式，实现职住就地平衡。

### （三）夯实基层基础，打通街乡、社区（村）这一“神经末梢”

市域社会治理是国家治理的基础，街乡、社区（村）又是基础中的基础，是连接国家与社会的交互界面和关键环节。全国市域社会治理现代化工作会议提出，要理顺纵向架构，增强市域社会治理统筹力；要完善横向体制，增强市域社会治理聚合力。朝阳区推动市域社会治理现代化试点，必须完善权责明晰、上下贯通、层层推进的纵向治理架构，必须完善党委领导、政府负责、社会协同、公众参与的横向治理体制。这决定街乡、社区（村）成为朝阳区市域社会治理现代化组织实施和强基固本的基本单元，要通过体制赋权、技术赋能、评价赋值，发挥好这个基本单元的作用。

构建简约高效的基层管理体制，实现体制赋权。落实《北京市街道办事处条例》，进一步深化街道管理体制改革，推动重心下移、权力下放、力量下沉，充实基层治理力量，加强对基层工作的指导，形成到一线解决问题的工作导向，推动接诉即办向未诉先办转变，切实发挥街乡在市域社会治理中的基础作用。

组织专业力量开展专门治理，推动专业赋能。当前基层治理面临的问题越来越复杂、越来越专业。市域社会治理作为一个复杂的巨系统，只有让专门人才使用专门工具才能解决专业问题，提高治理效能。建立健全基层治理规划师制度，定期对街乡、社区（村）开展体检，诊治治理问题，并提供标准化、规范化的工具模型，开展系统化、专业化指导。研究出台支持社会治理规范化、专门化、职业化队伍建设的政策体系，注重社会治理专门人才的培养，制定合理的薪酬政策，加大政策扶持力度。同时制定考评和激励机制，为社会治理提供人才保障。培育、扶持和发展第三方专业组织，创新“权随责走、费随事转”体制机制，不断拓宽社会组织发展空间，实现政府和社会的良性互动。

细化市域社会治理的评价指标，实现评价赋值。《全国市域社会治理现代化试点工作指引》从共性工作、区域特色工作和负面清单三个维度构建了一套完整的市域社会治理现代化试点指标体系。朝阳区在推动市域社会治理现代化试点建设过程中，要进一步细化指标，明确可量化、可操作、可考评的阶段性目标，每年推进落实一批市域社会治理重点项目。

### （四）创新社会参与品牌，把“朝阳群众”固化为人民群众参与基层社会治理的制度化渠道

增强市域社会治理聚合力需要完善公众参与机制。“朝阳群众”作为一个群防群治工作的重要品牌，已在动员群众参与社会治理方面探索形成了一定经验。2019 年，朝阳区出台《关于提升“朝阳群众”品牌加强新时代群防群治工作的意见》，提出要充分依托社区协商民主平台，引导和动员“朝阳群众”参与党政群共商共治工程，为基层社会治理献计献策，积极参与矛盾纠纷化解、安全隐患排查、社会环境建设、邻里守望互助等基层治理工作，广泛参与到扫黑除恶斗争、治安重点地区整治和基层平安创建等工作中来。在此基础上，以市域社会治理现代化试点为契机，要把“朝阳群众”升级为人民群众参与基层社会治理的制度化渠道。

依托“朝阳群众”建立平台化组织机制。发挥枢纽型社会组织作用，分类整合社会资源，吸引新的社会阶层人士、志愿者、居民群众等各类人群参与到群防群治、志愿服务等基层社会治理之中，将社会化机制导入“朝阳群众”的平台建设。

依托“朝阳群众”建立网络化动员机制。充分利用科技信息化资源，创新互联网时代群众工作机制，把“朝阳群众”建设成为一个平行、互动、多样的群众参与网络平台，形成人人尽责、人人享有的生动局面。

依托“朝阳群众”建立公益化激励机制。创新社会治理思路，扩大公共服务市场开放，通过政府购买服务，健全激励补偿、举报奖励、公益反哺、以奖代补等机制，不断健全社会责任评估和激励奖惩机制，鼓励引导企业、个人更多地参与社会治理、承担社会责任。

### （五）创新风险防范机制，让市域成为社会矛盾的“终点站”

市域要成为社会矛盾的“终点站”，必须着力提升社会风险和公共安全风险化解水平，构建重大决策社会风险评估体系、公共安全风险监测预警体系、公共服务满意度与公平公正评价体系。

一是完善科学决策机制和程序，严格落实重大决策社会稳定风险评估制度。聚焦群众诉求、政策落实、程序合法等方面，对重大改革、重大项目以及重大政策进行合法、合规性审查，尤其是对实现市域社会治理现代化的时间表、路线图、任务书等进行明确分工，逐项予以落地落实，确保市域社会治理各项工作扎实推进、效果显著。

二是构建公共安全风险监测预警体系。重点推进全链条、全要素管理，实现公共安全全覆盖。建立公共安全数据资源共享机制，对危爆物品、快递物流等行业加强监管，加强旅馆业、机动车修理业、娱乐服务业等重点行业的治安管理工作。加强对新技术、新经济、新业态、新模式的分析研究，提高对新型风险的预警防控能力。发挥网格化治理机制优势，织密织牢社会治安防控网络，推动社会治安防控能力整体提升。构建网上网下相结合、人防物防技防相结合、城乡统筹和打防管控一体的社会治安防控新格局，推动治安防控的法制化、智能化、专业化、立体化发展。健全道路交通、消防等领域安全防范管理机制，严格落实公共安全属地责任、部门责任。

三是以公共服务满意度为核心，围绕优质公共服务资源配置构建公共服务满意度与公正公平评价体系。公共服务是社会再分配的重要方式，是实现社会公平的基本途径。“七有”“五性”既涉及人民最关心、最直接、最现实的利益问题，也是推动改革发展成果更多更公平地惠及全体人民的具体实践。以人民的满意度为核心，从政府投入与服务对象、实施供给与服务内容、资源配置与服务程度三个维度，评价优质公共服务资源配置的公正性、公平性和有效性。

### （六）强化科技赋能，助力市域社会治理智能化精细化

推动大数据、区块链、人工智能等现代科技与市域社会治理深度融合，将极大提高社会治理精细化、精准化、精致化水平。

一是推动社会治理从事中干预、事后响应向事前预警、超前预判转变。紧密结合“智慧城市”建设，探索数据驱动、跨界融合、人机协同、共创分享的智能化治理新模式，前置社会风险点，对城市运行进行超强感知，对

异常情形进行精准识别，及时预警社会风险。

二是推动社会治理从网格化向块数据、区块链升级。推进“智慧城市”“城市大脑”建设，通过技术之治与制度之治的结合，实现精准、精细、精致的治理目标。

三是推动“街乡吹哨、部门报到”改革向条块融合、数据开放深化，打通地方、部门、企事业单位之间的数据壁垒，实现设施联通、信息互通、工作联动，实现多网融合、互联互通，全面增强数据动态掌握、分析决策能力，实现用数据说话、用数据决策、用数据管理、用数据创新。

## 参考文献


谢小芹：《加快推进市域社会治理现代化》，《中国社会科学报》2021 年 4 月 13 日，第 008 版。

罗翔、曹慧霆、赖志勇：《全球城市视角下的国际社区规划建设指标体系探索——以上海市为例》，《城乡规划》2020 年第 2 期。

刘兴景：《合肥市基层社会治理创新实践与启示》，《辽宁科技学院学报》2019 年第 6 期。

刘凤：《基层社会治理创新研究——以宿豫实践为视角》，《中小企业管理与科技》（中旬刊）2016 年第 3 期。

《陈一新：以新思路新方式开展市域社会治理现代化试点》，《法制日报》2020 年 1 月 3 日。

程华民：《国际化社区建设的杭州实践与思考》，《杭州》（周刊）2016 年第 7 期。

# 专 题 篇

Special Reports

## B.5
## 朝阳区落实《北京市街道办事处条例》提升基层治理效能的实践

摘 要： 《北京市街道办事处条例》从首都城市战略定位和北京超大城市基层治理的实际情况出发，就长期以来基层工作面临的热点、难点问题，以“赋权、下沉、增效”为重点，探索推进党建引领“街乡吹哨、部门报到”和“接诉即办”改革，有效破解基层治理中面临的“看得见的管不了、管得了的看不见”难题，并将改革成功经验纳入法治轨道，固化为基层治理的制度化安排。本文以朝阳区落实《北京市街道办事处条例》为研究视角，分析朝阳区开展基层治理的实践与路径，为超大城市推动基层治理创新，提升基层治理效能提供借鉴和参考。

关键词： 朝阳区　街道办事处条例　基层治理效能

党的十九届四中全会提出要进一步推动社会治理和服务重心向基层下移，把更多资源下沉到基层，更好地提供精准化、精细化服务。处于行政末端与基层顶端的街道办事处，是政府与基层之间的重要衔接点，是创新社会治理、提升基层治理能力的关键之处。为此，北京市于2019年12月出台了《北京市街道办事处条例》，用法治的方式对街道办事机构职责进行规定，固化了北京在基层治理方面的创新实践，为探索超大城市基层治理提供了参考。

## 一　落实《北京市街道办事处条例》的意义

### （一）在新时代背景下强化基层治理和服务的必然要求

街道是城市管理和社会治理的基础单元，承担着巩固基层政权、贯彻落实党和国家的路线方针政策、密切联系和服务居民群众的重要职责。长期以来存在的对街道定位把握不准、街道和职能部门职责清单不明确、街道职责和权力不匹配、对街道综合执法权和部门派驻机构的统筹协调和工作监督缺乏制度保障、机构设置过多过细等体制机制性问题，严重影响了街道办事处职能作用的发挥。同时，在党政关系、条块关系、政社关系等方面缺乏规范，特别是对街居关系认识不充分，弱化了自治功能，区域化党建工作机制还不健全，社会参与意识和能力不强，与新时代首都城市管理和基层治理的目标要求不相适应，与人民群众的新期盼和新需求存在较大差距，亟须从法律上进一步规范，明确街道在基层公共服务、城市管理和基层社会治理中的职能定位，为街道办事处工作提供法治保障。

### （二）为街道社区管理体制改革提供基本遵循

从目前的实践来看，北京市城市管理基础薄弱的缺点正逐步凸显，包括没有厘清街道办事处的职责，相关职责权利严重不对等，专业管理与监督仍然不到位，还没理顺街道与居民之间的关系，社区居委会行政化趋势严重，居民参与社区治理的主动性不足等。2020 年 2 月出台的《关于加强新时代街道工作的意见》，明确提出街道作为执法主体可以直接开展执法工作、综合设置街道内设机构、探索建立街道职责准入制度、为街道减负瘦身、提高街区公共空间品质、改善民生等。《关于加强新时代街道工作的意见》对街道的定位给出了一个较为明确的界定，同时也明确提出要厘清街道职权。而《北京市街道办事处条例》的颁布为街道如何开展赋权、赋能之后的具体工作提供了规范、明确的指导。

### （三）推动基层治理法治化的重要探索

一是为街道赋权，北京市街道办事处共行使 7 项职权。其一为街道办统一领导、指挥调度该区人民政府工作部门的派出机构，并对其工作考核与人事任免提出相应的意见和建议。其二为参与辖区内有关设施的规划编制、建设和验收。其三为可对辖区涉及的全市性、全区性重大事项和重大决策提出切实有效并可落实的意见和建议。其四为对区政府工作部门开展的联合执法进行指挥调度。其五为统筹协调并考核督办涉及多个部门协同解决的综合性事项。其六为统筹管理和安排街道的下沉人员和资金。其七为统筹协管员日常管理。街道办事处要依法行使与居民日常生活密切相关，同时能有效承担的行政执法权，贯彻落实北京市人民政府制定并向社会公布的具体行政执法事项清单。街道办事处要依法行政，依法推进辖区治理，依法维护辖区群众的合法权益。负责街道办事处法制工作的相关机构要依法严格对其行政规范性文件进行审查，对行政执法监督、行政复议、行政诉讼等工作给予指导。

二是为街道撑腰，建立工作人员容错纠错机制鼓励作为。根据《北京市街道办事处条例》的规定，市、区两级政府要综合考虑街道的功能定位、人口规模、辖区面积等因素，合理优化资源配置，整合基层执法、审批与服务等方面的力量，推动治理重心向下移动，促进人员力量向基层倾斜。同时，市、区人民政府要建立健全对街道办事处的考核评价和激励制度，相关工作人员的待遇应当高于区级行政机关同级别的工作人员；给予高于本区行政机关平均水平的年度考核奖励指标。此外，街道工作人员依法享有休假、

体检等福利待遇。要建立街道工作人员的容错纠错机制，鼓励其在基层岗位上担当作为。

三是为街道定责，清单外事项不接受“甩锅”。街道办事处承担着7项职责。其一是组织实施与群众生活密切相关的公共服务工作，贯彻落实卫生健康、养老助残、住房保障、社会救助、文化教育、法律服务、就业创业、体育事业等领域的相关法律法规和政策。其二是组织实施街道内秩序治理、环境保护、物业管理监督、街区更新与应急管理等城市管理工作，营造良好的辖区公共环境。其三是推进辖区平安建设工作，积极防范、排查、化解矛盾纠纷，维护街道整体的和谐稳定。其四是动员辖区企事业单位和各类社会团体组织积极参与街道的基层治理工作，统筹公共资源，实现共建共治共享。其五是推进社区发展建设，对居民委员会的工作进行指导，引导和支持居民依法开展自治，完善社区公共服务功能，提升社区基层治理水平。其六是做好国防教育和依法服兵役等工作。其七是贯彻落实法律、法规、规章以及市、区两级政府作出的决定、命令、规定等的其他职责。

四是为基层减负，即不可以违规让社区填表报数。为落实中央和市委加强对社区保障与为社区减负的要求，《北京市街道办事处条例》规定，北京市民政部门要会同相关单位依法制定、定期调整居民委员会需要协助政府的工作任务清单，并及时向社会公布。市、区政府工作部门和街道办事处禁止把工作任务清单之外的工作交给居民委员会办理，不可以违反规定让社区填表报数。此外，未经区政府统一组织，禁止对街道办事处的工作进行评估考核。

## 二　朝阳区落实《北京市街道办事处条例》的具体实践与不足

### （一）以党建引领《北京市街道办事处条例》落实

为创新《北京市街道办事处条例》落实途径，把握《北京市街道办事处条例》实施的重要方向，街道工作人员抓紧学习理论知识，坚定不移地用习近平新时代中国特色社会主义思想武装头脑、提升素质、指导实践、推动工作。一是持续创新正面宣传，聚焦决胜全面建成小康社会等重大主题，精心组织理论宣传和百姓宣讲，综合运用新时代文明实践中心、融媒体中心等载体进行立体宣传。全力做好疫情防控宣传舆论工作，深入挖掘好经验、好做法，加大对抗疫一线感人事迹和先进典型的宣传力度，在全社会激发正能量、弘扬主旋律。二是时刻紧绷意识形态之弦，严格执行意识形态领域形势通报制度，全面落实网上网下意识形态工作责任制，强化底线思维，提高党的纪律约束力。加快意识形态管理工作平台开发建设，充分发挥“朝阳群众”群防群治作用，坚决守住意识形态和文化安全防线。三是筑牢执政根基，提高党的组织战斗力。健全选人用人机制，加大对疫情防控工作中表现突出的“急先锋”“老黄牛”“诸葛亮”式干部提拔使用力度。夯实基层组织建设，围绕“深化提升年”主题深入推进“基层建设年”三年行动计划，不断增强党组织政治功能和组织力、战斗力，统筹推进各领域党建全面过硬。抓好人才队伍建设，健全完善人才发展机制，实施更加积极、开放、有效的人才政策。

### （二）加强专题学习培训

自《北京市街道办事处条例》实施以来，各级领导高度重视条例的落实情况。市人大常委会副主任、党委副书记、市总工会主席刘伟到劲松街道检查《北京市街道办事处条例》落实工作时提出：劲松街道要继续做好人民的“桥头堡”，坚持正确、有效的监督，坚持问题导向，从而稳步推动《北京市街道办事处条例》在劲松街道的高质量落实落地。区委书记王灏也多次强调将《北京市街道办事处条例》的落实当作各街道年度重要工作去抓。为了深入推进和固化党建引领，加强街道全体党员干部对《北京市街道办事处条例》的理解，真正将《北京市街道办事处条例》运用到实际工作当中，八里庄街道办事处邀请北京市社会科学院智库建设与管理处处长兼首都综治研究所所长袁振龙详细解读条例与实操分析。袁振龙从《北京市

街道办事处条例》的出台背景、立法过程和特点、机构与职责、公共服务、城市管理、社会治理、保障与监督等方面进行详细解读，围绕首都城市战略定位强调了条例的重要意义，明确条例以捋顺街道办事处与区人民政府工作部门之间的“条块”关系为核心，梳理街道办事处的基本职责、执法体制、工作制度，构建简约高效的基层管理体制。和平街街道更是将其纳入基层工作人员能力提升培训计划的总体安排，组织街道处级领导、机关干部和社区工作者等参加了开班仪式及专题培训，采取课堂面授、案例分析、讨论调研等形式，实现分层培训与全体培训相结合、集中组织和自学相结合、专业技术和职业素养相结合、理论学习与实操处置相结合，提高基层工作人员的理论水平和实践能力，满足基层工作人员的职业发展需要，促进《北京市街道办事处条例》在朝阳区落地生根。

### （三）挂牌成立街道综合行政执法队

作为2019年街道机构改革的延伸，按照北京市人民政府《关于向街道办事处和乡镇人民政府下放部分行政执法职权并实行综合执法的决定》（以下简称《决定》）及区委、区政府的相关要求，朝阳区各街道纷纷成立街道综合行政执法队。这是落实《北京市街道办事处条例》的重要举措，也是强化街道社会治理能力的重要抓手，有利于统筹加强基层综合行政执法队伍建设，进一步推进行政执法资源和力量向基层延伸下沉，将集中行使城管、生态环境、水务、卫生健康等部门部分行政执法权并开展综合执法工作，更加切实有效地为群众办实事、解难题。同时，综合行政执法队坚持强化思想认识，认清职责使命，打造过硬队伍，紧紧围绕街道重点、中心工作，统筹谋划、强化管理，积极执法、依法行政，积极行使《决定》中下放街乡的431项行政执法职权，构建权责明确、行为规范、监督有效、保障有力的综合行政执法体系，不断完善执法制度、规范执法行为、提升执法效能，为街道社会治理和区域管理提供坚强的执法力量保障，进一步增强辖区居民的获得感、幸福感、安全感，维护社会和谐稳定。

### （四）《北京市街道办事处条例》在落实中存在的问题

朝阳区自实施《北京市街道办事处条例》以来，结合《北京市物业管理条例》《北京市生活垃圾管理条例》《北京市文明行为促进条例》等的落实，取得了很好的成绩，但也存在一些问题。

一是党建引领物业企业参与社区治理的力度还要加大。如香河园街道虽推进物业管理和老旧小区改造相结合的“里外物业”管理模式，但在市容环境、社区防控等方面仍存不足。东湖街道制定议事规则规范物管会运行，连续 3 年实现安全生产零事故，但在社区防控、环境整治提升、“开墙打洞”整治等方面仍存不足。左家庄街道在小区出入口管控、背街小巷整治、违法建设拆除、垃圾分类等方面仍存不足，要持续做好背街小巷整治提升、拆违控违、物业管理等工作，加快推进老旧小区改造工程，以亮马河国际风情水岸改造提升为契机，充分挖掘地区资源禀赋，推动各项工作再上新台阶。各街道要继续向前一步，主动作为，要积极发挥街道党建引领基层工作的作用，在社会治理的过程中与辖区企事业单位积极商量、有效沟通，合理结合社会单位基层党组织双报到的机制，量化企事业单位、社会团体组织服务属地街道与社区的指标，在提高基层社会治理水平、促进精细化管理等方面进一步探索创新。全力抓好治理体系和治理能力现代化、解决民生实事难事、推动基层改革创新“年度三件事”，围绕“七有”“五性”办好民生实事，及时回应群众关切，不断提高治理水平。

二是“接诉即办”改革还需持续深化。如常营地区积极开展民族团结进步创建宣传活动，“朝阳群众管城市”公众号农村系统考核成绩排名第二，但在“接诉即办”、落实全面从严治党主体责任、违法建设整改等方面仍存不足，要提高政治站位，强化大局意识，在促进民族团结、维护社会稳定、筑牢意识形态阵地上压实责任，在推动“接诉即办”提质增效上狠下功夫，在“体育文化 +”品牌建设上打造亮点，不断开创农村城市化发展新局面。高碑店地区完成农村集体合同清理任务、打造“党建引领 + 垃圾分类”教育基地、发挥责任规划师作用推进甘露园南里二区综合整治，但

在“接诉即办”、物业管理等方面仍存不足，要紧抓功能疏解这个重点，以落实基层治理4个条例为抓手，主动破解“接诉即办”、垃圾分类、物业管理难题，探索“生态水乡”美丽乡村建设经验，进一步改善人居环境，提高生活品质，提升区域形象。各街道办事处要严格按照“民有所呼、我有所应”的要求，细化、创新、落实“接诉即办”工作机制，及时反馈、解决群众的利益诉求。

三是针对群众反映强烈的脏乱差问题还需进一步发力。如望京街道虽抓实抓细外籍人员疫情防控工作，超额完成全年拆违任务，优化意识形态阵地管理工作机制，完善小区垃圾分类标准，打造了“垃圾分类网红墙”，但在火灾隐患排查治理、环境整治提升等方面仍存不足，要继续整合资源、提升环境、优化服务，持续提升区域国际化建设水平，力争做朝阳区功能疏解、环境提升的标兵。同时，各街道要开展好爱国卫生运动及“周末卫生大扫除”“环境清洁日”等活动，聚焦大尺度绿化，最大限度激发社会活力。

## 三 关于朝阳区进一步落实《北京市街道办事处条例》、提升基层治理效能的建议

### （一）强化党建引领

朝阳区坚持把党的建设摆在工作中最突出的位置，以巩固和增强党对基层工作的领导。严明政治纪律，严守政治规矩，增强“四个意识”、坚定“四个自信”、做到“两个维护”，严格执行重大事项请示报告制度，时刻保持斗争精神。强化创新理论武装，落细落实“不忘初心、牢记使命”制度，巩固拓展主题教育成果，在学懂弄通做实习近平新时代中国特色社会主义思想上持续深化，强化意识形态阵地管理，压紧压实意识形态工作责任制。激发基层党组织活力，稳妥有序推进乡级机构改革，整顿提升软弱涣散村和后进社区，配强第一书记和村书记助理，深化区域化党建，推进社会组织党建向功能化、实体化转变。强化主体责任落实，加强对全面从严治党各项工作

的领导，严格落实领导干部“一岗双责”，巩固基层减负成果，杜绝形式主义、官僚主义，扎实做好巡视“后半篇文章”。

### （二）筑牢基层治理根基

健全基层治理体系，深入落实《北京市街道办事处条例》，巩固并发展“吹哨报到”“接诉即办”的改革成果，完善街乡综合执法机制，统筹用好市级下放的行政执法职权。深化党建引领物业企业参与社区综合治理，促进小而散的物业公司整合，用市场化、社会化、专业化的方式解决无主管部门、无物管和无人防物防小区的治理难题。充分发挥大数据、人工智能等科技手段，构建城市大脑，打造智慧城区。推进精细化管理，推广劲松模式，抓好老旧小区综合整治，做好加装电梯工作，加强群租房治理和地下空间管控，加快垃圾分类实施进度，深化“一把扫帚扫到底”改革，升级推广“朝阳群众管城市”平台，建管并举，建好第二批美丽乡村。聚焦“七有”“五性”，强化“接诉即办”、未诉先办、一办到底，优化教育、医疗、养老资源配置，完善健身步道、全民健身路径布局，持续提升社会保障工作水平，建设无障碍环境，扎实办好民生实事。

### （三）提升基层治理能力

强化街道在城市治理中的基础地位，构建具有首都特点的超大城市治理体系，要突出人在基层治理中的关键因素。而要把街道干部队伍建设好，需要着重关注街道干部工作压力大、重使用轻培养、干部队伍在同区不同街道综合素质不均衡的现象等。首先，强化宣传街道的正面形象，让基层干部觉得在街道工作也可以前途敞亮。党委、政府要牢固树立在基层一线培养、考察和识别干部的思想，规划统筹全区的编制资源，向基层加大倾斜力度，充实街道人才资源。其次，加强对基层干部的培养使用锻炼，让基层干部有干劲。通过调研，建立并完善基层人才的能力素质模型，对基层急需的组织协调、依法行政、纠纷化解等能力进行强化培训，制定辖区各职能部门和街道之间的人才交流培养方案。再次，完善干部激励机制，让基层干部无后顾之

忧，敢想敢干不畏难。逐步提高街道干部的薪酬与各项福利待遇，并对工作任务重、表现突出、贡献较大的同志给予必要的绩效奖励。此外，优化监督评估考核，让基层干部不忘初心、牢记使命。梳理调整现行的街道层面的考核体系，根据基层实际情况设置符合一线实情的工作考核指标，凸显各街道干部之间差异化的要求，构建合适的基层干部考核评价体系。最后，突出能力建设，打造一支战斗力过硬的基层工作者队伍。提高应急处置能力，强化全局观念、协同思维、补位意识，加强事前防范、事中控制、事后反思的全周期闭环管理，构建系统完善的应急体制机制，提高应急处置的科学性、精准性和有效性。

### （四）完善社会动员机制

城市基层治理在更加有效地动员组织群众方面还存在一些重要问题需要解决。一是基层群团组织的工作力量专业化程度较低，工作人员大多是兼职，业务服务水平有待进一步提升。二是社区居委会有较浓的行政色彩，居民自治的主动性和实效性不足。三是志愿者组织群体单一，缺乏较强的专业性与服务能力等。要充分发挥党建在基层治理工作中的政治引领作用，以党建促群建，将体制外的党员和积极分子全部纳入基层党组织的管理和服务体系之中。重点发挥团体组织的枢纽作用，通过参与政府购买服务实施项目等方式，提高社会组织服务基层治理的水平，为居民提供家庭教育、环保、健康等全方位、多领域的综合服务。让社会组织积极发挥补充作用，以切实有效为目的，整合当下辖区基层社会治理过程中社会组织能够有所作为的问题，聚焦物业治理、垃圾分类、违法建设举报、文明养犬、门前“三包”等痛点难点问题，以社区孵化为依托，成立专业化的自治型、自律型社会组织。广泛发挥志愿者的骨干作用，在各社区建立并完善以计时和“时间储蓄”等为形式的回馈和激励机制。有效发挥群众在基层的主体作用，对居民进行普法宣传，增强群众尊法、守法意识，提高社会动员能力，完善社会组织服务发展体系，深入挖掘社会动员方式方法，凝聚更大社会合力。提高联系服务群众能力，深入践行走动式、穿透

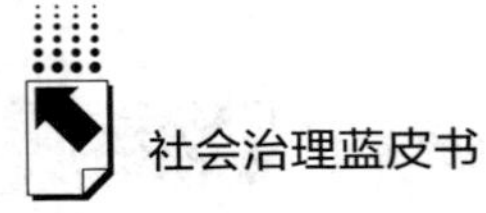


式、蹲点式工作法，走好新时代网上群众路线，用心用情解决群众身边的小事、难事、具体事。

### （五）创新协同配合机制

一是处理好街道属地管理和市区两级管理的关系。《北京市街道办事处条例》规定街道办事处对区人民政府职能部门设在街道的派出机构实行属地管理，尤其是将执法队伍重心下沉到街道，这让本就承担着冗杂城市管理事务的街道肩上的管理任务更加繁重，对街道整体的履职能力与统筹手段提出了更为严苛的挑战和要求，街道的主要领导和相关部门负责人都应高度重视，扎实提高认识水平，兼顾好辖区城市管理和市区两级城市管理的关系，把握好街道综合执法力量和市区执法部门之间的关系，把握好职能部门派出机构和街道之间的关系，精心谋划、认真施策，推动街道整体工作水平不断提升。二是相应部门应出台配套政策。《北京市街道办事处条例》规定推动政府工作重心下移、行政事权下放、经费编制下沉，由街道办事处负责统筹协调、指挥调度政府职能部门和公共服务企业等共同做好辖区服务管理工作。但是，如何将符合街道职权的行政事权、经费编制下放到街道仍需要相应的实施办法，如财政部门、区编办等应出台相应的政策配套文件，支持事权下放、经费编制下沉等。三是做好经验交流总结。北京市于 1999 年曾颁布过《北京市街道办事处工作规定》，用以提升街道办事处规范化、法制化水平。应做好工作总结，为新版条例的落地实施提供经验借鉴。同时，上海、天津等地都出台了街道办事处条例，应加强地区之间的交流，因地制宜学习对方的成功案例，以提升朝阳区基层治理服务水平，增强市域治理的整体性、协调性。

## 参考文献

《委员、专家聚焦厘清街道定位、推进街道改革、促进责权统一等建言献策　夯实

街道在城市治理中的基础地位》，《北京日报》2018 年 9 月 26 日。

贺勇：《基层治理新实践：北京深化街道管理体制改革》，人民网，http：//bj. people. com. cn/n2/2019/1206/c82840 – 33609209. html，2019 年 12 月 6 日。

《王灏在 2020 年朝阳区党建工作视频会上强调，以更严作风、更实举措加强和改进党的建设，全面提升党建工作质量 为推进各项事业发展提供坚强政治保障》，北京朝阳，http：//www. bjchy. gov. cn/dynamic/zwhd/8a24fe837128f150017185c86b9c3135. html，2020 年 4 月 17 日。

《区委召开街乡党（工）委书记月度工作点评会》，北京朝阳，http：//www. bjchy. gov. cn/dynamic/zwhd/8a24fe8372b9ff4e0172bad4a74000e7. html，2020 年 6 月 16 日。

《北京市街道办事处条例及内容解读》，北京朝阳，http：//www. bjchy. gov. cn/affair/file/otherfile/8a24fe8373b130950173b272bdd4033a. html，2020 年 8 月 3 日。

《朝阳区委召开街乡党（工）委书记月度工作点评会》，北京市人民政府网，http：//www. beijing. gov. cn/ywdt/gqrd/202009/t20200911_ 2058537. html，2020 年 9 月 11 日。

# B.6

# 朝阳区落实《北京市生活垃圾管理条例》的实践创新研究

摘　要：　习近平总书记高度重视垃圾分类工作，曾多次指出“实行垃圾分类，关系广大人民群众生活环境，关系节约使用资源，也是社会文明水平的一个重要体现”。2019年11月，关于修改《北京市生活垃圾管理条例》的决定在北京市十五届人大常委会第16次会议上被表决通过，并于2020年5月1日起正式施行，修改后的条例对生活垃圾分类提出更高要求。朝阳区地域面积大、人口多，城乡共存，垃圾分类工作难度很大，任务十分艰巨。近年来，朝阳区结合创建全国文明区工作，多方面启动生活垃圾分类工作，建立了从前端投放、收集、转运到末端处理消纳全过程的垃圾分类模式。为贯彻《北京市生活垃圾管理条例》文件精神，促进生产生活垃圾分类工作体系的建设，朝阳区不断创新实践，进一步建立健全垃圾分类工作体系。

关键词：　垃圾分类　垃圾分类条例　创新实践

## 一　朝阳区垃圾分类开展情况

自2008年北京奥运会之后，朝阳区结合创建全国文明区工作，按照生活垃圾“减量化、资源化、无害化”的原则，正式启动生活垃圾分类工作。2009年以来，朝阳区垃圾分类工作主要在24个街道、5个地区办事处进行，

建成区覆盖率达到86%，并探索建立了从前端投放、收集、转运到末端处理消纳全过程的垃圾分类模式。2017年以来，为深入贯彻落实《北京市人民政府办公厅关于加快推进生活垃圾分类工作的意见》精神，朝阳区委、区政府高度重视，不断加大力度，创新模式推进朝阳生活垃圾分类工作。

### （一）做好顶层设计，对全区工作进行部署

为深入贯彻落实新修订的《北京市生活垃圾管理条例》，朝阳区制定并印发《朝阳区生活垃圾分类工作行动方案》（以下简称《行动方案》），从推动党政机关社会单位强制分类、推动居住小区垃圾分类、做好农村垃圾分类治理工作、严格“厨余垃圾”收集管理、健全再生资源回收系统、规范有害垃圾分类投放等13个方面，对全区生活垃圾分类工作进行部署。

《行动方案》明确要求，朝阳区各党政机关社会单位办公区域因地制宜设置可回收物、有害垃圾、其他垃圾收集容器，每个办公室内应设置其他垃圾收集容器；食堂餐饮区域应设置厨余垃圾、其他垃圾收集容器，并做好厨余垃圾控水、控杂措施；公共区域应成组设置可回收物、其他垃圾两类收集容器。

### （二）完善硬件设施，提高就地处理与分类运输水平

做好垃圾分类工作，事先需要准备好硬件设施。朝阳区以垃圾分类示范片区的创建工作为抓手，在各小区共配备了2.5万组桶站，设置了1052处大件垃圾暂存点，配备了垃圾分类电动收集车2897辆。同时，为推动完善各小区的日常管理，有物业管理的793个小区，由物业公司承担垃圾分类规范管理的主体责任，其余无物业管理的小区，如老旧小区、安置房、回迁房等，则由属地聘请的第三方服务公司承担垃圾分类日常管理。相关数据表明，2020年5月1日新条例实施以来，整个朝阳区的厨余垃圾每日分出量增长了3.75倍，垃圾分类工作取得明显成效。

在规范建设垃圾分类运输设施的工程上，城区内的284座垃圾楼与农村地区的16座中转站的收运管理由朝阳区环卫中心负责，其中，16座生活垃

圾中转站已于2019年新建完成。正在规范化改造的垃圾楼有128座，改造完成后能达到分类标准的有115座，能确保各街乡至少有1座分类转运设施。

为提升垃圾就地处理的能力，朝阳区循环经济产业园通过现有的建筑垃圾、厨余垃圾、其他垃圾、再生资源回收等消纳和处理设施，每天可处理大件垃圾80吨、餐厨垃圾400吨、其他垃圾3400吨、可回收物700吨等。此外，朝阳区还要规划建设垃圾焚烧三期项目，建成后日处理能力可达3000吨。进一步提升朝阳区的垃圾处理水平，打造全链条、全品类的生活垃圾处理体系。

### （三）因地制宜，创新模式，助推垃圾分类常态化

作为北京中心城区中面积最大的一个区，朝阳全区面积共470.8平方公里。广大的区域面积决定了朝阳区在推进垃圾分类工作的过程中不能“一刀切”。从当下呼北模式的“党建引领社区治理——专业+自治”，到甜水西园模式的“分类三集中、垃圾不落地、社区无桶化”，再到高碑店模式的“12345垃圾分类工作法”，朝阳区一直在垃圾分类领域因地制宜地不断创新工作方式方法，在全区内稳步推进实现垃圾分类常态化目标。

呼北社区是呼家楼街道在20世纪中叶建成的一处老旧小区，现在成为一个没有规模以上社会单位、没有物业管理、没有封闭区域开放式纯居住的“三无”小区。为实现垃圾分类在社区“落脚起步”，社区居委会成立了专门的垃圾分管组织，主要任务是开辟专栏宣传、开展专业培训、聘请专员分拣、安排专人劝导等。在住户和商户层面，社区党员自发争当生活垃圾分类示范家庭，商户自主完成生产、生活垃圾分类收集，居民自觉养成垃圾分类习惯，逐步实现了社区垃圾分类“自治”，走出了“党建引领社区治理——专业+自治”的呼北模式，为垃圾分类在老旧无物业小区的推行提供了经验借鉴。

同样发挥党建引领作用的甜水西园社区，鼓励社区全体党员争当垃圾分类的“领头羊”，通过调研，制定了“集中时间投放、集中地点精拣、集中

收集清运”的“三集中”垃圾分类工作法，引导群众在固定地点、固定时间投放生活垃圾，就地统一分拣清运，实现垃圾不落地，让社区“无桶化”成为现实。

高碑店乡在推进垃圾分类的工作中，同步进行农村人居环境提升、文明乡风树立的乡村文明建设，把垃圾分类工作与美丽乡村建设相结合，探索出“12345 垃圾分类工作法”。“1”是为强化科技支撑，聘请了 1 家专业公司；“2”是为强化力量保障，组建了 2 支队伍；“3”是为探索垃圾分类多元模式，选取 3 个试点区域；“4”是为强化体系构建，采取了创新举措吸引群众热情参与、规范垃圾分类清运方式、推进垃圾分类基础设施建设、健全垃圾分类监督激励机制的 4 项举措；“5”是为形成示范引领，开展了进家庭、进小区、进街巷、进校园、进单位的“5 进宣传”。

### （四）加强宣传引导，养成垃圾分类的生活理念

要让垃圾分类形成长效机制，首先要让它成为居民生活的习惯。随着《北京市生活垃圾管理条例》的修订与实施，朝阳区形成了一种垃圾分类普及实施的新风尚。

朝阳区面向全区居民发放了 1.2 万册《北京市生活垃圾管理条例》、152 万封“垃圾分类致居民一封信”，张贴了 22.3 万份“小区内分类垃圾桶站点位图”等宣传内容，在方便居民精准投放生活垃圾的同时，系统而全面地了解本社区垃圾分类工作的开展情况，提高群众的参与率和知晓率。

2020 年 5 月 1 日以来，朝阳区共建立了垃圾分类青少年志愿服务示范引导站 100 家，招募宣传垃圾分类相关知识的青年志愿者 500 余名，成效显著。朝阳区还注重发挥社会各类团体组织的作用，以物业协会为依托，面向全区 280 家会员单位，共计 1332 个物业项目发起宣传动员，督促各物业单位落实垃圾分类工作。以餐饮协会为桥梁，对辖区 800 家会员企业发出倡议，要求餐饮从业人员自 2020 年 5 月 1 日起，全部实行垃圾分类，贯彻“不主动提供一次性餐具”等餐饮相关规定。

2020 年，朝阳区正式上线垃圾分类曝光平台，若群众发现身边存在垃

圾分类问题，如垃圾溢出、垃圾桶破损等，只需扫描垃圾桶站的“朝阳群众管城市”二维码，登录“朝阳群众管城市”公众号，将相关问题拍照上传曝光，反映的问题就会得到及时处理。如今该平台已经在劲松街道的6个小区进行试点，以后会根据成效在全区范围推广。

随着垃圾分类工作在朝阳区的稳步推进，下一步，朝阳区将逐步提高垃圾分类末端处理能力，提高厨余垃圾处理水平，加快垃圾焚烧三期项目建设进度，更加科学合理地配置各种软件、硬件设施，竭力在朝阳区实现“垃圾细分类”“垃圾不落地”。

### （五）组建督察小组，随机检查指导垃圾分类工作

为推动新条例的实施，朝阳区城管执法局、区环卫中心、区城市管理委等单位联合成立垃圾分类督导检查小组，采取实地检查、现场询问、档案查阅等相结合的方式，对区级党政机关、企事业单位的生活垃圾分类情况随机进行检查指导。重点涉及有无制定符合本单位实情的垃圾分类工作方案，单位成员对垃圾分类的知晓率、参与率和正确投放率情况，本单位分类垃圾桶配备程度，是否有针对性地开展过垃圾分类的宣传培训，后期垃圾收运合同签订情况等内容。

## 二　从朝阳区垃圾分类实践看我国垃圾分类治理中面临的问题

### （一）居民对垃圾分类的重要性认识有待提高

居民在生活垃圾分类方面还处于“理念上认同，行动上滞后”状态，垃圾分类尚未成为居民的普遍行动和生活习惯。部分社会单位和居民对生活垃圾治理关系到民生保障、城市环境改善、城市治理能力提升的重要性认识不足；政府部门对推进生活垃圾管理工作站位不高、抓手不足、措施不严，依法管理意识有待强化，群众对垃圾分类投放的主动性与自觉性较低，尤其是厨余垃圾的正确投放率不高。

## （二）全链条垃圾分类管理工作体系有待进一步健全

一方面，从源头来看，垃圾源头排放登记制度尚未建立，社区收运环节存在混装混运问题，餐厨垃圾、建筑垃圾、有害垃圾全链条管理不完善，财政资金使用绩效有待提高，垃圾分类推进力度不足。《北京市生活垃圾管理条例》明确 12 类垃圾分类责任主体，但由于部分物业公司等责任单位主体责任落实不到位，政府执法力度不够，执法效能发挥不明显，没能形成常态化的垃圾分类监管机制。

另一方面，集中收运和末端处理能力有待进一步增强。由于处理设施选址难、建设周期长等问题，朝阳区在生活垃圾处理水平上虽然在不断提高，但仍然赶不上生活垃圾产生量的增长速度。当前的生活垃圾处理设施几乎都处于超负荷运行的状态，垃圾产生量和处理能力会在“紧平衡”的状态下持续较长时间。朝阳区现有的 2 座生活垃圾焚烧处理设施，日处理生活垃圾约 3400 吨，每天还有大约 2200 吨生活垃圾需要外运处理，不仅花费大量的资金且不能保证及时运出。另外，朝阳区有毒有害垃圾的收集、处理体系尚未建立，无法满足垃圾分类的需求。朝阳区目前完成改造能够实施垃圾分类收集、运输的垃圾收集站有 98 座，有 134 座垃圾收集站没有完成改造任务，无法实施垃圾分类收集、运输工作，还有 27 座垃圾站由于原规划不到位、占地面积太小无法实施改造。完成改造后正常运行的垃圾站在维修期间的应急收运车辆有时不能及时到位，影响垃圾分类后的收集和运输。另外，城乡接合部地区部分新建居住区环卫设施配套不到位、不移交的问题，严重影响了生活垃圾的收集和运输。朝阳区为了解决生活垃圾集中收集转运问题，已经启动建设 17 座垃圾中转站，但是，多方协调至今没有得到国土规划部门的许可，存在一定的运行风险。

## （三）生活垃圾管理法律法规标准体系有待补充完善

国家层面关于生活垃圾分类的立法工作尚不完善，没有相关法律条文明确规定公民具有实施垃圾分类的责任和义务。目前我国垃圾分类的基本法是

1995年颁布并于2020年9月重新修订的《固体废物污染环境防治法》，该法偏向以防治污染与垃圾末端处理来探讨和完善相关法制建设，并且把垃圾作为一种危害社会的废物而不是可循环利用的资源来处理。我国现行法律条文中并没有较全面的垃圾分类配套法规，《废弃电器电子产品回收处理管理条例》是国务院于2008年通过的我国现行唯一有关垃圾分类的配套法规。北京市颁布的《北京市生活垃圾管理条例》主要是解决垃圾处理水平低下的问题，重点是加快垃圾处理基础设施建设、鼓励辖区群众进行垃圾分类、提升垃圾无害化处理能力等内容，对源头削减、个人主动性没有强制性的约束，缺乏对垃圾混装混运等违法行为的处罚与行之有效的分类收运监督机制等。

同时，在落实《北京市生活垃圾管理条例》的过程中伴随着群众知晓率、认同度、参与度不高，基础配套措施不足的现象。随着经济社会快速发展，中央对首都环境治理，特别是生活垃圾管理方面提出了新的高要求。而北京市目前仍缺乏一套完善、标准、规范的垃圾处理相关法律及相配套的制度体系，在城市管理工作中不能完全满足实际需要。需要针对生活垃圾分类标准和办法、处理收费办法、源头减量、非居民垃圾进行强制分类、农村地区生活垃圾管理制度、餐厨垃圾和建筑垃圾规范管理、再生资源回收管理等内容进行修订和完善，进一步提高法规的执行性和可操作性。

### （四）再生资源回收体系不完善，缺乏有效的监管

再生资源回收已经被定性为公益事业，是一项利国利民的大事。同时，其在垃圾分类方面是生活垃圾源头减量的重要措施，应该予以足够的重视。目前全国再生资源回收管理适用的政策依据是商务部、发改委、公安部等部门在2007年5月1日共同颁布的《再生资源回收管理办法》。按照文件的规定，在全国范围内制定和实施再生资源回收的产业政策、回收行业发展规划、回收标准等由商务部负责；本行政区域内具体的行业发展规划、具体措施的制定和实施归县级以上商务主管部门负责；县级以上商务主管部门要根据当地实际设置专门的行业机构负责管理再生资源回收利用，并配备相应的

专业化工作人员；同时，县级以上商务主管部门要联合工商、公安、城乡规划、发展改革、建设、环保等单位，按照统筹规划、合理布局的原则，根据本地人口规模、经济发展水平、资源环境等实际情况，因地制宜规划再生资源回收网点。出于多种原因，上述规定在许多地方没有得到全面有效的落实。

近年来，再生资源回收行业的发展很不平衡，一些地方处于无序混乱的状态。城市中存在不少靠捡拾垃圾或收购废品为生的群体，他们在某种程度上为垃圾资源化做出了贡献，但是，他们只分散在城市的人口密集区，没有形成体系，行为也不规范。朝阳区在推进再生资源回收事业发展过程中遇到了很多困难，存在不少问题。

如何让城市垃圾更好地实现减量化、资源化、无害化？回收处理再利用是最重要、最有效的办法。我国当下正积极促进资源再生网与垃圾分类网"两网融合"，提高生产生活垃圾的回收使用效率。有数据显示，我国每年要产生超过 1.5 亿吨的城市生活垃圾，累计存量高达 70 亿吨。有效破解"垃圾围城"的途径是"两网融合"，然而"两网融合"在目前并没有取得实质性的进展。这是因为"两网融合"被管理体制深深制约着。垃圾分类与资源再生这两张"网"分别归不同的政府部门管辖（现阶段，职能划转到一个部门，但是由于还处在工作交接阶段，相关政策研究不透、情况不明，无法有效地推进工作）。要想解决制约"两网融合"的问题，要将原有的两个体系，按照"源头投放、收运系统、末端处置"这三个环节来整体统筹规划设计。但当下并没有形成可复制推广的垃圾处理模式，在垃圾回收利用方面也缺少有代表性、有实力并符合环保要求的龙头企业。

## 三　关于朝阳区深入推进垃圾分类工作的几点建议

### （一）完善垃圾分类工作责任制，抓好任务落实

《北京市生活垃圾管理条例》明确规定：生活垃圾处理是关系民生的

基础性公益事业。加强生活垃圾管理，维护公共环境和节约资源是全社会共同的责任。北京市生活垃圾管理工作遵循减量化、资源化、无害化的方针和城乡统筹、科学规划、综合利用的原则，坚持政府主导、社会参与、全市统筹和属地负责，逐步建立和完善生活垃圾处理的社会服务体系。生活垃圾管理是本市各级人民政府的重要职责。区、县人民政府负责本行政区域内的生活垃圾管理工作，将生活垃圾管理事业纳入区、县国民经济和社会发展规划，保障生活垃圾治理的资金投入，组织落实市人民政府确定的生活垃圾管理目标。乡镇人民政府和街道办事处负责本辖区内生活垃圾的日常管理工作，指导村民委员会、居民委员会组织动员辖区内单位和个人参与生活垃圾减量、分类工作。按照《北京市生活垃圾管理条例》的规定和市政府的相关部署，朝阳区在垃圾分类制度、方案方面已经基本完善，实现“垃圾分类制度全覆盖”的目标任务在2020年底基本完成。但是，2020年底，朝阳区在“群众基本形成垃圾分类习惯，企事业单位与社会团体组织生产生活垃圾强制分类基本实现全覆盖，垃圾处理减量化、无害化、资源化水平显著提升”的要求上，依然存在一定差距，工作任务仍然艰巨。

为此，要严格落实各项制度和方案。制度、方案定得再好，不落实就等于零。要充分发挥垃圾分类工作领导小组的统筹调度作用，对重点问题检查督办落实，特别是抓好“三类主体”责任的落实（垃圾分类责任主体——物业公司；垃圾分类管理主体——街道办事处；垃圾分类执法主体——城管及有关执法部门）。把垃圾分类工作开展的实际情况当成对相关政府部门、街道（地区）办事处和社区（村）考核的重要内容，实施严格的奖惩制度。在考核的基础上，严格执行垃圾分类运行专项资金拨付制度，使有限的资金发挥应有的作用。

### （二）把准垃圾分类“四大环节”，构建全链条的垃圾分类体系

在生产生活垃圾分类处理的工作上，主要分为“分类投放、分类收集、分类运输、分类处理”4个环节，是一项完整的系统工程，每个环节都很重要，缺一不可。根据国内外多年来垃圾分类的经验和教训，分析总

结可以确定：垃圾分类后端的收运、处置能力对于前端居民生活垃圾分类成效具有决定性作用。要在全区树立对居民生活垃圾分类运行的信心，必须从思想上提高对整个后端能力建设作用的认识。在整个生活垃圾分类工作系统中，后端的建设必须先行一步。分类收集、分类运输和分类处理是政府主责的基础性任务，是决定垃圾分类效果的基础和保障，这是政府责无旁贷的法定责任。要把垃圾分类作为城市建设管理的重要内容，要进一步加强垃圾楼、垃圾中转站、垃圾焚烧场的规划建设，切实提高垃圾运输、末端处理能力。

### （三）加强统筹管理，健全完善再生资源回收体系

再生资源回收是利国利民的公益事业，是实施垃圾分类的重要环节，是垃圾源头减量的重要措施。要高度重视再生资源回收工作，加快健全完善再生资源回收体系。积极探索再生资源循环利用产业扶持政策，通过低值补贴、税收优惠等政策支持，引导、促进再生资源循环利用市场可持续发展。建立覆盖整个区域的紧密型再生资源回收网络，明确责任，公开价格，社会监督，规范管理。出台相关政策，鼓励物业管理企业或基层服务组织承担再生资源回收任务。探索研究环卫部门作业机制改革，发挥好利用好环卫部门人财物的优势，要加强统筹垃圾分类与再生资源回收的相关业务，切实保障回收的再生资源和生活垃圾收运系统衔接顺畅。政府要支持并助力再生资源回收从业人员利用互联网、电话等方法与社区群众、各类企事业单位形成信息互动，采取流动回收、上门回收、固定地点回收等方式，给辖区提供快捷便民的回收服务。

### （四）加强队伍建设，健全完善垃圾分类“一长四员”队伍管理机制

朝阳区在近10年垃圾分类试点的实践中，总结出许多成功经验，在居民小区设置“一长四员”是一项非常有效的措施。把垃圾分类制度全覆盖转化为垃圾分类效果达标全覆盖，需要更多的垃圾分类宣传员、指导员、分拣员、监督员。要进一步健全完善垃圾分类“一长四员”的人选、组织、

培训、装备和日常管理等工作机制，为居民生活垃圾实施强制分类做好组织和人员的准备。

### （五）动员多方参与，形成垃圾分类的基层治理模式

垃圾分类是全民的行动，如何调动广大市民参与垃圾分类的积极性，自觉地履行好垃圾分类的法定义务，是政府十分关注的问题。朝阳区在实践中总结出“党建引领垃圾分类”“党员示范包户”等一些好的做法，有效带领试点小区广大居民群众积极投入垃圾分类活动中去。

一是在区委的统一领导下，组织全区党员积极发挥先锋模范带头作用，按照社区（村）党组织的部署和要求，一方面做好自身家庭的垃圾分类工作，另一方面包楼包户指导街坊邻居做好垃圾分类工作。同时，共青团、工会、妇联等群团组织要利用自身优势资源，积极在各自系统组织开展全民参与垃圾分类、共建美好家园活动。

二是充分发挥各专业部门和行业协会的作用。发动政府各相关系统，社会各行业组织、协会，积极行动起来，大力宣传垃圾分类知识，在各自的系统、行业内开展垃圾分类工作竞赛、评比、检查、考核等活动，规范单位的垃圾分类，教育职工做好家庭垃圾分类。

三是充分发挥居民委员会依法自我管理的应有作用。居民委员会是最基层的自治组织，最贴近群众，最了解居民，最理解居民在垃圾分类方面的需求和愿望。同时，居民委员会还有法定的责任和义务，应该组织开展好垃圾分类工作。朝阳区开展垃圾分类试点工作的小区所取得的成功和经验，都离不开社区居民委员会的努力和付出。要研究制定细化社区生活垃圾分类工作标准和实施办法，进一步落实工作责任。加大对社区工作的支持力度，针对垃圾分类，加强工作指导，加强业务培训，加强绩效考评。让社区居民委员会依法履行自我管理的职责，组织发动全体居民行动起来，积极投入垃圾分类这项利国利民的事业中，建设好家园，管理好家园，享受更美好的生活。

## 参考文献


《中华人民共和国循环经济促进法》，中国法制出版社，2018。

《国务院办公厅关于转发国家发展改革委住房城乡建设部生活垃圾分类制度实施方案的通知》，中央政府门户网站，www. gov. cn，2017 年 3 月 18 日。

《废弃电器电子产品回收处理管理条例》，中央政府门户网站，www. gov. cn，2009 年 2 月 25 日。

《再生资源回收管理办法》（商务部令 2007 年第 8 号），2007 年 3 月 27 日。

《教育部办公厅等六部门关于在学校推进生活垃圾分类管理工作的通知》，教育部网站，http：www. moe. gov. cn，2018 年 1 月 23 日。

《北京市人民代表大会常务委员会关于修改〈北京市生活垃圾管理条例〉的决定》，2019 年 11 月 27 日。

北京市人大常委会办公厅：《关于生活垃圾管理情况民意调查分析报告》，2020。

《北京市人大常委会城建环保委对市人民政府关于“大力促进源头减量强化生活垃圾分类工作”议案办理情况报告的意见和建议》，2019 年 5 月 29 日。

《北京市人民政府办公厅关于加快推进生活垃圾分类工作的意见》，北京市人民政府网站，http：//www. beijing. gov. cn，2017 年 10 月 30 日。

北京市人民政府：《北京市生活垃圾分类治理行动计划（2017－2020 年）》，2017 年 11 月 13 日。

朝阳区城市管理委员会：《垃圾分类及处理情况汇报》《垃圾分类工作文件汇编》。

《朝阳区党政机关实现垃圾分类全覆盖》，《北京青年报》2020 年 4 月 13 日。

《北京朝阳区促进垃圾分类长效机制建设》，北京朝阳文明网，http：//bj. wenming. cn/，2020 年 5 月 28 日。

# B.7

# 朝阳区落实《北京市物业管理条例》提升城市精细化治理水平的实践探索

摘　要：　物业管理工作是推进城市精细化管理的重要抓手，关系到市民的生活环境和生命健康，关系到城市的运行规律和可持续发展，对于推进城市治理体系和治理能力现代化具有重要意义。为推动《北京市物业管理条例》在朝阳区落到实处、形成样板，朝阳区紧密结合区域实际，按照要求抓实、抓细、抓好，城市精细化管理水平不断提升。

关键词：　《北京市物业管理条例》　物业实践　朝阳区

朝阳区于2011年开始率先探索老旧小区准物业管理，在政府投资进行基本基础设施硬件改造的基础上，通过“居民自治+项目外包”等形式，加强对老旧小区停车、治安、卫生、维修等方面的有效管理。2015年开始推动物业管理转型升级，探索创新“准物业、居民自治+专业管理”等体制机制，到2019年全区181个老旧小区实现了“准物业”管理服务全覆盖，52个老旧小区“准物业”升级为专业化物业公司管理。老旧小区物业实现了有管理和专业管理的两级跨越，物业管理成为老旧小区治理的重要组成部分，社区居委会、业主委员会以及物业企业作为老旧小区治理的“三驾马车”的格局基本形成。

## 一　朝阳区物业治理的探索与实践

### （一）“先尝后买”的物业治理“劲松模式”

2019年，朝阳区劲松一区、二区的“一街两园”示范区在实施综合整

治的过程中，引入了一家社会机构，由机构投入资金，在尊重居民意愿的前提下，对示范区进行整体改造提升。逐项改造硬件后，“一街两园”示范区又在过半居民的投票之下，首次引入专业化的物业公司，并按照“先服务、再体验、后收费”的原则，让居民“先尝后买”。劲松模式，因此成为北京市支持社会资本参与老旧小区综合整治的先例。2020 年初，北京市住建委表示，要立即研究制定老旧小区综合整治的政策机制，推广“劲松模式”，支持社会资本参与老旧小区综合整治。3 月 27 日表决通过的《北京市物业管理条例》明确提出，支持社会资本参与老旧小区综合整治和物业管理。这意味着，北京市从立法层面，正式支持社会资本在老旧小区综合改造过程中发挥积极作用。

一是党建引领创新模式。2018 年 7 月，劲松北社区结合朝阳区双井街道对劲松小区的综合改造和提升，借助双井街道与愿景集团的合作，运用市场化方式吸引社会机构参与老旧小区物业设施更新与管理，走出了一条党建引领、社会力量参与的城市治理新路子。劲松街道工委以社区党委为统领，引领居民党支部，同时将物业党支部、房管所党支部、改造项目临时党支部吸收纳入搭建的党建工作平台中，形成党建共同体。劲松一区、二区作为先行试点，由近百名党员包楼包院，通过入户访谈、调研询问、居民议事会、评审会等方式收集社区居民的需求，由社会机构投入改造，并通过后续物业管理、服务使用者付费、政府补贴、商业收费等多种渠道，实现一定期限内投资回报平衡，增加社会机构参与老旧小区改造的吸引力，共同参与探索老旧小区长效发展的创新模式。

二是“五方联动”共商共治。为精准定位居民的需求，劲松试点社区探索出一套“区级统筹、街乡主导、社区协调、居民议事、企业运作”的“五方联动”机制，共同推进社区综合整治（见图 1）。为实现更加精准的需求管控，真正做到“民有所呼、我有所应”，在项目最初启动的时候，街道、社区和社会企业项目团队在试点社区先后通过入户访谈、现场调研、组织座谈、居民议事会、评审会等方式，全方位、多方面、深层次了解居民需求，走访 2000 多位居民，举办十余场问需会，梳理出不同年龄段人群最迫切的改造需求，通过统计分析发现，停车位短缺、小区整体环境破旧、绿化少、公共卫生环境脏乱差、公共空间缺乏、需要加装电梯等方面是亟须解决的问题。

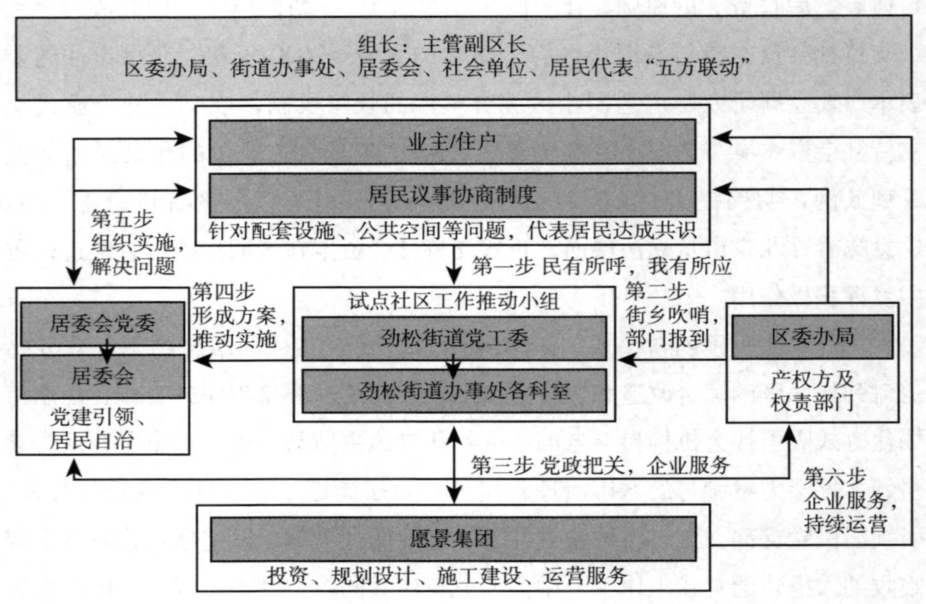


**图1　劲松模式“五方联动”工作平台**

三是盘活空间活化资金。老旧小区改造面临的最大困难一直都是资金问题，在劲松一区、二区改造中，资金缺口高达数千万元。虽然企业掏钱改造解了燃眉之急，但是下一步面临的最大难题是如何盘活闲置空间，保持改造工程的可持续性。早在劲松北社区改造之初，朝阳区房管局和劲松街道就对配套用房、人防工程等闲置空间开展测算，并把其中1600平方米面积的运营权交给愿景集团，用于建设蔬菜零售、美容美发、家政维修等便民商业设施，逐步收回改造成本，也可补足老旧小区缺乏生活性服务业的短板。

四是多种活动凝聚民心。让居民找到社区归属感、荣耀感，并建立彼此之间的深厚情谊，成了老旧小区改造中的一个重要目标。2019 年 6 月，经劲松一区、二区的业主投票，愿景集团正式入驻。物业公司入驻后，消夏市

集、跳蚤市场、公益电影等社区活动每周至少举办一次，丰富多彩的活动拉近了邻里关系，让陌生人变成熟人、朋友。此外，还将推动劲松东社区、西社区、中社区的更新，紧紧围绕“七有”要求和“五性”需求，补齐民生短板，让这里成为环境整洁、管理有序、守望相助、共建共享的和谐家园。

五是专业力量指导更新。第三方公司既要专业化也要长效化，且具备投资、规划设计、运营管理全链条业务能力，在设计、改造、运营等方面形成闭环运营管理，通过多方比选后，最终才确定其作为运营方。双井街道准确把握社区定位、空间格局、要素配置、治理需要等核心内容，围绕“街区、社区、邻里”三重维度，统筹聚合企业、街道责任规划师等专业力量，画好规划“总图”，确保“一张蓝图管到底”。专业团队立足老旧小区实际情况研究制定技术标准和施工作业流程，明确专项作业方案标准、责任和进度，避免“拉链式”施工，最大限度减少改造施工给居民生活带来长期困扰。针对后期社区治理的实际需求，以“双过半”形式引入内生式物业企业，实施四大类52项具体任务的物业服务清单式管理，保证物业真正为居民服务，“双过半”即“居民过半、建筑面积过半”。

### （二）左家庄街道牛王庙南院小区借助“五步工作法”，推动物业实现“三级跳”

牛王庙小区是建于20世纪70年代的老旧小区，也是一个典型的售后公房小区，产权单位为房管所，共有5栋多层住宅楼、750余名居民。

一是党建引领，问需献计。左家庄街道充分发挥基层党组织作用，采用入户查看、座谈交流等方式，动员社区及房管所党员干部广泛宣传，向居民深入讲解物业管理领域的实时政策，打消居民群众的疑虑，针对小区安保、卫生、绿化、停车、设施设备维修等各个方面的问题，大范围了解居民需求、征求居民意见建议，并根据意见制定改造计划。

二是专业支持，明确标准。左家庄街道聘请第三方专业机构参与管理，并对牛王庙小区房屋、设施设备、管理成本等进行系统评估，经过初步测算，每平方米按照1.84元/月的标准进行收费。居民普遍反映这一标准过高，左家庄街道物业单位结合停车收费、产权单位用房收费等进行了综合测算，提出了新方案，将收费标准降为每平方米0.69元/月，这一标准得到了居民的广泛认可。

三是共商共治，民主决策。牛王庙南院小区把"法治物业"贯穿试点全过程，在小区重大事项上，按照相关法规的要求，坚持居民共同商议、共同决策。特别是在小区选聘第三方物业服务企业的过程中，在左家庄街道办事处的指导监督下，业主委员会职责由社区居委会代行，组织居民参与投票，最终形成了建筑面积过半且居民人数过半的"双过半"共同决议，选聘专业的企业为小区提供物业服务，其中90%的居民与该物业签订了《物业服务合同》，明确业主和物业单位双方的权责。

四是综合整治，共建共享。为改善牛王庙南院小区设施建设、居住环境，同时减轻物业服务单位负担，在朝阳区第三房管所协助下，左家庄街道组织开展综合整治工作，联合相关执法部门，拆除违法建设、推动架空线入地、排除消防安全隐患、改善小区硬件设施、增加绿化等，不断夯实小区物业管理基础，确保物业服务单位能够聚焦主业，切实做好公共设施维修养护、小区秩序维护、卫生清洁、停车管理等本职工作。

五是先尝后买，确保品质。在实施物业管理初期，牛王庙南院小区试行"先尝后买"，物业服务单位不向居民收取物业费，由左家庄街道和房管局对物业服务给予一定支持。"先尝后买"的做法起到了过渡作用，避免因骤然向居民收费引发抵触情绪。当居民切身体验到专业物业服务管理带来的舒适、便捷时，就愿意用合理的价格购买物业服务。2018年，左家庄牛王庙小区的物业服务单位提供的服务普遍得到了业主的认可，居民的缴费意愿显著提高，物业收费率达到了82%。

### （三）朝外街道吉祥里社区"1+3"工作法推动物业管理转型升级

一是突出一个党建引领作用发挥。坚持把物业服务与"不忘初心、牢记使命"主题党日活动相结合。国庆节后，朝阳家园物业公司党办、项目部的党员与社区党员、社工共同开展了"不忘初心、牢记使命"主题教育

活动，坚持以“楼门小文化、大品位”为主题，将院内居民参加社区活动时的影像资料在15个楼门内进行展示，悬挂了300余张照片在楼道内，院内居民纷纷表示不仅楼道内环境整洁了，而且挂满了居民参加活动的掠影，走在楼道看到这些老邻居照片就像在自家客厅一样，感觉非常亲切。

二是“+专业服务”，提高物业服务管理质量。西草园小区自2016年初北京市公安局房管部门财政制度改革后，引入一家专属物业，从2016年1月起对西草园小区实施管理，但由于物业管理不到位等，物业费收缴率较低。这次引入的朝阳家园物业公司，是朝阳区加强党建引领物业管理，由区属国企改制而成的，专门负责老旧小区物业管理托底工作，通过专业服务切实解决老旧小区物业管理难题。

三是“+优化外部环境”，不断提升小区宜居质量。通过社区开展共商共治引入政府各类专项资金、帮扶资金，切实解决小区基础设施建设、绿化美化等群众关心的环境问题。在西草园小区，通过征求居民意见，对4棵大树进行了修饰，拓宽了1~2楼住房采光空间，同时消除了大雨刮风天气隐患。对路面进行了翻建平整，对院内平房进行统一修整规划，增设一个智能自行车棚，为居民提供停车便利。留置一个60平方米的居民议事厅，用于居民日常议事，组织开展议事协商活动，引导居民参与小区服务管理。

四是“+居民参与”，强化小区日常管理监督。通过居民自治，调动物业公司主动担当、主动作为，服务居民的积极性，实现从物业不作为向积极做好服务转变。西草园小区充分利用居家式自管会、楼门长和党员骨干，加强对住户的宣传、引导，倡导居民爱护小区环境，促进居民自主自觉履行公民责任。加强与产权单位和物业公司的对接，协商解决物业费收缴等问题，组织召开专项议事会，合理有序反馈居民意见，提升小区管理水平。

### （四）大屯街道国管局小营住宅小区充分发挥五类主体作用，社区实现共同协商、合作治理

国管局小营住宅小区属于大屯街道安慧东里社区，社区共有16个居住小区、5516户居民，是一个商品房小区与老旧小区并存的综合社区。近年

来，在社区党委领导下，发挥社区居委会、业主、物业公司、社区自组织、社会单位等五大主体的作用，采用“五方共治”方式，实现合作治理，助推物业转型升级。

一是汇集民需，发现问题。安慧东里社区针对居民结构复杂、单位组织多样等复杂的现实情况，横向将社区各项工作划分为“辖区单位、物业公司、社会组织、高档居住小区、老旧居住小区和商务楼宇”六大类别，实现工作全覆盖。并根据最新的社区服务网络，重新完善社区各项工作台账明细，对六大工作类别和服务职能进一步细分明确，通过召开“三问”座谈会、社区议事协商会、社区联席会、共建协调会等各项会议，多渠道收集居民需求，了解社区问题，分类设立台账，将收集上来的户情、片情、社情整理成“民情档案”信息库，并据此有针对性地提出治理方案。如居民出行的道路不畅，居民生活受到噪声干扰，居民与物业之间的沟通、理解与配合等问题，都被纳入社区工作范畴。

二是搭建议事平台，协商解决办法。召开协商议事会，互动中实现共赢。安慧东里社区不断完善例会、走访、帮扶等一系列制度，通过积极整合辖区资源，促进社会单位、物业公司、社会组织以及业主等多方联动。通过召开社区“五方协商会议”，业主自我组织参与协商、治理社区公共事务的能力得到提升，居民不再一味抱怨物业公司管理不善、整治楼道安全隐患力度不强等问题，而是共同参与、共同治理、共同成长。

三是培育组织，分类治理。安慧东里社区根据自身特点培育并成立各类社会组织，其中“六小门店”自律协会、由物业公司组成的“20兄弟联盟”是比较知名的社区社会组织。它们成立以来成为社区管理的有力抓手，社区遇到突发事件，心不再慌，有底气，“20兄弟联盟”的成员也是社区应急平台的成员，遇到重大问题，会通过应急平台在第一时间收到讯息，也会在第一时间采取应对措施。在解决不同问题的过程中，不同的组织都发挥了各自的作用。

四是规范各方定位，发挥职能作用。安慧东里社区将业主、物业公司、社会单位、社区自治组织和居委会这五个社区治理主体共同纳入居民自治平

台，共同解决小区管理服务等问题。在过去几年时间里，安慧东里社区将五方资源力量联结在一起，集中解决了社区环境卫生、违法建筑拆除、大面积工程治理等难点问题。

## 二　当前朝阳区物业管理存在的问题

### （一）物业服务不到位

物业收费标准低、收费率低、调价难等原因，导致物业管理成本不足，从而造成住宅小区内普遍存在物业服务不到位的问题，引发业主不满。主要表现为以下几点：保安人员配备数量少，素质不高，巡查不到位；保洁清扫频次低，清洁不达标；园区绿化存在绿地斑秃、裸露现象；日常维修不及时；服务人员态度差，接待处环境脏乱；失管老旧小区因管理主体缺失，管理资金不足导致缺乏有效的物业管理。

### （二）公共区域使用不规范

由于缺少公共区域使用的法律规定，对公共区域违规使用的行为缺少处罚依据，造成使用公共区域不规范的现象逐渐增多。主要问题有：居民在楼道内堆放杂物，私自搭建违建堵塞楼道，占用小区消防通道，公共区域收益使用不透明等。上述不规范行为，导致业主认为自己的合法权益受到侵害，进而认为物业企业管理不到位，矛盾逐渐增加。

### （三）历史遗留问题难解决

开发建设单位为了确保利润最大化，达到加快销售进程等目的，在开发建设时经常出现变更规划设计、不建或少建配套设施、不兑现销售承诺、降低房屋施工质量、使用临水临电等行为。这些问题在业主入住后逐渐从物业管理环节显现出来，影响了业主正常生活，开发建设单位长期不解决问题，引起业主不满，并迁怒于物业服务企业，对物业管理造成了负面影响。

### （四）停车引发矛盾多

目前，住宅小区中普遍存在规划停车位少、产权车位价格高、公共区域停车位管理不到位的情况，导致开发商对产权车位随意涨价，以及业主占用公共区域和消防通道停车、私装地桩锁、堵门堵路乱停等情况。上述情况造成业主对停车管理不满意，引发矛盾纠纷，尤其是车位价格问题容易引发群体性事件，影响社会稳定。

### （五）物业管理与社区建设融合少

在社区建设工作中，物业服务企业未能充分利用管理优势，与社区建设相融合。出现矛盾纠纷时，物业企业和业主之间很难在社区领导下建立有效的沟通协商平台，矛盾纠纷也无法第一时间在社区内得到化解。

## 三　关于朝阳区以落实《北京市物业管理条例》为契机提升物业治理水平，推进基层治理创新的思考与建议

### （一）创新工作机制，确保落实到位

一是做好工作任务分解。《北京市物业管理条例》的内容涉及方方面面。从部门看，包括住房和城乡建设、民政、规划和自然资源、公安、消防、城管执法等20余个部门。从层级上看，又有市、区、街、社区四级的分工。在《北京市物业管理条例》出台后，应立即根据《北京市物业管理条例》的有关规定和相关要求，制定工作任务清单，建立统筹工作机制，明确任务目标，将市、区、街、社区和各部门的工作任务分解细化，做好时间节点的安排，把《北京市物业管理条例》涉及的每一项工作都落到实处。

二是制定完善配套政策。物业服务管理是构建城市治理体系的基础工作，《北京市物业管理条例》的施行将有效规范首都的物业管理服务。但鉴

于条例的内容同时涉及住建、民政、公安、城管执法等相关部门和市、区、街、社区四级分工问题，条例颁行后的贯彻落实，还将在一定程度上依赖相关配套政策的出台。因此，朝阳区各部门应立即启动研究需要细化的政策措施，尽快制定完善相应的配套文件，包括前期物业管理办法、业主大会指导规则、住宅小区物业服务清单、物业服务公示管理办法、企业信用管理办法等。

三是通过加强老旧小区综合整治，带动建立物业长效机制。目前北京市有2700多个老旧小区，是当前社区治理工作的短板。近年来，北京市委、市政府将老旧小区综合整治纳入了北京市社会治理重点工程，朝阳区要全面开展老旧小区数量摸底调查，基本建成老旧小区数据库，形成动态的整治项目库，按照成熟一批确认一批的原则，确认好整治项目。同时，加强对老旧小区的综合整治，在政策资金技术方面给予支持，如促进金融机构支持、补齐公共服务设施短板、鼓励社会资本参与、鼓励物业企业全程介入等，使老旧小区改造有据可依、有钱可用、有技可施。还要将老旧小区改造与同步引入物业统筹考虑，为老旧小区的长效管理创造条件。

四是借助“12345”政务服务热线，重点关注媒体曝光反映的突出问题，加大对物业行业的治理力度。近年来，物业服务质量低、管道老化堵塞、私装地锁、电梯得不到及时维修等13类问题在“12345”市民热线反映的物业问题中占了总量的90%以上。朝阳区应充分利用“接诉即办”工作机制，监督物业服务企业对投诉问题进行及时整改，并将结果纳入物业服务企业的信用评价体系中。同时，通过已经建立的各区、各街乡物业管理群众诉求办理情况月度排名通报制度，推动督促住宅小区物业管理问题得到合理解决。

五是开展宣传培训，牢固树立全区“一盘棋”思想。强化组织领导，加强统筹协调，形成工作合力。区领导到街乡一线指导开展工作，各部门、各单位、各街乡把物业管理作为“一把手”工程来抓，各尽其责、密切配合。加强宣传引导，分级分类抓好业务培训，形成全社会学习宣传贯彻执行《北京市物业管理条例》的良好氛围，通过多种方式加强宣传解读，让《北

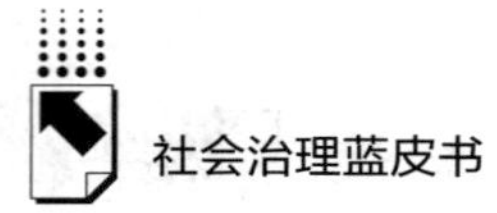


京市物业管理条例》成为物业活动中大家共同遵守的准则。强化监督检查，建立联合检查及执法机制，定期通报工作开展情况，及时发现问题、推动整改。也让社会各方更多地关心物业管理工作，积极参与相关配套政策的制定，让《北京市物业管理条例》的各项规定都能落到实处。

### （二）强化治理理念，重构基层治理体系

物业管理的实施主体是物业企业，在保障小区运行与服务管理方面发挥着重要作用。但物业治理不同于传统的物业管理和物业服务，其本质是重构老旧小区治理体系。

重构老旧小区治理体系首要的是创新党建引领物业治理模式。充分发挥基层党组织的政治优势和组织优势，不断扩大党的组织覆盖和工作覆盖，积极推行双向进入、交叉任职，不断强化行业党建、区域党建对物业治理的引领作用。进一步明确各级党组织监管职责，形成上下协同、权责清晰、齐抓共管的责任体系。建立健全物业服务企业党组织，加快推动街道社区党组织领导下的各类组织在物业治理中的有机衔接和良性互动。在此基础上，理顺居委会、业委会和物业服务企业三者之间的关系，建立一套完善的功能性整合机制，逐步形成政府、社会与市场三元治理机制，发挥好业主委员会的自治管理作用、物业公司的专业管理作用与居民委员会的社区管理作用，实现三者之间协同共进、分工合作的工作局面。从长远来看，社区居委会应该被打造成一个具有权威性的社区事务管理机构，负责牵头协调小区业委会与物业管理公司，全面监督、指导社区事务，改变社区治理各主体间“各自为政、群龙无首”的局面，充分发挥党组织“总揽全局、协调各方”的作用。物业管理企业在服务过程中，应主动接受业主委员会的监督，主动寻求业主委员会、居委会的支持与配合。业委会则应充分发挥反映居民诉求的作用，支持、配合物业管理企业和居委会共同开展物业治理。

### （三）把握发展规律，探索物业治理 PPP 模式

物业企业提供的服务和产品具有很强的公共性，承担的是城市公共管理

职能、具有一定的公益性特征。换句话说，物业管理是一个以一定的商业模式为支撑提供“准公共产品”的服务行业。PPP 模式是政企合作、公私合营的一种方式，在准公共产品领域实施政府与社会资本合作供给的制度安排。

物业治理 PPP 模式不仅是一种融资手段，更是一种新型的治理模式。在物业治理领域引入 PPP 模式，首先是创新政府有限投入、社会资本多元参与和物业企业多元融资的模式。一是探索通过税收减免等方式，支持和引导企业、社会组织和个人等通过捐赠和发起设立公益基金、慈善信托等金融产品募集资金方式，吸进社会资本参与。二是通过政府贴息等方式降低物业服务企业的融资成本，支持物业服务企业多渠道融资。三是对部分历史遗留和欠账问题，以实施城镇老旧小区改造中央补助资金政策为契机，探索建立国家和市、区三级投入老旧小区基础设施改造的“资金池”，实现政府有限兜底。更为重要的是，在物业治理领域引入 PPP 模式，是要将社会资本先进的管理理念、专业技术、运营经验等优势资源引入物业服务领域，构建政府、社会和物业企业利益共享、风险分担、长期合作的机制，推动基层治理模式创新，提高服务供给效能。

### （四）突出品牌建设，提升基层治理水平

一是以智慧物业创新服务治理手段。大数据、物联网、云计算、移动互联网、人工智能等新一代信息技术的快速发展和广泛应用为推动物业服务模式创新，提高基层服务管理效能提供了重要的技术支撑。以物业治理创新提升基层治理水平，要抓住并用好智慧物业发展的契机，在鼓励物业企业更多运用信息化技术的同时，由政府搭建智慧物业公共服务管理平台，通过对物业企业涉及行政监管工作数据的动态采集和实时更新，建立物业企业管理数据一口输入、统筹分配、多方共享工作机制和“发现 - 处置 - 反馈”的物业服务及风险防控闭环处理机制，在打通物业服务“最后一公里”的同时推动物业服务前置。

二是以法治物业推动规范服务治理模式。物业服务法治化是法治社会建

设过程中的重要一环，也是破解当前物业发展不规范问题，推动其健康发展的重要抓手。建设法治物业，一方面要完善物业管理立法，让物业管理有法可依。2月26日，北京市十五届人大常委会第十九次会议审议《北京市物业管理条例（草案）》二次审议稿。《北京市物业管理条例》的公布，也意味着北京以法治推动物业服务规范化发展进入新阶段。另一方面，要以法治规范物业服务。对于朝阳区来说，推动法治物业建设，就是要用法治的方式规范业主和物业服务企业的行为，合理界定物业管理法律关系中各方主体的权利义务，用法治化的方式解决物业管理纠纷。同时，政府相关部门对物业服务企业要做到依法监管。

三是以品牌物业树立服务治理标准。物业服务水平直接关系百姓生活品质。随着人民生活水平不断提高，其对生活小区的卫生环境、秩序维护、设备安全运行等配套物业服务的品质要求也越来越高。目前，朝阳区物业服务企业呈现数量多、覆盖面广、从业人员多的特征，但是物业服务企业中的品牌企业少，市场化和专业化程度低，专业人才少。要以品牌物业建设为抓手，着力引进在物业管理行业中知名度高、业主满意度高、专业监管部门评价高的知名物业服务企业，并发挥行业示范带动作用，建立与居民需求、治理要求相适应的物业治理标准，带动物业治理向高品质升级。

### （五）坚持问题导向，完善物业治理保障机制

作为基层治理模式的创新探索，以物业治理推动老旧小区改造更新需要破解公共资源配置、多元主体参与和行业监督管理三个核心问题，为物业治理模式创新提供体制机制保障。

一是要以公平正义为目标配置优质公共资源。与传统的基层治理模式不同，物业治理需要解决的一个核心问题是公共资源的配置问题。把市场化机制引入公共资源配置，要在遵循公平正义原则的前提下不断优化提升资源配置效率。

二是要以民主协商为重点完善多方参与机制。民主协商是基层治理的重要方式。朝阳区在基层民主协商上有很好的基础。创新物业治理模式，要进

一步固化党政群共同协商、共同参与、共同治理的常态化工作机制。充分利用网络新媒体探索建立“网络听证会”，收集居民和物业企业对物业治理的意见，让居民和物业企业共同参与讨论、投票、决策、监督、反馈，构建基层治理共同体。

三是要以信用建设为核心培育社会责任意识。作为“准公共产品”的供给主体，在物业治理模式中物业服务企业的社会责任意识和履行社会责任的情况对于治理效能具有重要影响。要把物业企业的社会责任意识作为物业行业信用建设的重要内容，不断促进物业服务行业信用体系建立健全，推动信用评价、红黑名单、联合奖惩、信息共享、信息公开等制度完善，从而促使物业服务企业重视信用、善用信用、诚信经营。在此基础上，健全完善物业服务企业的考核、监督、管理机制，建立物业服务公示、公开制度，形成住宅小区物业服务巡查机制，定期开展物业服务质量专项检查。同时，进一步明确居民在物业治理中的权利与义务，针对违法搭建、欠缴公共事业费、高空抛物、乱扔生活垃圾、占用公共楼道堆物、不文明饲养宠物、娱乐活动扰邻、擅自“居改非”、破坏小区绿化、乱停车、房屋“群租”等居民反映最集中的不文明居住行为，开展相关宣教践行活动。探索将居民居住行为纳入个人征信体系平台，着力构建扬善与惩恶并举、法治与德治并重、自治与共治结合的治理格局。

## 参考文献


北京市住房和城乡建设委员会：《北京市物业管理条例》，http：//zjw. beijing. gov. cn/bjjs/xxgk/fgwj3/fggz/1793593/index. shtml，2020 年 4 月 30 日。

朝阳区房屋管理局：《朝阳区物业管理情况调研分析报告》，2019 年 7 月 15 日。

《城市更新系列之十丨“劲松模式”探索老旧小区试点改造》，北京规划自然资源，2019 年 8 月 23 日。

北京国际城市发展研究院：“朝阳区老旧小区物业升级调研课题”，2019 年 20 月 18 日。

《他山之石丨引入社会资本改造老旧小区！北京劲松北社区的这些经验值得学习》，鄞州发布，2019 年 12 月 26 日。

《〈北京市物业管理条例〉5 月 1 日正式施行　六大措施推动〈条例〉落地》，北京市人民政府网站，http：//www. beijing. gov. cn/zhengce/zcjd/202004/t20200401_ 1781901. html，2020 年 3 月 27 日。

《【媒体解读】〈北京市物业管理条例〉今年 5 月 1 日施行，物业如何管理怎么服务今后有法可依》，北京市住房和城乡建设委员会网站，http：//zjw. beijing. gov. cn/bjjs/xxgk/zcjd/1755101/index. shtml，2020 年 4 月 3 日。

《明确“先尝后买”！〈北京市物业管理条例〉五一实施 ~ 事关朝阳每个小区，与您的利益有直接关系!》，京城朝阳事，2020 年 4 月 8 日。

余能：《一文看懂老旧小区改造》，信贷白话，2020 年 4 月 15 日。

《朝阳区委理论学习中心组学习（扩大）会议暨朝阳区物业管理条例落实动员部署大会召开》，北京市朝阳区人民政府网站，2020 年 5 月 15 日。

# B.8

# 朝阳区落实《北京市文明行为促进条例》推进精神文明建设的实践探索

摘　要：　文明行为是社会文明程度、市民文明素养的外化。《北京市文明行为促进条例》以地方立法的形式对城市文明行为进行倡导、规范和约束，对于提高首都城市文明程度具有重要促进作用。本文从社会治理的角度对朝阳区落实《北京市文明行为促进条例》的实践探索进行梳理和分析，总结经验模式，以期为基层治理创新提供借鉴和参考。

关键词：　朝阳区　《北京市文明行为促进条例》　基层治理

文明行为与社会生活息息相关，《北京市文明行为促进条例》具有鲜明的时代特点和城市特色。全文共有六章六十三条，涉及生活的方方面面，在整治随地吐痰、便溺、乱扔垃圾等不文明行为的基础上，与时俱进，增加了患流感戴口罩、“一米线”、公筷公勺和分餐制等一系列有关疫情防控的好做法、好习惯。明确文明行为边界的同时，还着重强调了“行使个人自由和权利，不得损害他人的合法自由和权利”的宪法精神，《北京市文明行为促进条例》的颁发，有利于帮助人们从思想上守住文明行为的底线，以法律“硬制度”促进市民文明习惯“软着陆”。

## 一　《北京市文明行为促进条例》的特色

### （一）大力倡导文明行为，重点整治不文明行为

《北京市文明行为促进条例》重点内容涉及五个方面，清晰地明确了

文明行为的边界线。《北京市文明行为促进条例》通过规定文明行为的定义，将文明行为聚焦在公共领域的涉他行为，从正面规定了9个领域需要大力倡导的文明行为，从反面规定了6个领域要重点治理的不文明行为。在总体要求中，《北京市文明行为促进条例》不仅提出要爱党爱国、爱首都、践行"四德"、倡导美德，还对"公共卫生、公共场所秩序、交通安全秩序、社区和谐、文明旅游、文明观赏、网络文明、医疗秩序、绿色环保生活"等9个领域的具体行为进行规范。针对与首都城市形象不相符、群众反映强烈、亟须治理的重点难题，如"公共卫生、公共场所秩序、交通出行、社区生活、旅游、网络电信"等6个领域的不文明行为，《北京市文明行为促进条例》提出要重点加强治理的要求。同时结合已有的防疫经验和要求，对疫情相关的文明行为要求也作了明确规定，并构建了北京市文明行为促进和保障的制度体系。

### （二）上有衔接，下有标准

在《北京市文明行为促进条例》中，对其他法律法规已有处罚的行为，作出了衔接性规定，特别明确了法律责任。如依据《北京市养犬管理规定》，"遛犬不清理粪便，破坏市容环境卫生的，可由城市管理综合执法组织责令改正，并可处50元罚款"；依据《北京市控制吸烟条例》，"在禁止吸烟场所或者排队等候队伍中吸烟的，可处50元罚款。拒不改正的，处200元罚款"；依据《北京市环境噪声污染防治办法》，"在街道、广场、公园等公共场所娱乐、健身时使用音响设备产生噪声的，由公安部门给予警告，警告后不改正的，处200元以上500元以下罚款"；依据《北京市物业管理条例》，"从建筑物中抛掷物品的，可由公安机关给予警告，处500元以上5000元以下的罚款"；依据《北京市实施〈中华人民共和国道路交通安全法〉办法》，"乘车人向车外抛撒物品的，可处20元罚款"；依据《中华人民共和国治安管理处罚法》，"乘坐公共交通工具抢占座位的，可处警告或者200元以下罚款，情节较重的，处5日以上10日以下拘留，可以并处500元以下罚款"；依据《北京市实施〈中华人民共和国道路交通安全

法〉办法》，“行人不按照交通信号通行，乱穿马路，翻越交通护栏的，可处10元罚款”。

### （三）文明立法呈现“促进型、首都范、主人翁”三大特点

文明行为促进立法是一项复杂的系统工程。从立法任务提出、立项到正式颁布整个过程来看，《北京市文明行为促进条例》显现出鲜明的三个特点。首先，抓住“促进型”定位，重点发挥立法引领和价值引导作用，通过鲜明正确的价值导向、树立社会文明标尺，引导公民崇德向善、见贤思齐，促进社会发展进步。其次，突出“首都范”特色，《北京市文明行为促进条例》对首都的政治定位、历史传统、人文背景、民俗风情等实际状况进行了充分考量，与城市经济社会发展需求相呼应，直面超大城市治理的难点痛点，体现首都担当精神，提出“公民应当增强首都意识，维护首都文明形象，积极支持和参与国家及本市依法组织的重大活动等”。最后，要激发“主人翁”意识，自《北京市文明行为促进条例》启动以来，在工作内容和程序上，始终把民意作为立法考量的参照系。明确要求各方积极承担起“主人翁”责任，把文明促进当成自己的事、当成责权利相统一的事。《北京市文明行为促进条例》的颁布实施不仅是首都实现超大城市社会治理现代化建设的内在要求和重要抓手，更是打造首善之区、示范引领全国城市文明建设的创新举措，是向世界展示新时代中国精神面貌和中华文明的最佳窗口。

## 二　朝阳区落实《北京市文明行为促进条例》的实践

### （一）“区级＋基层”贯通，凝聚工作合力

《北京市文明行为促进条例》颁布之后，朝阳区第一时间组织全区党政干部和广大群众开展学习，把条例的贯彻落实与文明城区建设工作统筹推进。

在区级层面，召开文明委全委（扩大）会议并强调，全区上下要进一步提高政治站位，高度重视精神文明建设工作，深刻认识精神文明建设工作的重要意义，结合区域实际，认真学习贯彻落实全国宣传部长会议精神和市委、市政府相关工作要求，切实将精神文明建设工作放到重要位置抓实抓好，坚定主心骨、汇聚正能量、振奋精气神，推动物质文明和精神文明协调发展。要将精神文明建设工作与疫情防控、新条例实施、无障碍环境建设、新时代文明实践中心建设等相关工作统筹谋划、一体推进、整体布局，不断深化落实、创新发展。要结合精神文明建设新形势、新特点，进一步完善工作体制机制，及时选树典型，加大宣传力度，不断提升区域精神文明建设整体水平。

在街乡层面，《北京市文明行为促进条例》正式施行后，各街道积极组织学习精神。比如，呼家楼街道印制《北京市文明行为促进条例》口袋书单行本3000册，及时发放给街道机关全体人员、社区党委（支部）成员及楼门组长、非公党组织和地区各界有影响力与号召力的代表等，力求形成《北京市文明行为促进条例》主题宣传网络，确保《北京市文明行为促进条例》在地区内更大范围覆盖。充分利用宣传栏、电子屏、展板橱窗、移动电视、楼门文化等25处宣传阵地，《呼声》报专版发行《北京市文明行为促进条例》一万份，“掌上呼家楼”微信公众号发布《北京市文明行为促进条例》及解读内容等，积极营造地区内增强全民文明法治意识，提高文明守法自觉性，认真学习宣传《北京市文明行为促进条例》的浓厚氛围。六里屯街道把《北京市文明行为促进条例》的贯彻落实与新时代文明实践活动有机结合，与垃圾分类条例、物业管理条例，以及爱国卫生运动相结合，与落实尊老爱幼、扶贫助残工作相结合，与疫情防控工作相结合，与精神文明创建工作相结合，确保文明规范融入百姓日常生活。双井街道针对《北京市文明行为促进条例》的实施，邀请居民进行圆桌会谈，围绕文明养犬、堆物堆料、文明装修等话题开展讨论。酒仙桥各社区采取发放传单、资料的方式，向居民宣传《北京市文明行为促进条例》，号召居民从自身做起，营造文明生活环境。东风乡举办“践行文明手牵手引领朝阳新风尚”主题活

动，向居民发出做《北京市文明行为促进条例》的学习者、传播者、践行者和守护者的倡导，号召居民从自身做起，从小事做起。太阳宫乡以微信公众号为宣传阵地，推出“图说文明条例”版块，通过插画与文字相结合的形式，吸引居民点击阅读，学习《北京市文明行为促进条例》内容。

## （二）“线上 + 线下”一体，营造社会氛围

一是用好新时代文明实践阵地。推出以“践行文明手牵手引领朝阳新风尚”为主题的朝阳区新时代文明实践推动日活动。活动通过“云录制”“云互动”“云宣传”的方式，以《北京市文明行为促进条例》为引导，解读条例重点内容、引导群众知悉政策，发出文明倡议、带动群众共同践行、引导社会各界共同参与，让朝阳的文明之声传递得更广、更远。活动以视频的形式，让广大朝阳群众穿越在朝阳区规划艺术馆 T 空间内打造的“文明通道”，通过最直观的方式了解掌握《北京市文明行为促进条例》的内容，感受文明气息。朝阳少年和好家长之星们为观众解读了《北京市文明行为促进条例》中包含的 9 类文明行为与 6 类不文明行为。全国道德模范提名奖获得者苑永萍、朝阳榜样冯锐、朝阳榜样李震等几位朝阳区的榜样人物，化身文明使者，通过镜头向广大朝阳群众发起了一份践行文明的“邀请函”。朝阳区新时代文明实践中心办公室通过线上全景 VR 技术，打造了线上“朝阳文明馆”。文明馆内不仅展示了更加细致的《北京市文明行为促进条例》解读，还设有打卡互动游戏，让广大朝阳群众足不出户，便可过足“文明瘾”。活动还通过 H5 答题形式开展朝阳文明答卷，前 50 名满分者可获得内含分小萌公仔的“朝阳文明新风尚大礼包”。通过丰富多彩的实践活动引领朝阳群众做文明的学习者、传播者、践行者和守护者，让文明新风遍布朝阳。

二是发挥融媒体平台作用。北京市朝阳区融媒体中心为践行条例精神，倡导争做文明朝阳人，创作推出宣传短视频《践行北京市文明行为促进条例争做文明朝阳人》。视频包括五个方面，分别是学分类、废变宝、回收物、袋装好；驾驶车、守交规、斑马线、要礼让；价值观、要践行、方向

明、行为正；相见面、互问候、养宠物、要约束；禁喧哗、不扰民、有礼貌、从管理。黑白镜头中的反面做法与彩色镜头中的正确做法形成鲜明对比，生动地解读和诠释了条例精神。

### （三）“倡导＋整治”并重，提高工作实效

为有效推动《北京市文明行为促进条例》贯彻落实，切实履行好城管职责，引导市民自觉遵守文明行为规范，朝阳区望京城管队开展了不文明行为专项整治行动。整治重点围绕《北京市文明行为促进条例》中涉及城管权责的公共卫生、公共场所秩序、社区生活、旅游游园等方面开展，严厉查处未按规定分类投放生活垃圾、在禁止吸烟场所吸烟、占用公共场所设置地桩地锁、遛犬不牵引、犬便不清理、损毁公园树木花草或绿化设施等不文明行为。同时在整治中注重加大宣教力度，依托“开学第一课”“城市文明加油站”活动深入校园、社区和社会单位开展《北京市生活垃圾管理条例》《北京市控制吸烟条例》《北京市物业管理条例》《北京市文明行为促进条例》等新法规宣传活动，增强居民的文明意识，自觉杜绝不文明行为，为整治行动顺利开展营造良好的舆论氛围。

下一步，城管执法队将持续推进不文明行为日常执法，主动加强与交通、环卫、市场监管、公园管理等行业主管部门及物业、社区的联动配合，优化联合惩戒、案件移送、吹哨报到等工作机制。同时，开展常态化志愿宣传活动，广泛发动群众参与，形成齐抓共管的良好局面，合力巩固和深化整治成果，进一步提升城市文明水平和精细化管理水平。

### （四）“政府＋社会”同频，促进社会参与

在贯彻落实《北京市文明行为促进条例》过程中，朝阳区积极创新社会动员机制，特别是用好“朝阳群众”这一基层治理品牌和模式，形成了群众广泛参与促进文明行为的社会氛围。在节假日期间，朝阳区组织“朝阳柠檬黄”文明引导员走进各大公园景区，组织开展文明游园引导志愿服务，引导游客排队，保障秩序，提醒游客爱护花草树木，禁止大人小孩攀爬

假山，针对不戴口罩、扎堆聚集、采挖野菜、不守秩序等不文明行为进行劝说阻止，引导市民游客养成文明好习惯。在出行高峰时段，在几百个公交、地铁站台开展“当好东道主，文明北京人”系列主题实践活动。他们充当起排队乘车引导员、交通文明协管员、站台环境维护员、公共文明观察员、文明礼仪示范员、精神文明宣传员，在“朝阳柠檬黄”文明引导员的努力下，市民群众的交通出行更加文明规范，人们得到了舒适的出行体验。此外，文明引导员们通过学习相关知识，配合街道社区，走进小区、六小门店，走门串户，发放《致首都广大市民朋友的一封信》《文明倡议书》，张贴物业管理宣传横幅，以通俗易懂的方式，提高辖区居民对文明新风尚的知晓率、参与率，传递社区新风尚、文明新习惯、家庭新美德。

## 三　关于持续推进朝阳区城市文明建设的思考与建议

一是进一步加强思想认识，强化党建引领。要高举中国特色社会主义伟大旗帜，将培育和践行社会主义核心价值观作为文明建设的根本，加强思想道德建设，要把弘扬中华优秀传统文化和传统美德、弘扬革命文化和社会主义先进文化作为重要任务深入推进，不断深化群众性精神文明创建活动，大力培育社会文明新风气，着力构建中国精神、中国价值、中国力量，全方位提高国民素质和社会文明程度。要把加强党的领导贯穿到群众性精神文明创建活动的全过程，进一步完善党委统一领导、党政齐抓共管、文明委组织协调、有关部门各负其责、全社会积极参与的领导体制和工作机制，要宣传引导广大共产党员在精神文明建设中发挥模范表率作用。进一步深入学习贯彻中央相关工作会议精神，进一步对标目标任务细化工作内容，制定具体落实方案，对深化拓展实施《北京市文明行为促进条例》工作进行再动员、再部署，积极推动《北京市文明行为促进条例》落实工作往实里做、往深里走。

二是尽快加强配套制度的出台。坚持依法治区与思政大讲堂等相结合，实现法律和道德相辅相成、法治和德治相得益彰。加强执法力量建设，创新形式降低取证的难度，形成多元主体共建共治共享格局，针对政府执法资源有限和不文明行为面广、量大的突出矛盾，要尽快明确和落实各政府部门、企事业单位、社会团体、其他组织和个人的权利义务，要尽快构建最有效的多方联动长效解决机制。对在文明行为促进工作中作出突出贡献的单位和个人，要及时表彰和奖励，以此激励市民群众争做文明行为的表率。

三是进一步加大宣传教育力度。加大新时代文明实践中心全要素网络平台建设力度，着力将新时代文明实践中心建设与融媒体中心建设、政务服务中心建设相贯通，打造宣传展示有窗口、收集需求有入口、资源统筹有接口、提供服务有渠道、活动成效有评估的新时代文明实践网络互动平台。发挥文学影视、音乐戏曲等文艺形式在思想启迪、涵养心灵、引导行为等方面潜移默化的作用，大力宣传精神文明建设已有的先进经验和有效做法，加强对社会普遍关注的道德热点问题的引导，把重点宣传和常态化宣传结合起来，营造贯彻落实《北京市文明行为促进条例》的浓厚氛围，引导市民群众共同参与文明促进工作。同时，要着力开展不文明行为专项治理工作，把环境卫生、“光盘”分餐、垃圾分类、交通陋习等领域作为治理重点，有针对性地开展专项治理，持续深入解决重点领域存在的突出问题。尽快推动北京市文明行为记录制度等其他配套制度的研究制定，为《北京市文明行为促进条例》贯彻落实提供制度保障。

四是加强爱国主义教育，培养造就时代新人。爱国主义是中华民族精神的核心、中华民族的精神基因，实现中华民族伟大复兴的中国梦是当代中国爱国主义教育最重要、最鲜明的主题。朝阳区要把爱国主义教育贯穿到国民教育和精神文明建设的全过程和各方面，要将朝阳区改革发展的伟大成就、重大历史事件纪念活动、爱国主义教育基地、传统节庆、国家公祭仪式等充分利用起来，营造浓厚的爱国氛围，增强人民群众的爱国情怀和国家意识。要健全和规范有社会主义核心价值观内涵的礼仪制度，组织开展形式多样的纪念庆典活动，提升人们对国家和民族的认同感、自豪感和归属感，让爱国主义成为每一个朝阳人的坚定信念、心灵港湾和精神依靠。同时，还要深入开展文明进城市、文明进村镇、文明进单位、文明进家庭、文明进校园等活动。全方位、无死角推动社会文明全面进步，不断提升居民生活的获得感和幸福感，不断推动人们在为家庭谋幸福、为他人送温暖、为社会作贡献的过程中提高自己的精神境界、培育时代文明新风尚。

## 参考文献


《关于深化群众性精神文明创建活动的指导意见》，新华网，http：//www.xinhuanet.com//politics/2017－04/05/c_ 1120753464.htm，2017 年 4 月 5 日。

《中央文明办关于在精神文明创建活动中深入开展爱国卫生运动的通知》，中国文明网，http：//www.wenming.cn/specials/2020hd/aw32/tz/202004/t20200427 _ 5550092.shtml，2020 年 4 月 27 日。

《〈北京市文明行为促进条例〉今起实施　向六大领域不文明行为说不》，人民网，http：//bj.people.com.cn/n2/2020/0601/c14540－34054130.html，2020 年 6 月 1 日。

《〈北京市文明行为促进条例〉实施满百日》，新浪网，https：//k.sina.com.cn/article_ 1644114654 _ 61ff32de020012ne2.html？from = news&subch = onews，2020 年 9 月 8 日。

《北京市文明行为促进条例》，2020 年 5 月 11 日。

# 调 研 篇

Investigation Reports

## B.9

## 关于团结湖街道以党建带动统战促进基层治理效能提升的研究

摘　要：以党建引领基层治理是推进国家治理能力和治理体系现代化的必然要求。统战工作作为党建工作的重要组成部分，在凝聚发展合力、扩大有效参与、提高治理效能方面发挥着重要作用。基层治理是国家治理的“神经末梢”，目前存在主体有效参与不够、过程有效协商不足和问题有效解决不到位等问题。特别是新冠肺炎疫情的高度复杂性和不确定性，对基层治理能力和治理水平提出新挑战。要积极探索依托大党建抓实大统战与基层治理创新有效融合的体制机制，用治理的方式凝聚和团结社会各阶层，推动新时代统战工作取得新成效，让统战对象在基层治理中发挥更大作用。

关键词：团结湖街道　党建带统战　基层治理

## 一　以党建为引领，加强基层统战工作对创新基层治理模式有重要意义

统一战线不仅是中国共产党夺取革命、建设和改革事业胜利的重要法宝，也是我们党执政兴国的重要法宝，还是实现中华民族伟大复兴的重要法宝。2019 年 5 月，中共中央办公厅印发的《关于加强和改进城市基层党的建设工作的意见》指出，“城市基层党组织是党在城市全部工作和战斗力的基础”。“巩固和发展爱国统一战线”是健全人民当家做主制度体系，发展社会主义民主政治中重要的一环，强大统战力量，有利于推进街道社区党建、单位党建、行业党建互联互动，不断提升新兴领域党的组织和工作覆盖质量。研究党的统一战线工作，对基层社会治理健康发展具有重要意义。

### （一）基层统战工作是扩大党的执政基础和群众基础的助力器

中国共产党作为带领全体人民实现全面建成小康社会、实现中国梦的执政党，必须团结社会各阶层人士。只有这样，才能够为人民富裕、国家强大、民族复兴，组织起强大的建设力量。党的群众基础除了工人、农民、军人和知识分子以外，还包括新的社会阶层人士。在新世纪新阶段，新的社会阶层的工作，就是党的新的群众工作。想要巩固和扩大党的群众基础，就需要做好团结新的社会阶层人士的工作。群众基础越巩固、越庞大，我们党的执政地位就越牢固，对于国家和民族乃至世界和平与发展作出的贡献也就越大。因此，必须做好新的社会阶层人士的统战工作。

### （二）基层统战工作是聚合力量、推动发展、提升治理效能的推动器

基层统战工作对象既是促进我国阶层关系和谐稳定的关键群体，也是参与基层治理的重要力量，在推动经济社会发展，提升基层治理效能方面具有自身的独特优势。

一方面，作为身份灵活的体制外人士，统战对象是“大众创业、万众创新”时代的活力群体，是重要的社会治理参与主体，是经济社会发展的重要推动力量。另一方面，基层统战对象是一个不断追求自我发展、充满活力的社会群体，他们有意愿也有能力参与治理，争取自我发展所需的成长空间和社会支持，从而推进建立公平、公正、合法的社会环境，推动基层治理效能的提升。

通过加强基层统战工作，能够积极引导统战对象更好地发挥自身优势，推动人才、资金、技术等资源要素向基层一线集聚，切实把这一群体优势转化为参与治理、推动发展的优势，提升服务基层治理的贡献度。

### （三）做好基层统战工作是凝聚人心、维护稳定、转化治理风险的安全阀

统战对象作为社会的进步力量，在推进社会进步和发展的同时，也可能给社会治理带来一部分风险和挑战，成为社会中的不稳定因素。随着经济社会的发展，统战对象的队伍不断扩大，同时统战对象在经济社会发展中发挥的作用也日益凸显。

一方面，统战对象作为中国特色社会主义事业的参与者、见证者、建设者和受益者，是实现中华民族伟大复兴“中国梦”的重要力量。统战对象尽管在整体上是推进社会稳定的进步型力量，但是同时也存在个别消极分子，其消极思想与不当行为，可能会给基层治理带来考验，成为影响社会安全稳定的“危机点”。他们以追求个人利益和自我价值的实现为基本目标，崇尚身份“独立性”，追求“自由空间”，同时对生存发展质量高度敏感，比其他阶层更容易滋生出焦虑与不安全感，更具有政治参与的意愿。当政治政策环境和社会发展趋势对之有利时则认同现行秩序，充满稳定预期；当发展受限、利益受损、自我价值难以实现时，则有强烈的改变现状的要求。

另一方面，加强基层统战工作，就是要在党的领导下用好统一战线法宝，通过发挥统一战线广交朋友、民主协商、合作共事的优良传统和在疏导情绪、

化解矛盾方面的天然优势，不断凝聚人心，引导基层统战对象发挥正向作用，及时化解基层治理中的不稳定因素，成为基层社会治理的“安全阀”。

## 二　团结湖街道以党建为引领，开展统战工作，促进基层社会治理效能提升的实践

团结湖街道地处朝阳区中西部，东与六里屯街道接壤，南至朝阳北路与呼家楼街道相连，西与三里屯街道相邻，北至农展馆南路与麦子店街道毗邻，属北京商务中心区商务功能配套服务区，统战资源丰富。为加强区域建设，街道主动把握和积极适应经济发展新常态，坚持服务首都和朝阳发展定位，扎实推进“五湖四海”团结湖建设目标。以区域化党建为统领，发挥街道党建工作协调委员会、社区党建工作协调委员会分会作用，统领地区政治、经济、文化、社会、生态和文明建设。通过组织联建、资源联享、党员联管、活动联办、公益联做，推动党建工作与社会工作深度融合，提升基层组织的动员协调能力，提升基层政府的社会治理能力，提升区域单位的社会责任感，提升社区居民的生活幸福感。

### （一）建组织、强队伍，以党建为引领夯实街道统战基础

1. 强化组织领导

为确保街道统战工作的顺利开展，成立街道统战领导小组及其办公室。街道统战工作小组由街道工委书记任组长、工委副书记任常务副组长，街道副主任、武装部长等任副组长，成员为街道党群工作办公室、综合办公室、平安建设办公室、社区建设办公室、综合行政执法队、城市管理办公室、民生保障办公室、派出所、各社区党委，领导小组办公室设在党群工作办公室。街道领导小组会议还通过《团结湖街道工委统一战线工作领导小组工作规则》《团结湖街道工委统一战线工作领导小组办公室工作细则》《2019 年宗教工作责任清单》，明确工作职责和任务，建立工作机制。

2. 健全统战队伍

街道工委以区域化党建为平台，发挥社区党委的领导协调作用，整合地区统战资源，将街道中的弘医堂医院纳入统战队伍中，运用统战队伍的专业技能，推进统战工作进社区活动。6 年来，通过委员接待接访，共慰问困难家庭 64 户，连续 5 年捐助 4 名学生，其中一名大学生 2021 年已顺利完成学业并就业；开展法律大讲堂 8 次，走进居民、走进团结湖小学，提供法律咨询 100 余人次，为居民提供了个性化法律服务（帮助居民走司法程序）；发动会员积极参与社区共建，一名会员自费慰问 16 户困难居民；一名会员利用自己的志愿者组织慰问 10 户困难家庭；邀请专业社工事务所开展“六送”活动，即送知识、送健康、送法律、送温暖、送文化、送关怀；开展摄影比赛、篆刻、巧手编织、残障人士种绿植等文化服务活动；指导老年人预防各种骗局，提供法律、健康、居家养老、便民理发等服务，举办大型公益日活动，近百余名居民踊跃参加。

3. 动态更新联络库

为加强统战队伍的联系，巩固基层统战工作，方便统战工作的开展，街道工委专门建立统战会员信息表，及时沟通统战信息，协调发挥好街道、社区、统战、企业等各界人士作用，建立信息平台，掌握思想动态，营造街道工委与企业会员、政协委员之间畅通无阻的沟通氛围。2021 年推荐新社会阶层人士联谊会第二届理事会理事人选候选人 1 人。

## （二）强服务、立品牌，推动统战与基层社会服务供给优化结合

1. 成立街道侨联“手拉手”爱心捐助站

2007 年 4 月，在街道工委的助力下成立街道侨联“手拉手”爱心捐助站，目前拥有 33 名志愿者，其中有 20 名为侨界人士，每周三为开放活动日，至今已经 10 年有余，紧紧围绕街道的中心工作，坚持“凝集侨心，发挥侨力，汇集侨智”，积极发挥侨联组织的作用，努力建设“温馨侨之家”。一是凝聚侨心，为侨服务。通过举办形式多样的文化活动，弘扬中国文化，丰富归侨侨眷生活，无论是新春联谊会，还是同东湖街道手拉手

的“双湖”街道侨联联谊会，都给归侨侨眷带去了关怀与温暖。二是发扬传统，助老爱老。为了保护老侨的健康和安全，让老归侨侨眷更加健康、快乐生活，成立了侨联空巢老人服务队，每年两节期间街道侨联都会去看望老人。另外，街道侨联为不能自理的老侨申请安装“一键式智能急救电话”，组织社区老侨参观养老院等活动。

2. 创立同心统战工作室

为进一步推进统战进社区工作，街道联合民进朝阳区委在一二条社区成立了同心统战工作室，工作室整合统战资源，为党派人士、政协委员参与社会服务、社区建设搭建平台，也为凝聚社区发展正能量提供支持。建设服务型党组织，发挥党派精英优势，坚持“同心同德、同心同向、同心同行”的工作理念，不断将“统战工作进社区”引向深入，让辖区的困难群体感受到社会各阶层的关心和爱护，以“同心　助学　圆梦”为主题的捐资助学仪式，给贫困的孩子带去了希望，开展“知民情　解民意　政协委员进社区”活动，帮助许多家庭解决实际问题。

3. 深化打造“环团结湖经济圈”

搭建团结湖地区企业联盟平台，以主要领导带头、班子成员包企业的形式对辖区 27 家重点企业进行逐一走访，以“主要领导联系走访、专人一对一服务、定制专享服务包”等方式开展服务，帮助企业解决实际困难；以“资源服务、政策服务、信息服务”为主线，组建服务团队，搭建共建共享平台，覆盖辖区 200 余家企业组织。开展“环湖双创空间沙龙”活动，为企业宣讲减税降费、招商引资等政策，解决发展中的难题，持续优化营商环境，探索党的建设和经济建设融合新模式，激发地区经济发展新动能，进而形成“发展共思、工作共做”的新局面。

### （三）强效能、解民忧，促进统战工作与基层社会治理融合创新

以街道、社区两级党建工作协调委员会和党政群共商共治平台为抓手，推进统战工作与基层社会治理融合创新。一是建立常态联系企业机制。深化党代表联系群众、在职党员社区报到、干部入企帮扶等活动，充分整合企

业、单位与街道资源，通过党建引领把服务资源统起来，对接企业需求，形成每周有联系、每月有活动、半年有座谈的“三有”常态联系企业机制，启动“社区月协商计划”，以“群众智慧，服务群众”为主题，围绕楼道堆物堆料清理、居民区内违法建筑拆除、全景楼院建设等开展民主协商，党员带头把服务队伍建起来，营造共商共建共享的社区治理良好局面。二是围绕“擅治”主题，深入推进社区创享计划及社区之家品牌建设。通过联系社会组织，利用社会专业力量持续深化“多彩精致”主题，育治理于文化传承之中。

## 三　团结湖街道以党建引领基层统战工作促进治理效能提升面临的问题

目前，我国在基层治理，特别是在基层社区治理中普遍存在参与主体以有时间参与的老年人为主，参与方式以政府（居委会）动员为主的问题，有参与意愿和参与能力的社会中坚力量的有效参与不够，这部分主体主要集中在体制外、党外的社会群体中，这也是统战对象相对集中的领域。这在很大程度上造成了我国基层治理中主体有效参与、过程有效协商和问题有效解决不足的问题。

### （一）基层统战工作压力变大

#### 1. 基层统战对象众多

随着地区经济社会的不断发展进步，新的社会阶层人士、社会组织和利益群体陆续形成，基层统战工作对象的数量逐渐增多，基层统战工作对象的内部构成也出现了新的变化，以自由择业人员、私营企业主、个体户等为主体的统战对象大量涌现，“两新”组织的数量增加。此外，党外知识分子队伍也在不断扩展，宗教界人士和信教群众均有所增加，这都增加了统战工作的难度。

2. 基层统战工作任务艰巨

当前，基层统战工作肩负的任务较为繁重，不仅需要完成团结各社会阶层的工作，还要团结新力量，尤其是从基层统战格局的方面来看，非公有制经济代表人士的队伍快速壮大，自由职业者、外来投资者的人数也在节节攀升。因此，调动和引导非公有制经济代表人士参与到社会治理大局中显得格外紧迫。此外，多元社会中的利益纠纷也使得基层统战工作在维护社会和谐稳定方面的任务更加艰巨。

## （二）团结湖街道以党建引领推动基层统战工作的力度仍待进一步强化

1. 非公经济领域的统战工作亟待进一步加强

要适应非公有制经济迅速发展的需求，非公有制经济领域的统战工作任务繁重，空间还很大；特别是在如何整合资源，发挥社会领域党建协调作用，利用现有资源发挥党团组织、侨联组织的作用，创新统战工作方式和方法等方面，还有待进一步加强探索。

2. 工作载体有待创新及拓展

街道层面的统战干部认为，想创新又难觅好的工作载体，有机制、有人员但缺乏开展工作的有效载体，各类活动难以安排。目前开展的统战活动较为单一。一方面，统战部门与统战对象在沟通过程中还存在思维方式、语言体系不一致等问题，往往是政府部门自说自话，不能达到预期效果。另一方面，政府部门对统战对象的工作载体需要进一步拓宽。统战工作需要更多有效的组织依托，许多成员工作于私营企业、外资企业，统战工作亟须覆盖面广、渗透力强的有效载体。再者，传统的活动，如座谈会、培训会等对一些群体缺乏吸引力，导致参与活动的积极性不高，如何丰富活动方式和内容等还需要进一步探索。

3. 基层统战干部能力素质与实际工作要求还有一定的差距

统战委员大多是兼职的，团结湖街道 6 个社区都是副书记或党务兼职统战干部，多数同志缺乏相关实践经验，机关由组织人事部门的干部兼统战干事，平时各项工作繁杂，压力很大。目前在政治敏锐性、政策法规掌握和应用方面都需加强培训，以适应新形势、新情况的需要。

### （三）统战对象参与基层治理的效能有待提高

1. 统战对象参与社区治理的路径不清晰

统战对象作为多元治理的重要主体，具有较强的社会责任意识，也想借助社会参与和政治参与的方式实现价值，但目前团结湖街道大部分地区没有明确的统战对象参与社区治理的方式方法，区级层面也没有明确的指导方案等，统战对象面临参与渠道需厘清、参与路径需明确、平台机会需增加等现实困难，影响其参与积极性。

2. 统战对象对社区的归属感仍相对较低

统战对象具有较强的自主性，对比较为传统的体制内“公家人”“单位人”来说，统战对象生存于市场经济环境中，能够承受激烈的市场竞争。由于统战对象不依赖政府及其有关组织，具有自主性强、独立性强、自我决策和自我发展的主动性强等特征，他们比较关注自身的现实利益，对于传统的思想教育引导方式等较为淡漠。团结湖街道作为CBD功能配套区，汇聚来自世界各地的精英人士。他们通常频繁往来于不同的国家地区、经济体制、工作岗位之间，有时并不会长期在一个社区生活，对社区的归属感相对较低。

## 四　团结湖街道以党建为引领带动统战工作提升治理效能的建议

### （一）建好组织，把统战对象“聚起来”，解决基层治理群体覆盖面不够的问题

党的十九届四中全会明确提出要“完善党委领导、政府负责、民主协商、社会协同、公众参与、法治保障、科技支撑的社会治理体系，构建人人有责、人人尽责、人人享有的社会治理共同体”。应该说，近年来基层治理

多元化格局基本形成，但从参与主体的内部结构来看还存在一定的缺失。因此，把广大统战对象组织起来参与基层治理，能够在很大程度上破解当前基层治理参与度和覆盖面不足的问题。

一是在两新组织党组织中进一步加大统战工作力度。持续挖掘街道两新组织发展潜力，继续加大在新经济组织、新社会组织中党的建设工作力度，使统战对象中的流动党员找到组织，加强对统战对象的思想政治工作，切实发挥党组织的战斗堡垒作用和党员的先锋模范作用。同时，指导两新组织党组织开展统战工作，坚持政治标准，积极稳妥地发展统战对象，把政治素质好、群众认可度高、符合条件的人士及时吸收到统战队伍中来。

二是建好平台。目前，不少省份纷纷成立新的社会阶层人士联谊会。从统战工作来看，无论是海联会、知联会还是新联会，联谊会都正在发挥平台效应和示范作用。团结湖街道进一步发挥自身优势，用好地区商会、统战工作室、爱心捐助站等平台，并在此基础上探索建立街道层面的联谊会组织。联谊会不是政治组织，也不是商业组织和慈善组织，联谊会的核心在于联谊，定位也在于联谊。联谊就是相互了解、相互学习、相互交流。在联谊中加强沟通，在沟通中凝聚共识，在学习中强化政治引领，在交流中增进价值认同。联谊的终极目标是凝聚共识、凝聚智慧、凝聚力量、凝聚人心。要不断完善“街道—社区”二级网络体系，探索在各类新的社会阶层人士等有潜力的统战对象聚集的机构与单位中成立联谊会组织，不断拓展街道联谊会的覆盖深度和广度，夯实统战对象聚合关联和发挥作用的链接基础。

三是注重统战对象的实践工作。探索在商务楼宇、基层社区，通过社会化的方式建立新的工作室，形成具备学习培训、参政议政、献计献策、凝心聚力、服务社会等功能的活动场所。用好互联网平台，加强网络阵地建设，为广大统战对象搭建线上与线下相结合的“朋友圈”。

### （二）加强培养，把统战对象“选出来”，解决好基层治理中群体代表能力不强的问题

基层治理既是体系问题，也是能力问题。基层治理主体的结构和能力直

接决定了基层治理的水平。统战对象大多具有参与社会活动的经历。从公共理性建构的角度来看，统战对象是基层治理中最具有潜在公共精神的一个群体，这也是在基层治理中能够把这一群体组织起来的重要基础。要通过加强政治认同、提升能力水平，不断增强统战对象参与基层治理的积极性和自觉性，激发统战对象的公共精神，使其成为参与基层治理的重要力量。

一方面，政治认同是前提，加强政治引导形成共同的思想政治基础。拥护党的领导，具有政治认同是把新的社会阶层人士甄选为基层治理主体，并作为“意见领袖”开展协商的首要条件。团结湖街道要高度重视并做好统战对象的思想工作，团结、帮助、引导、教育统战对象，调动其积极性和创造性，形成党与统战对象团结合作的思想政治基础。

另一方面，能力水平是关键，加大培养甄别力度提高参与基层治理的能力。要把统战对象参与基层治理的能力作为街道党工委开展培训工作的总体计划和重点内容，不断提升统战对象的政治把握能力、参政议政能力、合作共事能力、组织协调能力和解决自身问题的能力。特别是要把基层治理的难点、百姓关心的重点和社会关注的热点与统战对象的专业、专长结合起来，充分发挥他们的优势，增强其参与基层治理的自觉性、主动性和创新性。

### （三）创新机制，把统战对象“用起来”，破解基层治理中群体行动有效性不足的问题

破解基层治理中群体行动有效性不足的问题，就是要提高基层治理的效能，改变基层治理中行政主导多、主动参与少，参与活动多、有效协商少，协商议题多、解决问题少的现状，真正把基层治理的参与活动变成提升治理效能的有效实践。关键是要从体制机制入手，让统战对象能够真正参与到基层治理的各个环节。

一是畅通参与渠道。引导统战对象积极参与基层治理，要营造良好的政策环境。经过多种形式的培养考察，把在政治上拥护党的领导、行动上服从大局的一批优秀统战对象引荐到人大或政协，担任代表或委员，通过政治身份的认同激发统战对象参政议政、民主协商的热情。同时，探索把统战对象

纳入“两代表一委员下基层”活动中，为统战对象参与基层治理提供制度化渠道。

二是细化参与流程。街道党工委要研究制定统战对象参与基层社会治理的行为规范和工作流程，把其作为一种制度化实践加以推进。围绕街道具体治理工作环节细化流程，在基层协商议题的确立、协商过程的参与和协商结果的跟踪反馈等各个环节都要确定统战对象参与的合理比例，确保统战对象能够有效参与基层治理的各个环节，并合理合法地表达诉求，推动基层治理创新。

### （四）强化支撑，把统战对象“留下来”，破解基层治理中群体行动持续性不足的问题

基层党委要构建大统战意识，改变曾经对统战工作的浅显认识。要把统战工作放在维护基层社会稳定和服务发展大局中考虑，按照总揽全局、协调各方的原则，突出大团结大联合这一主题，切实保证对统战工作给予制度上的保障、领导上的加强、工作上的支持、环境上的创新，最大限度地整合资源、汇聚力量、凝聚人心，为统战成员服务，为推动地方经济社会发展服务并贡献力量，努力树立各级党委重视、政府支持、统战部牵头、各部门配合、全社会共同参与的大统战格局。

## 参考文献

张卫、孙运宏、后梦婷：《创新参与社会治理路径推进社会组织统战工作——江苏推进社会组织参与社会治理路径探析》，《江苏省社会主义学院学报》2019 年第 4 期。

傅小随：《论统战系统在社会治理体系中的组织优势》，《中央社会主义学院学报》2014 年第 5 期。

白俊生：《网络时代统一战线服务社会治理创新机制研究》，《陕西社会主义学院学报》2019 年第 2 期。

朝阳区团结湖街道办事处：《团结湖街道“大数据 + 党建”课题研究报告》，2017

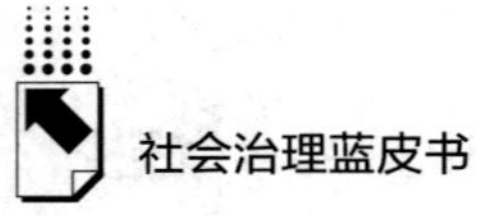


年 3 月 3 日。

朝阳区团结湖街道办事处：《党建引领打造彤馨工程精心服务群众》，2018 年 3 月 16 日。

朝阳区团结湖街道办事处：《新时代城市老旧小区有机更新的探索与实践》，2020 年 4 月 30 日。

于媛：《以基层党建引领推动基层统战工作创新发展研究》，《现代交际》2019 年第 19 期。

盛雯：《城市社区治理中的统战研究——以静安区静安寺街道为例》，华东政法大学硕士学位论文，2018。

**B**.10

# 关于呼家楼街道呼家楼北社区党建引领“两个条例”实践研究的调研报告

摘　要：　2020年5月1日，《北京市物业管理条例》和新版《北京市生活垃圾管理条例》正式实施。物业管理和垃圾分类工作，不仅跟老百姓的生命健康和生活环境息息相关，而且还关系着北京的有序运行和可持续发展，是持续推动城市现代化建设、精细化管理的重要抓手。立善法于天下，则天下治。善法已出，关键在落实。面对新形势新任务，呼家楼街道呼北社区以实现基层党组织引领力提升、满足基层治理需求为主要目标，在传统工作优势的基础上，不断创新思路、健全机制，有效推动社区党组织引领“两个条例”落实，形成了以党建引领垃圾分类和物业管理工作为抓手的社区治理新模式。

关键词：　呼家楼街道　党建引领　物业管理　垃圾分类

## 一　呼北社区立足自身特点，较早探索垃圾分类和“准物业”管理，为“两个条例”的落实积累了丰富经验

### （一）呼北社区的“先天条件”

呼家楼街道呼家楼北社区成立于2003年，位于朝阳区CBD，东临人民日报社所在的金台西路，西靠东三环中路，南近中央电视台新址，北接

朝阳北路。呼北社区是典型的老旧社区，共有5个小区，其中呼北小区辖区面积约0.25平方公里，居民住宅楼以房管局直管公房和各单位自建房为主，大部分始建于20世纪五六十年代，现有25栋楼房、4个平房院，小区户籍人口近2000户。由于建成早、设施久、损耗大，有的产权单位已不存在或长期失管，存在老旧居民楼多，老国企家属楼多，相对低收入人口多，但是缺少物业管理，缺少配套设施，缺少服务保障等“三多三少”现象。呼北社区内有一个垃圾楼，每日垃圾量约16吨，其中厨余垃圾2.5～3吨，可回收垃圾1.2～1.5吨，其余垃圾12吨，垃圾产生量较大。

### （二）呼北社区的“早期探索”

#### 1. 创新“呼北自治模式”，探索老旧小区准物业多元化管理模式

呼北社区党委针对老旧小区硬件设施老化、公共服务设施不完善、社会车辆挤占居民停车位等问题，成立了呼北社区管委会，积极探索老旧小区准物业多元化管理模式。呼北社区始终把为居民办实事、解难事作为工作的出发点和落脚点，在调查居民需求的基础上，结合实施的可行性评估，每年都提出解决十来件向居民承诺的实事，大大改善了呼北社区居民的生活居住环境、文化娱乐条件，为居民的幸福生活提供了重要保障。

#### 2. 建立垃圾分类“党员示范岗”机制，共建“美丽朝阳”

在呼家楼街道党工委、办事处的领导下和业务科室的指导下，呼北社区被选为垃圾减量、垃圾分类工作试点社区。呼北社区采取四个结合的办法，实现了人人参与的目标，即垃圾减量、垃圾分类工作与社区党建工作相结合；垃圾减量、垃圾分类工作与社会共建工作相结合；垃圾减量、垃圾分类工作与创先争优工作相结合；垃圾减量、垃圾分类与加强和创新社会管理相结合。同时，呼北社区党委提出了“我是党员我带头创建文明城区当先锋”活动号召，并制订了详细的实施方案。在社区党委的带领下，挨家挨户进行宣传动员，动员大家清理楼道堆物堆料、美化自家晾台、自觉垃圾分类，为“美丽朝阳”“文明朝阳”建设做出了积极贡献。

## （三）通过实践探索积累了基层党组织引领力提升的先进经验

1. 必须凝聚党心民意

“全心全意为人民服务”是我们党的根本宗旨，党的一切奋斗和工作都是为了造福人民。呼北社区在推进党组织建设过程中，在推动发展、服务群众、凝聚人心和促进和谐等方面，充分体现出基层社区党组织和基层党员干部的作用。呼北社区想居民之所想，急居民之所急，密切关注党群、干群关系，以服务为主题，聚焦服务群众的初心使命，深耕服务发展的理念，不仅体现出以人为本的科学发展理念，而且体现了全面协调的可持续发展精神。

2. 必须创新服务措施

提升党组织引领力就是要寓领导和管理于服务中、寓民主和民生于服务中、寓党的宗旨和社区治理于服务中。在新形势下，多样的社会生活、多元的经济利益、多变的社会矛盾向我们提出了许多新挑战，构建和谐社区，关键在于正确处理社区居民的内部矛盾。呼北社区以居民需求为导向，在改进服务手段、提高服务水平、拓宽服务渠道等方面持续发力，让社区服务工作不断适应居民的生活方式、思想观念和服务需求。在推进“准物业”管理和垃圾分类过程中，及时有效为居民化解矛盾，全心全意为居民调解纠纷，营造出积极健康、团结和睦、安定有序的社区环境，有效促进社区居民安居乐业。

3. 必须健全长效机制

要使社区党建活动常态化和长期化开展，关键在于健全完善长效工作机制。只有建立一套科学规范、配套完整、管用务实的长效机制并加以完善，才能让社区以党建为引领的各项工作，真正地长期坚持、不断深化、取得实效。呼北社区坚持从实际出发，不断健全完善社区党组织长效机制，抓建设，抓执行，不断深入推动长效机制建设。在建立完善各项制度的同时，立足实际，同步制定可落地的实施办法和具体措施，确保各项政策制度落到实处，确保其长期发挥作用，使社区党组织真正实现便民惠民、安民富民的要求，成为群众满意、干部骄傲的工程。

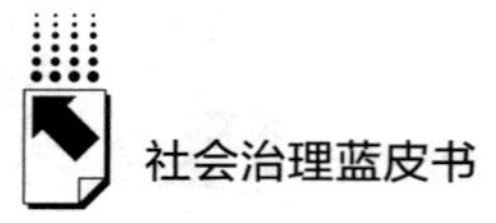


## 二　呼北社区当前面临的新挑战和新要求

推进生活垃圾分类和物业管理工作，是不断推进社会治理和服务重心向基层延伸的重要抓手，也是构建基层社会治理新格局的重要抓手。同时，还是基层治理改革见效能，为群众办好贴心事、烦心事的重要途径。

### （一）常态化的疫情防控工作对老旧小区物业管理提出新要求

良好的物业管理既是保障社区日常运行的关键，也是社区应急治理的重要一环。与物业管理良好小区有序严防严控疫情形成对比的是，一些老旧小区不具备专业化物业管理的基础条件，虽然在此次新冠肺炎疫情防控中属地街道、社区投入了大量人力物力，但疫情防控工作难度依然很大，成为城市社区疫情防控中承受压力最大的难点。伴随着我国经济社会快速发展和人民生活水平不断提高，老旧小区房屋、配套设施及功能已明显落后于居民的生活需求，再加上防疫工作常态化需求，导致小区服务需求和供给矛盾重重，成为基层治理的难点问题和薄弱环节。

### （二）新时期居民对人居环境、便利服务都有新需求

随着城市生活水平日益提高，人们对居住环境的要求也越来越高，不仅要住有所居而且要居有所安、居有所乐，从“有得住”发展为“住得好”。目前，朝阳区部分老旧小区仍存在尚未引入专业物业服务的问题，部分小区只有准物业服务，部分有物业服务的小区，其专业化水平也有较大的提升空间，需要补齐物业服务短板，提升物业服务质量。推进垃圾分类是深入实施爱国卫生运动，消除社区卫生死角，维护社区居民居住环境卫生的重要保障，关乎群众的身心健康。

### （三）完善基层社会治理的重要抓手

坚持以党建为引领，把物业管理纳入社会治理范畴，健全和完善物业管

理体制，不断提高业主委员会（物业管理委员会）的组建率，提升物业管理的覆盖率和党的组织与工作的覆盖率，是健全完善基层党组织，扩大党的建设覆盖面的重要抓手。提升党的组织和工作覆盖率有利于发挥党的组织引领作用，以居民群众的利益为中心，监督指导呼北社区业委会选举，推进物业提高服务水平，化解物业管理过程中的矛盾与纠纷。加强党的组织建设的同时，也有助于对呼北社区资源进行系统挖掘和整合，调动党员的积极性、主动性、创造性，维护基层社会和谐稳定。另外，通过党建引领物业和垃圾分类治理工作，对动员社区居民、协调社区多方力量参与社区治理有着积极作用。

## 三　呼北社区落实“两个条例”的具体措施

### （一）创新“准物业”管理模式，发挥物管会积极作用

1. 着力健全组织体系，强化管理规范

第一，建立了街道党工委统筹领导、相关职能科室业务指导——社区党委具体领导、居委会协调、准物业管委会运行——党员志愿者参与和全体居民监督的三级组织体系。社区党委充分发挥基层组织的动员能力，进行广泛宣传，印刷4000余份调查问卷和2000余份一封信逐户发放；社区组织召开居民代表大会，讨论通过《准物业管委会章程》，选举产生了管委会成员，制定了工作职责、管理规定、考评办法等针对各类管理人员的规章制度，确保良好运行。明确了服务规范标准、服务项目收费标准和财务账目公示制度，形成了“社区党委领导、全体居民监督、管委会运行”的工作格局。第二，为了做好减量发展，明确了“要素集约、布局合理、服务优质”的发展目标和“互联网＋品牌商＋社区服务”的发展思路。通过分析现有社区生活服务设施布局和居民需求关注度，投入70多万元，对社区中心地带原有的300多平方米自行车棚进行改造。先后两次召开居民议事会征求建议和意见，确定功能定位、改造方案和运营模式，对创立社区便捷服务综合中

心进行了全面谋划和建设准备。第三，针对社区服务资源萎缩现象和居民需求，坚持同步实施地区发展的“减法”与“加法”，一边实施临建违建整治，一边以居民需求为导向，引入国企连锁优质服务商和社会组织，建设集咨询、中介、维修、代收代办、寄存、缝缝补补、菜站、自行车停放等服务于一体的小型社区便捷服务综合中心，使疏解整治与社区服务提升在基层社会治理过程中得到有机统一，让居民既感受到疏解整治行动带来的人居环境舒适度的提升，又能在日常生活中享受到更优质更便捷的服务。

2. 着力健全服务体系，强化管理措施

第一，政府专职队伍全力护航。将准物业管理与全模式社会服务管理体系相对接。将机关科室和社区党委、社区居委会、社区服务站及消防、巡防、劳动、流管、人防、城管等各类协管力量下沉到社区切实当好社区管理“六员”，即信息采集员、小区事务协管员、矛盾纠纷调解员、社情民意联络员、法律政策宣传员、文明新风倡导员。第二，社会专业队伍全力配合。加强与自管房物业单位的沟通联系，整合小区内各类社会专业队伍，通过签订服务协议、小区共驻共建等方式，以“单位志愿”等形式，为居民提供专业服务。建立定期会商、应急处突、资源共享等工作机制，通过党建引领提升准物业服务水平。第三，社区志愿者队伍全力支持。充分调动和挖掘社区居民参与小区管理的人力资源，由社区中的党员志愿者、和谐促进员、社区低保人员等组成10支“志愿者服务队”，开展志愿服务，协助做好停车管理、治安巡逻等工作。

3. 着力健全工作体系，强化管理实效

第一，街道、社区党委始终坚持居民自治，由党员、社区积极分子牵头，居民自愿参与，自主推选，在广泛征求意见的基础上产生准物业管理自治组织的候选人并及时向社区居民公示。同时，由居民代表推选并选举产生自治组织成员，实施自治管理。第二，在工作过程中，对值班室、围墙、停车位、路灯照明、绿化、排水、消防等公共部位和共用设施进行综合整治、更新、完善，实施“穿新衣”“戴新帽”“加配套”，使之具备基本的准物业管理条件。同时，在启动经费、建立制度等方面给予大力支持，确保各小区管委会正常运行。第三，小区实行封闭式管理，24 小时有人职守 4 个出入口，18 名专职安保人员定点巡视确保小区居民安全。小区内门禁系统实现全覆盖，监控探头遍布小区重点部位，门卫岗亭加装监控设备，小区准物业办公室值班员能随时看到小区内情况，将图像信息数据与街道综合管理指挥中心对接，形成信息准确上传—有效处置—及时反馈—资源共享的良性运行体系。

### （二）垃圾分类工作覆盖面不断扩大，工作不断深入

1. 组织领导到位

在办事处城市管理办公室的指导下，成立生活垃圾分类工作领导小组，由社区党委书记担任组长。制定《呼北社区垃圾分类工作实施方案》，定岗定责，使各岗位工作有标准、人员努力有方向，干好干坏有奖惩，提高各类人员在生活垃圾分类工作中的主动性和积极性。首先，建立一支以党员为主的志愿者队伍，充分发扬广大党员干部的模范带头作用。呼北社区的垃圾分类工作以党支部为核心，以楼宇为单位，制定“党员包干责任制”（党支部包片、楼委会包楼、示范户党员志愿者包户等）。各支委把垃圾分类工作当作政治任务来完成，要求党员人人做到“三个明白”（明白垃圾分类的意义、方法、程序），做到“三个带头”（带头宣传、带头建立绿色低碳的生活理念、带头搞好垃圾分类）。通过每月召开一次示范党支部、示范楼委会生活垃圾分类交流会，宣传推广呼北社区第二党支部、楼委会生活垃圾分类经验。其次，充分拓展社会资源，构建多方联动、共同参与的新景象。通过召开共建协调会，呼北社区和属地范围内的超市、餐饮企业及七小门店等60 多家社会团体、企业单位签署生活垃圾分类责任承诺书，倡导节约资源、保护环境的低碳生活理念，强烈抵制一次性餐具、过度包装品的使用，并要求各单位自建垃圾分类容器、做好分类工作，承诺不向居民垃圾投放点倒厨余垃圾。开展生活垃圾分类进校园活动，在呼北社区与辖区内学校和幼儿园的共同参与下，组织建立“环保小卫士”志愿者服务队，并发挥“环保小卫士”的榜样示范作用，带动社区居民形成人人参与生活垃圾分类的新局面。最后，用好“创先争优”机制提高参与积极性。呼北社区有机地将垃

圾分类工作成效与党委的“五好党支部”评选挂钩，与妇联的“文明楼院、文明家庭”评选挂钩，将垃圾分类工作与党组织的“我是党员我带头——认领责任田”活动结合，与团组织的“小手拉大手、争当环保小卫士”活动结合，与社区居委会自治组织的“我的家园我做主”活动结合，使垃圾分类工作“无处不在、无孔不入”，目前共计评选出文明家庭 723 家次、垃圾分类示范户 769 户次，达到人人参与生活垃圾分类的效果。

2. 宣传认识到位

生活垃圾分类是一场人民战争，要广泛动员人民参与，才能取得胜利。呼北社区始终坚持开展全方位、全过程的宣传动员工作，采取社区所能采取的一切宣传手段，开展宣传。比如利用发放垃圾桶、户口整顿入户调查等机会把宣传材料、“给居民、给党员、给社会单位的一封信”派发出去，在社区每组垃圾桶旁、每个楼门公示栏内张贴醒目的大幅标语和宣传画，利用各种会议和居民活动宣传生活垃圾分类知识，实现全民对生活垃圾的知晓率达到 98% 以上。目前，共计发放分类垃圾桶 3200 个，派发“一封信”3400 封，张贴宣传画 2000 余张。呼北社区共采取四个步骤来提升居民群众对生活垃圾分类的认知水平。首先，呼北社区组织党委成员和居委会干部认真学习生活垃圾分类相关文件，以及各级领导的讲话和指示精神。其次，分层分类开展培训，培训对象分别为党员干部、骨干、楼门组长、和谐促进员。通过党员干部、骨干等宣传带领居民群众，改变居民对生活垃圾分类认识模糊的现状，提高群众对生活垃圾分类的认识与分辨能力。据统计，呼北社区累计发动 118 名党员及居民承担包片、包楼任务。再次，街道聘请专业人员加强对生活垃圾分类的培训，防止漏洞死角。接受培训的人员包括指导员、分拣员、监督员和巡视员。据统计，呼北社区共计培训 14 名人员专门负责指导、监督、分拣、巡视工作。最后，针对个别居民和流动人口存在的怕麻烦懒惰思想，社区组织和谐促进员上门进行深入宣传，详细讲解，耐心指导工作，增进群众对生活垃圾分类的了解。

3. 物资保障到位

推广实行生活垃圾分类是一项系统工程，每一个环节和过程均需要投入

大量物资。在推进生活垃圾分类工作过程中，呼北社区得到了办事处的全方位支持，尤其是物资保障方面。从为居民免费发放分类垃圾桶到对垃圾站进行改造，从配备分拣工具、劳保器具，到添置垃圾清运机械化设备、印发宣传材料等，在各方面都给予了有力的物资保障，不仅做到分类方式简单易懂，还配备一套人性化、情感化的设施。

### （三）深化“街乡吹哨，部门报到”机制，强化管理实效

按照“要素集约、布局合理、服务优质”的发展目标和“互联网＋品牌商＋社区服务”的发展思路，以党建引领“街乡吹哨，部门报到”为契机，社区党委及时“吹哨”，会同相关职能部门共同解决楼道堆物堆料、拆违、清理地下室等管理难题。依托社区党建工作协调委员会、党政群共商共治等载体，完善以社区党委为统领，居委会、居民、驻区单位、“两新”组织和相关职能部门共同参与的治理架构，定期沟通交流、结对共建，完善联动巡查、联动分析、联动处置等工作机制。

## 四　推进物业管理和垃圾分类过程中遇到的问题

### （一）居民动员能力需要进一步提升

在调研中发现，参与呼北社区物管会和垃圾分类的人员，总体年龄偏大，范围也相对固定，社区年轻居民因工作繁忙等参与社区治理的时间较少，参与意愿较低。中老年参与群体偏大，在实际工作中，其思维模式、工作方式很难适应当前的发展理念。社区依靠的中坚力量老龄化、对青年居民动员不足的短板均制约着物管会和垃圾分类工作的长足发展。

### （二）物管会内部运行、垃圾分类工作需要与社区自治相结合

物管会成员中对业主人数和身份有明确要求，限制了优秀成员的加入。有些居民参与小区管理的积极性比较高，也具有实质上的业主身份，

但在房屋产权证上未有体现，无法在形式上确定业主身份从而进入物管会。尽管组建物管会相对容易，但是选人存在困难，制约了该项工作的推进。老旧小区自管会与物管会的关系需要协调衔接。老旧小区自管会在发动居民自治方面发挥了重要作用，但是由于许多自管会委员不具有业主身份，无法向物管会自然过渡，在后续工作中需注重解决自管会与物管会的衔接问题。

### （三）居民对垃圾分类的重要性认识有待提高，提升对物管会的知晓率

垃圾分类尚未成为居民的普遍行动和生活习惯，居民在垃圾分类重要性认识方面有待提高。部分居民对生活垃圾管理关系到民生保障、城市环境改善、城市治理能力提升的重要性认识不足，虽然社区党委十分重视分类工作，但是抓手不足、措施不严，管理意识有待增强。同时，社区居民尤其是流动人口对垃圾“四分类”的知晓率较低，居民分类投放的自觉性和参与率仍然较低。居民在生活垃圾分类方面还处于“理念上认同，行动上滞后”的阶段。

### （四）物业管理与垃圾分类工作需紧密结合

物业等管理责任人对居民个人参与垃圾分类仍缺乏有效的管控手段，由于缺乏约束和强制，垃圾分类的居民参与率增长缓慢。另外，垃圾分类区域缺乏垃圾分类效果考核、奖励标准，垃圾分类工作管理模式和标准也处于缺失状态，责任主体与物管会职责不能有效统一起来，使社区的工作负担加重。

## 五　相关建议

### （一）以增强民众意识、提高居民行动率为目标，开展广泛深入有效的宣传教育

在组织方式上，整合社会资源，设立宣教中心，广泛邀请社会各界积极

人士参与，整合媒体资源、志愿者资源、品牌资源以及资本市场资源，使之成为垃圾强制分类的公共智库，并发挥社会监督和宣传动员的重要作用。在内容形式上，除了常规的社区定期宣传外，要积极转变垃圾分类的宣传和普及方式。积极组织中小学生开展活动，把垃圾分类和资源回收列为科技实践课和社会实践课的一项重要内容；组织大学生到实地参观，在学校和周边社区开展相关活动等。

大力推进民众参与垃圾分类监督，在增强民众主人翁意识的同时，进一步加大政府垃圾分类工作信息公开力度。建议政府公开垃圾分类全过程与相关数据，主动自觉接受广大人民群众与社会团体的监督，通过信息公开的方式，一步步强化公众对垃圾分类问题的深刻认识，增强人民群众参与垃圾分类的自主意识。如有计划、有秩序地组织参观垃圾分类处理设施，向社会科普垃圾分类前端、中端、末端处理技术原理及其环境影响等。信息公开的过程不仅体现了政府解决问题的诚意和决心，也提高了政府的公信力，有助于形成社会合力。此外，公民可以通过成立或参与环境保护组织，作为第三部门成员，参与垃圾分类相关的志愿活动和垃圾分类领域的听证会等，发挥公众参与环境治理的影响力。

### （二）明确责任主体，尽快建立物管会和垃圾分类的绩效评价考核机制

应明确政府相关部门、居（村）委会、社会单位及企业、居民在垃圾分类中的责任和义务，并出台垃圾分类绩效考核办法。

建立符合朝阳区实际的垃圾分类绩效评价指标体系。借助大数据搜索引擎，垃圾分类绩效评价指标体系的建立以及各个指标权重的划分将更具科学性。构建一套符合朝阳区经济社会发展状况的全面量化的垃圾分类绩效评价指标体系，客观描述朝阳区垃圾分类现状、实施过程中存在的问题，有的放矢地制定政策措施，加快城市垃圾分类进程。

健全完善全面有效的垃圾分类绩效评价考核机制，精确“考什么”“怎样考”。推动建立能体现垃圾分类特点和要求、可落地实施的具体考核办

法。首先，要将评价和考核相结合，通过定量的方法进行综合指标考核，在定量考核的过程中，使用精准的测量工具，获取客观的数据结果。其次，要将群众考核、上级考核、专家和第三方评估这三个方面有机结合，明确三者的合理权重，使考核评价更加客观、公正、全面、准确。其中，特别要重视群众考核的结果，只有及时了解和掌握群众的具体需求，才能不断提升群众的认可度，增强群众的获得感。同时，要将评价考核结果及时向社会公开公示，畅通民意表达渠道，接受群众、社会的监督。

### （三）借鉴先进地区经验

借鉴上海市公布的“生活垃圾分类投放指南”，尽快编制具有朝阳特色的“朝阳生活垃圾分类投放指南”。具体来说，建议在政府网站和微信公众号上专门设立一个交互式分类指南系统，即在公布分类目录的同时由专业人士和广大人民群众开展网上交流来细分垃圾种类；建议开发设立垃圾分类指导移动端 App，该 App 不仅可以图文并茂地教大家如何区分各类垃圾，其最大的特色功能是通过定位告诉大家哪些地方是一些如旧衣物、过期药品及前文所提的低值可回收物等特殊垃圾的投放点和回收点；另外，重点建议在政府网站、微信公众号及垃圾分类移动端 App 中加入监督举报功能，方便广大人民群众向管理部门举报违反垃圾分类行为，进一步加大垃圾分类的公共监督力度。

### （四）将物管会建设融入社区治理体系中

完善社区治理体系，建立健全协同治理机制，将社区党组织领导下的居民委员会、物业管理委员会、物业服务企业等凝聚在一起，共同参与社区治理。完善物业服务企业负责人到社区报到制度。自治管理是实现老旧小区管理新突破的核心和关键，管委会是实现自治管理的组织载体。始终坚持问政于民，在小区改造中充分征求居民的意见，全面落实居民的自治权利，确保居民的“知情权、参与权、选择权、管理权、监督权和决策权”。通过健全“吹哨报到”、党员“双报到”等长效机制，发挥社区骨干、积极分子的示

范作用，调动驻区单位参与社区建设的热情，动员更多居民和社会单位参与小区管理。

## 参考文献


殷金凤：《垃圾分类我们都是参与者》，《北京人大》2020 年 9 月 10 日。

张旸、冒翠娥：《北京市垃圾分类小区试点现状及管理模式探讨》，《环境卫生工程》2016 年第 1 期。

《蔡奇：齐心协力抓好这两个“关键小事”建设和谐宜居的美丽家园》，《北京日报》2020 年 4 月 25 日。

朝阳区呼家楼街道办事处：《呼家楼街道呼北社区关于生活垃圾分类工作报告》，2020 年 4 月 23 日。

朝阳区呼家楼街道办事处：《朝阳区呼北小区探索老旧小区自治管理新路径》，2020 年 10 月。

胡卫华、康喜平：《构建科学的生态文明建设绩效评价考核制度》，《中国党政干部论坛》2017 年第 10 期。

王灏：《党建引领集聚社区治理强大合力——朝阳区推动社区治理“三率”建设的生动实践》，《前线》2021 年第 8 期。

# 数据篇

Data Reports

# B.11 基于数据分析看朝阳区党政群共商共治的基层实践

摘 要：自2013年开始，朝阳区在总结麦子店街道“问政”基层实践的基础上创新探索构建党政群共商共治模式，推动了基层社会治理的发展。本文基于数据分析看朝阳区党政群共商共治的基层实践，以期借鉴其创新的理念和成功的经验为新时期创新社会治理模式，提高基层治理效能提供参考。

关键词：党政群共商共治　基层实践　朝阳区

## 一　朝阳区党政群共商共治项目动因及概况

基层协商民主是基层民主的重要组成部分，是实现基层自治的有效方式。党的十八大以来，基层党政机构以及群众性自治组织探索出诸多基层协商民主的典型实践和有效路径，畅通了基层群众利益表达、需求反馈与决策

监督的新渠道，在获取群众诉求、降低决策风险、提升基层治理效能方面进行了积极探索。特别是党的十九届四中全会围绕构建基层社会治理新格局提出了新的要求，健全党组织领导的自治、法治、德治相结合的城乡基层治理体系，健全社区管理和服务机制，推行网格化管理和服务，发挥群团组织、社会组织作用，发挥行业协会商会自律功能，实现政府治理和社会调节、居民自治良性互动，夯实基层社会治理基础。完善群众参与基层社会治理的制度化渠道。加快推进市域社会治理现代化。推动社会治理和服务重心向基层下移，把更多资源下沉到基层，更好地提供精准化、精细化服务。这不仅为基层社会治理指明了方向，也提供了遵循。

朝阳区位于北京城区东部，区域面积大，人口结构复杂，社会需求多元，是一个社会形态复杂的特大型城市的市辖区。做好基层治理，对于满足群众诉求、维护社会稳定意义重大。2013 年，朝阳区在总结麦子店街道“问政”基层实践的基础上创新构建了党政群共商共治模式，通过充分发挥党组织的统筹引领作用，建立“问需、问计、问政、问效于民”的常态化议事平台，将政府、社区、居民、社会组织、社会单位等各类社会治理主体组织在一起，针对社区治理问题和需求，共同协商解决，构建了具有朝阳特色、引领基层治理方向的党政群共商共治模式。党政群共商共治项目被评为全国社区治理十大创新成果之一。

朝阳区开展党政群共商共治工程，可以分为三个阶段。

### （一）2012～2013年：试点先行、全面推广

这一阶段，主要以“三问和三打通”为特点。朝阳区在总结麦子店街道探索的“三问”活动和“为民解忧”工程的基础上，结合落实党的十八大和十八届三中全会关于提高社会治理水平的精神，提出了党政群共商共治工程，坚持问需于民、问计于民、问效于民，坚持政府以实事切入，动员居民、企业、社会单位等组织共同参与、出谋划策，合力解决社区治理难题。同时，按照分级、分类协商解决问题的方式，打通了区级、街道、社区三个层面的通道。

### （二）2014～2015年：逐步规范、延伸拓展

在前期试点探索和全面推广的基础上，朝阳区党政群共商共治开始进入逐步规范、延伸拓展的阶段，这一阶段的主要特点是“两个规范、四个延伸”。结合党的群众路线教育实践活动，进一步深入完善议事协商工作流程，丰富议事协商内容，第二阶段的标志性进展是2014年朝阳区委、区政府出台了《关于统筹推进党政群共商共治工作的指导意见（试行）》，对政府部门、街乡、社区的职责任务进行了全面规范，建立了区级协调机制，多次召开区级议事协商会议，此举帮助基层解决了一批困扰多年又无力解决的难点问题，受到了居民群众的普遍欢迎。2015年，朝阳区又提出“两个规范、四个延伸”的工作要求，在此前的基础上，议事协商流程、议事代表产生程序更加规范，同时不断延伸和拓展议事协商的平台和内容、主体和资金，这些举措有效促进了共商共治工作向纵深发展。

### （三）2016年及以后：不断完善、深化提升

2016年及以后，朝阳区共商共治工作围绕党建区域化、自治单元化、服务精准化、动员社会化、管理精细化“五化协同”的社区治理模式，定期组织党组织、政府部门、社会单位、社会组织和社会公众开展协商议事活动，“五方共治”模式得到不断深化，共商共治的理念融入社会治理的方方面面，党政群共商共治工作制度化、常态化和融合化得到大力推动，形成了多方共治的良好局面。朝阳区于2019年出台《中共北京市朝阳区委关于全面深化党政群共商共治工作的指导意见》，该指导意见切实提高了居民群众的参与意识和参与能力，动员各类社会主体共同参与身边公共事务决策。

## 二　党政群共商共治的数据分析

### （一）协商议事平台逐步丰富，构建区、街乡、社区（村）、小区（楼门）四级协商体系

朝阳区在推进党政群共商共治工程中，分别从区、街乡、社区（村）、

小区（楼门）四个层面着手，搭建协商共治平台，完善协商共治流程，优化协商规则，形成动员社会各方主体开展党政群共商共治的完整闭环，逐步构建区、街乡、社区（村）、小区（楼门）四级常态化的协商体系。

在楼院层面，以自然形成的楼院、单位、小区为基础，将社区划分为若干自治单元。通过成立楼院、单位、小区议事协商会、管委会、业主委员会等自治组织，发挥各单元居民党支部、居民小组的作用，提高社区组织化程度。通过民主协商，发动志愿者、居民代表、和谐促进员、楼门组长、物业公司以及社会单位人员等，参与社区治理事项、自筹治理资金、自定自治公约，夯实共商共治的基础。在社区层面，加强社区议事厅规范化建设，通过民主选举、推举，建立社区议事协商会，协商会由社区“两代表一委员”、“两委一站”、业主委员会、居民代表和社会组织等代表组成。在党组织领导下，围绕社区居民的需求和问题，开展社区协商，按照“项目陈述、质询答辩、投票表决、结果公示”四个步骤，确定由社区办理的项目，上报需要街道支持和解决的问题以及工作建议。在街道层面，通过推举的方式，成立由本街道人大代表、政协委员、党员代表、居民代表、社会组织代表、流动人员代表及特邀人士（专家学者、委办局代表）等组成的街道议事协商会，组织专门力量负责议事协商会的运行。街道议事协商会围绕本街道存在的重点难点问题和社区上报的协商项目，通过初审、实地踏勘、充分协商等程序，确定由街道办理或扶持社区办理的项目，并上报需区级层面解决的问题及建议。在区级层面，对需要由市或区办理的事项及问题，按照一事一案原则，报区委社工委、区社会办进行初审、筛选、汇总，按照业务归口原则提请区相关职能部门提出可行性意见。并召开由提案群众代表、选区人大代表、政协委员、街乡和社区干部代表、专家学者、政府部门人员等参加的议事协商会，确定共商共治项目。2017 年，党政群共商共治结合参与主体情况和具体协商事项，优化完善四级协商平台，为居民协商议事提供空间和载体，采取城乡社区决策听证、居（村）民议事会、楼院理事会、小区协商、业主协商、民主评议等形式，以社区议事厅、流动议事厅、社区（驻村）警务室开放日、社区论坛、妇女之家、网络议事厅等为平台，开展灵活多样的协商议事活动。

2012 年以来，朝阳区着力开展党政群共商共治建设，截至 2016 年底，共搭建了社区（楼院）议事平台 1675 个，覆盖 24 个街道、236 个社区、523 个小区、916 个楼院，推选议事代表 19729 名。2017 年，朝阳区按照简便易行、科学合理、便于调动各方创造性和积极性的原则，在区、街道、社区、楼院四个层面建立了 1675 个议事平台。2018 年，朝阳区按照“五有五化”标准，继续推进居民议事厅规范化建设，新建 135 个居民议事厅，其中包括在城市地区完成了 40 个居民议事厅规范化建设任务，在高碑店等 10 个地区办事处完成了 95 个居民议事厅规范化建设任务，逐步推进居民议事厅规范化建设实现全覆盖。2019 年，朝阳区大力推动网络议事厅、流动议事厅等建设，新建 95 个居民议事厅。截至目前，朝阳区共有 500 余个四级党政群共商共治平台、1905 个居民议事厅（见图 1），其中社区 466 个、楼院 1439 个，基本实现全覆盖，推选 2 万名各级议事代表。在区—街乡—社区（村）—小区（楼门）四个层面建立党政群共商共治平台，形成集、议、办、督、评闭环式工作程序。

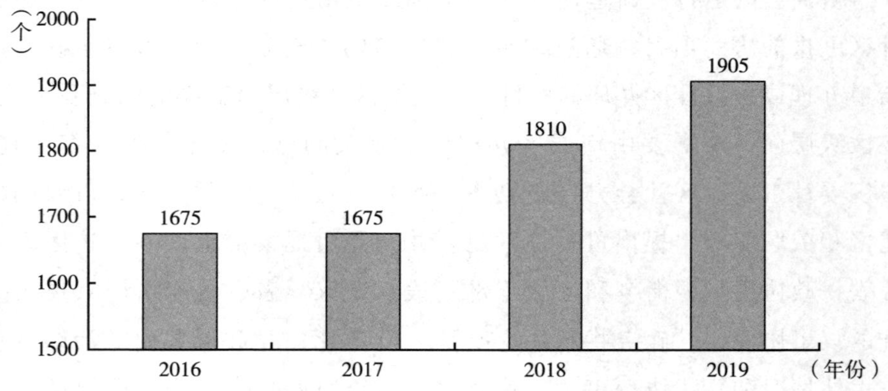


**图 1　2016 ~ 2019 年朝阳区居民议事厅数量变化**

## （二）协商事项聚焦基层治理难题，群众对实办事项满意率达到95%

党政群共商共治项目实施以来，通过集中协商议事，共为群众办实事1万余件，群众满意率均在95%以上。

2014年，朝阳区党政群共商共治实办事项主要聚焦在公共设施、公共场地、道路交通、物业管理等关乎人民群众切身利益的具体现实问题和难点问题上，围绕环境、安全等难事和楼道堆物堆料、老旧电梯更换、小广告治理等百姓身边事，如东湖街道关于休闲座椅的问题，垡头东路、工体南路关于马路整治的问题，潘家园街道关于物业管理不到位的问题等，坚持协商于民、协商为民，确保协商主题符合实际、贴近群众，协商效果让群众满意，多方共赢。2015年，除解决社会治理的普遍矛盾和问题外，各个街道、社区的工作重点更倾向于建好议事平台，完善协商机制，不断提升领导干部、居民、社会单位的共商共治意识。如安贞街道搭建“三级议事平台”、提高民主协商能力，大屯街道培育一支队伍、聚焦四个环节，和平街道探索“两上两下”方式推进党政群共商共治，酒仙桥街道打造“党政群联建3+1微平台”发展党政群共商共治等。2016年，朝阳区党政群共商共治建设得到进一步完善和支持，实办事项坚持以问题为导向，构建起精准有效的社区分类治理模式。一是针对老旧小区的突出问题，探索老旧小区准物业管理模式。二是针对商品房小区居民融合难、物业服务水平参差不齐的问题，探索商品房小区“五方共治”模式。三是针对保障房小区公共服务资源配置不足、弱势群体集中等问题，探索保障房小区“三社联动”模式。针对农村社区居民对社区居委会归属感弱、公共服务不完善等问题，探索农村社区“三社一体化”模式。截至2016年，全区共协调解决问题7435件。

2017年朝阳区党政群共商共治实办事项主要聚焦在两个方面。一是集中在疏解整治促提升方面，聚焦疏解整治工作主线，牢牢抓住疏解非首都功能这个“牛鼻子”，统筹各方力量资源，切实解决好在疏解整治过程中出现的重点难点问题，如拆迁腾退、群租房治理、开墙打洞、背街小巷整治提升等。二是将共商共治的成效体现在群众生活品质提升工程上，通过共商共治平台凝聚智慧、拓展思路、集思广益，适当“留白增绿”，统筹利用腾退空间补齐短板，补充完善菜市场、便利店、文化设施、公共服务设施、停车场等来满足居民基本生活需求。2017 年通过民主协商的方式切实解决社区问题矛盾，提升社会治理水平。为群众解决涉及违法建设、开墙打洞、交通微循环、电梯更换、社区环境改善等方面的实事 7929 件，在 2016 年的基础上增加了 494 件，满意度高达 96% 以上。

2018 ~2019 年，朝阳区整个区域进入快速转型发展、优化升级、全面提速的阶段，共商共治的实办事项都是围绕中心、服务大局，紧密结合当前中心工作来开展的。为了提升基层民主协商的精度，朝阳区党政群共商共治对确定的事项采取“项目化管理、专业化支撑、透明化运作”的方式。在推进实事工程和居民提案过程中，按照社区自治、产权负责、多方支持、政府履职等进行分类处理，实行一个工程一个项目，一个项目制订一套实施方案，一个项目一个管理团队，形成项目书，明确责任部门和责任人，明确完成时限，明确完成标准，每月定期公示进度，严格按照项目运作的要求推进。针对应由社区落实的实事项目，社区居委会充分发挥社区公益事业专项补助资金的作用，落实好实事项目。针对应由街道落实的实事项目，相关科室按照工作方案推动落实。针对应由区级部门解决的实事项目，街道工委办事处做好协调工作。2018 年通过党政群共商共治工作平台，实现了 1168 件街道社区级为民办实事项目落地，解决了团结湖街道整治“开墙打洞”、麦子店街道更换老旧电梯等一批群众身边的难事。2019 年围绕文明养犬、楼道堆物堆料清理、社区私搭乱建整治等社区治理问题加强协商共治，借助各类平台，实现 1012 件街道社区级为民办实事项目落地，为百姓解决身边难题，实现居民议事厅建设规范化、常态化（见图 2）。

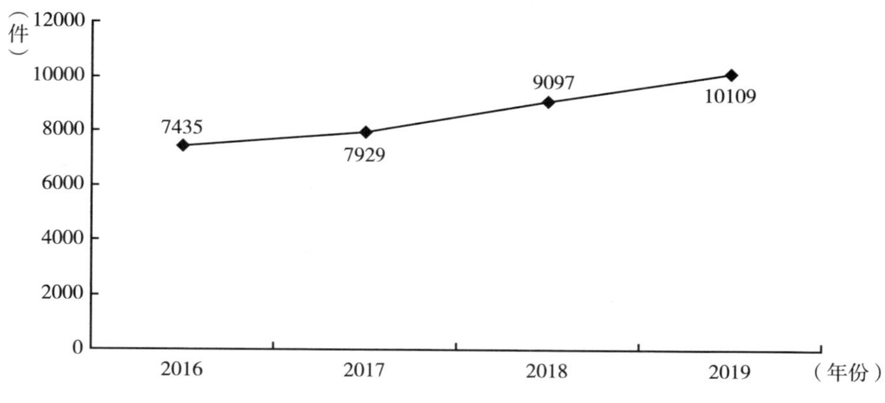


**图2　2016～2019年朝阳区累计为居民办理协商事项**

## （三）协商主体更加精准，基本形成多元主体参与协商的制度化渠道

在党政群共商共治发展初期阶段，无论是楼院、小区，还是街道和区政府，协商主体都是以党代表、人大代表、政协委员、专家学者、居民代表为主，凝聚民心、集中民智。

2017年，党政群共商共治根据议事主题，确定不同的参与主体，基层政府及其派出机关、社区（村）党组织、居（村）民委员会、居（村）务监督委员会、居（村）民小组、驻社区（村）单位、社区社会组织、业主委员会、农村集体经济组织、农民合作组织、物业服务企业和社区户籍居民与非户籍居民代表以及其他利益相关方可以作为协商议事主体。

2018年后，随着党政群共商共治的不断完善和发展，党政群共商共治各项程序机制更加规范科学。议事代表突出广泛性和代表性，产生程序突出规范性，一般由党代表、居民代表、人大代表、政协委员、社区民警、社会单位代表、驻区单位党组织代表、党建工作协调委员会成员单位、“双报到”在职党员、社会组织代表、街巷长、小巷管家、专家学者组成。网格议事代表一般5～9人，社区（村）议事代表一般15～25人，街道（乡）议事协商会成员一般40人左右，区级议事协商会成员一般20人左右，各级议事代表的数量原则上为单数。网格、社区（村）议事代表由居（村）民自荐和多方推荐产生，由社区（村）党组织研究确认；街道（乡）议事协商会代表经多方推荐产生，由街道（乡）党（工）委研究确认；区级议事协商会代表原则上从区级代表库中按一定比例分类选取。主要根据楼院、单位、小区、社区、街乡、区的实际情况和需求，组织动员社会单位、社会组织、居民代表、专家学者等多元主体参与社会治理，把共商共治的重点放在疏解整治促提升上，推进协商结果更加科学和实用。

## （四）议事程序更加规范，“五位一体”的工作流程逐步固化

2014 年，民主协商会的议事程序主要分为诉求表达、陈述发言、问询解答与协商讨论、项目评价、议事决策等环节。诉求表达是指由项目所在社区代表发言，表达诉求。要求社区代表紧扣实事项目，所提意见应言简意赅、表达准确。陈述发言是指由项目主责部门对项目解决方案提出合理化意见。要求陈述客观清楚，理由充分，建议具体。问询解答与协商讨论是指采取一问一答的形式，各个议事代表可紧扣实事项目进行问询或发表意见，各主责部门或社区代表要就议事代表的询问主动给予解答，阐述意见。项目评价是指由议事代表对实事项目分别进行评价打分。议事决策是指主持人依据评分情况，宣布本次民主协商会议的议事结果。

经过不断探索和完善，2016 年朝阳区出台《朝阳区关于统筹推进党政群共商共治工作的指导意见（试行)》，规范“集、议、决、督、评”五个环节的工作流程，逐步构建了区、街乡、社区（村）、小区（楼门）四级常态化的共商共治机制，实现了党政群共商共治模式的良性运转，推动了基层协商民主的常态化、制度化和规范化。优化议事协商流程，通过问需立项、协商办理以及效能评议三个阶段，逐步提高居民议事协商能力，形成多元主体共商共治的良好氛围。

2017 年，朝阳区进一步规范社区协商运行流程，逐步建立健全社区合作治理体系。继续规范完善“集、议、决、督、评”五个环节，在标准化流程和规则的指导下，议事代表们更加懂得如何收集问题、参与议事、参与

监督，更加明确和理解议事协商的深刻内涵，议事协商的质量和效果得到不断提升。规范后的议事协商流程对议事程序作出规范性指导：一是动议并陈述议题。如有动议，动议者需举手经主持人允许后提出动议，动议必须是具体明确、具有可操作性的行动性建议，动议者在3分钟以内陈述完议题并简要阐述理由。二是附议。附议仅用在有人提出动议后，表示附议人赞成此动议。附议不需要发言和陈述理由，只需举手说“附议”即可。动议必须有3人以上附议，才能成立，若附议者不满3人，则动议不成立。三是反对。陈述动议后，主持人向议事代表询问有无反对意见，无反对意见直接进入表决环节；有反对意见，反对者需陈述理由，有3人以上持反对意见则进入辩论环节。四是辩论。为保证辩论的公平性，主持人应要求动议方和反对方各自选出不少于3名成员进行辩论，双方人数要保持相同。辩论过程中需遵守正反双方交替发言、每方单人发言不超过3分钟、每方总辩论时间不得超过10分钟的规则。五是议事能手点评。辩论结束后，由专家学者组成的议事能手对动议方和反对方的辩论内容（论点、论据、结论）以及双方的优点和不足进行评价（见图3）。

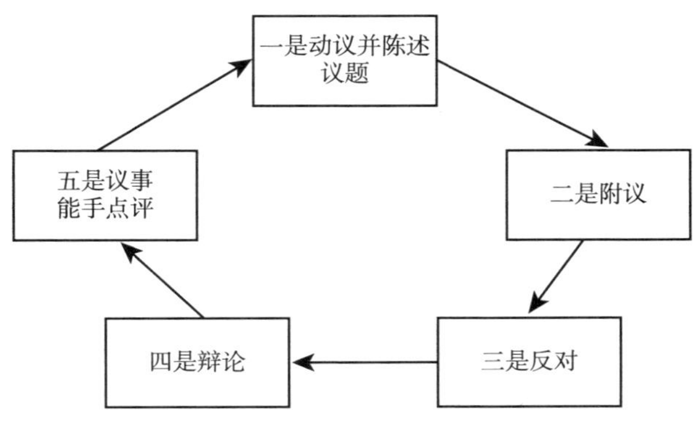


**图3　社区协商运行流程**

2018年，朝阳区实施党政群共商共治，坚持科学协商、自主协商、有效协商，围绕协商前、协商中、协商后三个重要环节，总结形成了切合实际、富有成效的协商机制。一是建立各级议事协商会组织，由各级党组织统一领

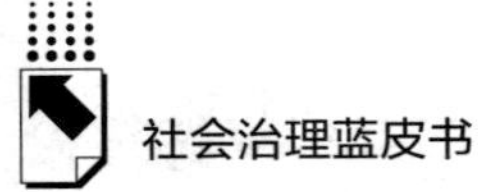



导。二是产生议事协商会代表，由各级党组织牵头负责，居（村）民推荐、自荐等方式产生并经过公示，按照一定的原则确定代表人数和比例。三是征集议事事项并分类，根据解决需求的责任主体，按照市区、街道、社区、社会单位四个层级进行分类。根据需求类型，按照日常生活、社会安全、环境秩序、公共服务、社区建设、党群工作等做好分类并确保协商项目内容优、覆盖广。四是召开议事协商会，由社区（村）党组织或街道工委、地区工委主持召开，按照充分协商、理性协商和反复协商的原则开好社区听证会、社区议事协商会和街道议事协商会，充分尊重每个参加讨论人员的发言权，注重推动参与协商人员最终达成一致意见。五是监督评审，做好项目的审核工作，确保项目达到四性标准，即“公共性”，指所提事项涉及公共利益；“客观性”，指所提事项真实、客观；“可行性”，指所提事项符合实际，且在街道、社区职责范围内；“合法性”，指所提事项符合法律法规。

2019 年，朝阳区党政群共商共治进一步深化，规范共商共治议事程序，不断培养主人翁意识。坚持把集中协商和常态协商结合起来，规范“集、议、办、督、评”的议事流程，通过多方主体民主协商，让居民真正参与社区治理，不断提升居民的主人翁意识。

## 三　朝阳区党政群共商共治的基层实践与经验

### （一）麦子街道：搭建楼院自治平台，推进居民自我管理

楼院自治是基层社会治理的重要补充。朝阳区以楼院自治为契机，推动共商共治平台向基层延伸，实现了各种资源、力量、服务向基层的转移。通过各个街道的积极探索与实践，大幅提高了居民群众的参与意识和参与能力，营造了良好的协商议事氛围，巩固了民主基础，对于构筑新型的社区治理模式意义重大。

麦子店街道农展南里社区占地面积 0.9 平方公里，有 18 栋居民楼、65 个单元门，属房改房老旧小区。辖区有社会单位 500 余家，治理过程中存在

产权与物业管理分散、社区办公空间及居民活动场地紧张等难题。农展南里社区开展楼院自治工作：一是党支部、议事会、楼委会“三套班子”强化楼院自治运行基础。社区形成以楼院党支部为领导核心、以议事会为协商载体、以居民为治理主体的“三位一体”楼院自治模式，做到党支部、议事会、楼委会三套人马，各司其职、相互配合，提升工作效率。二是创享计划 + 楼门文化的居民行动“双引擎”楼院自治成果初显。通过创享计划助力居民参与楼院建设，“花小钱办大事”，解决了社区居民在服务、文化、关爱、环保等方面的需求；通过楼门文化引导居民形成正向价值观，促进了邻里的友谊和相互交往，激发了居民的参与热情。三是依托绿色智慧平安、交通安全示范社区“双创建”共商共治解难题。通过共商共治，充分发挥职能部门、社会单位与居民的作用，解决社区难题。楼院的自治建设，特别是一号院平房区的供暖改造和“煤改电”工程，离不开共商共治平台的力量。楼院安全和环境改造成功，提升了居民的幸福感。

### （二）团结湖街道：运用党政群共商共治方法，破解开墙打洞难题

针对开墙打洞这一老大难问题，朝阳区依托党政群共商共治这一平台，推动社区组织、经济组织、社会单位、社区居民积极参与，化解误解和纠纷，凝聚信心和共识，有效解决了“开墙打洞”这一治理难题，逐步形成了良好的议事协商氛围，提升了居民参与社区治理的积极性。

在京津冀协同发展、非首都核心功能剥离的大背景下，团结湖街道面临着流动人口多、低端产业链多等诸多问题。在此背景下，房屋产权人为了追求利益最大化，开墙打洞、随意改变房屋性质的现象层出不穷，给社区居民的居住环境带来严重影响，并有可能产生消防安全、居住安全隐患等一系列问题。

针对难点问题，团结湖街道一是提前部署工作，建立工作台账，将开墙打洞整治作为重点工作之一，在年初进行动员部署，安排城管队与社区对辖区内主要大街、背街小巷存在开墙打洞的商户进行了解核实，建立工作台账。二是多次入户走访，争取对象支持。在建立工作台账走访入户调查过程

中，对商户“吹风”、做工作，提前告知商户、住户上半年街道要对开墙打洞违法行为进行集中整治，恢复房屋主体结构，对个别不重视、不理解、不相信的商户进行约谈，尽最大努力获得理解支持。三是丰富宣传方式，营造舆论氛围。在多部门不定期执法检查、做工作的基础上，街道还在主要道路路口、道路两侧、商户附近便道安装告知牌，明示开墙打洞是违法行为、存在多种隐患，倡导居民群众抵制开墙打洞行为，营造良好的舆论氛围。四是形成执法合力，高效封堵整治。街道组织城管队、食药所、工商所、派出所等多个执法部门联合行动，同时协调城建科、综治办、社会办等科室协助配合，以团结湖路口为中心向东、南、西、北四个方向延伸，有序推进工作。通过实施党政群共商共治工程，团结湖街道开墙打洞问题得到了有效解决，社区周边的环境得到了明显提升。

### （三）高碑店地区：搭建议事平台，拓展协商半径

在高碑店地区办事处、社区社会组织联合会及第三方社会组织共同努力下，经过近一年时间的努力，高碑店基本实现了居民需求前置、议事协商规范、议事协商成效显著的目标，充分调动了居民参与社区治理的积极性，形成“多元参与、协商共治”的模式，营造了公开、平等、和谐的民主议事协商氛围，挖掘了社区治理的内生动力。

通过“一抽六建”重孵化，提升民主议事协商规范化水平。一是抽专人。强化社区民主议事协商的党建引领作用，完善协商长效机制，构建“地区、社区”两级网络，组建“1+28+N”专业指导议事协商队伍（即1名地区议事协商指导专员，28名党员社工议事协商专员，N名社区议事协商居民负责人），采取地区牵头、社区主责、第三方社会组织指导的方式，从议事制度、议事流程、议事内容、议事成效方面全面提升“地区、社区、议事代表”三方专业议事能力。二是建队伍。在辖区充分开展民主议事协商前期调研，通过调研对社区党员、居民代表、楼门长、志愿者等做好摸排、告知、走访工作，建立动态台账。通过自荐、推荐方式选举议事代表成立社区议事队伍，目前每个社区均建立一支品牌议事协商队伍，如半壁店社

区“议民坊”、北花园社区“花园系民心”议事协商自治队伍等。三是建制度。由社区党委牵头，28 个社区议事协商队队长带领骨干成员梳理议事规则、制度等，通过“自定、自评、自议”等形式将议事制度和规则在微信、公告栏、社区内部进行公开公示，使社区议事协商有制度可依、有规则可依。四是建流程。一对一指导社区议事协商队伍规范议事流程，选取老旧社区长效治理难点多、商业社区议事难的甘露园南里一社区（老旧社区）太平庄南（商业社区）作为重点，采取“重点打造 + 全面覆盖”方式，开拓思路，鼓励多形式、广角度议事，定期举办规范社区议事协商流程观摩活动、实例议事协商视频分享和专项培训会，通过太南社区队伍组建、议事流程规范展示，甘一社区真实案例议事协商专场培训、议事全流程视频分享等，全面提升社区共商共治议事协商规范化水平，营造社会治理多元氛围，做实基层民主协商，不断推进民主协商往多层次、广角度、制度化、规范化发展。五是建能力。“议平台”建设以多层次能力提升为目标，在社区“领头雁”、议事主责社工、社区社会组织、议事队伍负责人四个层面开展“广角度、多层次”主题沙龙、讲座培训、案例再现以及线上、线下专业督导等培训，结合交流、分享、参观等，目前已开展议事、领导力等培训 14 场，惠及 1000 人次，基本达到社工全员、居民议事负责人能议事、会议事。六是建行动。28 个社区按照月协商工作要求，严格落实月协商计划，同时按照工作事随时议，大、急事优先议原则，按照分类、分级、分时间，对症议事，前置议事，并将议事成果形成议事协商手册。七是建成效。通过“议平台”项目，2019 年共打造了 28 支社区议事协商队伍，培育了 748 名议事成员，开展社区月度议事协商会议 334 场，平均每个社区议事 12 场，其中纳入议事议题 275 件，解决 262 件。

“动态管理”重蓄能，激发社会能量参与社会治理。激发社区社会组织活力，有效对接服务，提高地区社区自治能力。对地区 141 家备案及未备案社区社会组织进行评估分类，结合街乡及社区需求完善现有资源台账，建立循环台账，对处于积极活跃状态的 80 家组织进行制度化、规范化培育，定期召开对接服务会，激发社会组织活力；对处于非活跃状态的 41 家组织进行扶持督导，恢复组织活力；对处于死亡、有名无实状态的20家组织及时从资源台账中清退，助推社区社会组织为社区提供更精准、专业的服务，做好蓄能待发的准备工作。借助新媒体，创新基层协商手段，突破传统居民议事的局限，为社区居民提供和社区居委会无障碍沟通的渠道，以智慧社区网络平台、微信公众号为载体，开辟“社区线上议事”“你说我办”等板块推动形成地区线上、线下议事多维互动格局，有效搭建问需于民、民事民提、民事民议、民事民决、民事民办、民事民评的信息平台。

## 四　党政群共商共治持续创新路径探索

朝阳区是北京的经济大区和发展大区，也是首都“四个中心”功能的重要承载区，在新形势下，朝阳区如何把共商共治理念和当前的中心工作、重点工作相结合，发挥示范引领作用，做好服务首都的工作，在新一轮发展中走在前列、赢得主动权，是各级领导干部要深入思考的问题。

### （一）提高站位，持续完善优化基层治理模式

一是强化党建引领，不断加强各级党组织对共商共治工作的组织领导，充分发挥基层党组织党员先锋模范作用、战斗堡垒作用。发挥党委总揽全局的作用，提升资源整合能力、聚合力，吸纳老党员、干部、群众代表、党代表、人大代表、政协委员等参与协商议事实践，构建全域覆盖、立体联动、全员参与的党政群共商共治工作网络，推进基层协商不断向深入发展。

二是坚持协商于民、协商为民，不断提升基层治理的能力和水平，着力解决人民群众关心关注的热点难点问题。在“干什么由大家定”“怎么干由大家议”“效果怎么样由大家评”等方面做好支持和引导工作，充分尊重群众的首创精神，让居民群众在参与党政群共商共治工作中得到持续的获得感和成就感。

三是树立问题导向，重点聚焦直接影响群众生产生活的各类具体问题，以及影响区域发展的基础设施薄弱、公共服务不均衡、生态环境欠账多等难

点重点问题，广泛听取意见建议。找准症结、找对切口、精准施策，提高党政群共商共治的针对性、实效性，形成更多具有示范意义的共商共治经验成果，更好地推动全区经济社会高质量发展，服务百姓生活。

### （二）坚持共驻共建，推动社区协商主体多元参与

积极动员社会力量参与“大城市病”治理、功能疏解、人口调控等重点任务，引导居民、社会组织、社会单位等多元主体参与协商解决公共管理难题。

将居民作为城市建设与管理的主体，通过搭建多层次、多领域、多形式的公众参与平台，引导党代表、人大代表、政协委员、居民代表等多方主体参与社会治理，真正实现“干什么由大家定”“怎么干由大家议”“效果怎么样由大家评”。

创新社区协商方式，深化小区分类治理，在老旧小区、商品房小区、保障房小区治理方面，分别形成自我服务管理的“准物业”模式、“五方共治”模式、“三社联动”模式。形成居民协商管理身边小事、政府参与解决大事难事、社会组织保障日常服务的工作格局。

不断拓宽多元主体参与渠道，通过组织联建、队伍联管、服务联手、活动联办、品牌联创的“五联”机制，强化主体意识，发挥协同作用，合力推进共商共治项目落地、成果惠民。

### （三）注重系统设计，完善社区共商共治共享保障机制

为深入推动多元主体参与协商共治的制度化、规范化、程序化，要从顶层设计的角度对社区协商机制以及街道社区协商互动机制进行系统谋划和总体设计，根据市级文件和领导要求对区级共商共治意见进行重新修订，对小区（楼院）—社区—街道—区四级议事协商平台、议事协商内容、议事协商规则、议事协商制度、议事协商程序等相关内容加以明确和持续完善，使小区（楼院）—社区—街道—区四级议事协商体系更加完备健全，为朝阳区社区议事协商提供理论基础和体系支撑。区级协商是基层

民主自治的有效形式，朝阳区党政群共商共治工程是朝阳群众参与社区协商的生动实践。

## （四）立足新技术，推进居民议事厅向互联网延伸

社区治理的本质是服务社区居民。要建设服务型社区，就必须树立服务理念，从需求出发解决实际问题。“互联网+”提高了社区及时了解群众需求并作出调整的可能性。利用互联网平台，社区可实现信息发布、获取、处理和应用的便捷化、智能化和互动化。针对居民群众的实际需求和发展趋势，结合社区工作内容及现有条件、发展方向等综合考量，从而建立精细化的社区服务体系，做到资源整合，提升治理效益。推进居民议事厅从社区向网络延伸，推动“网上议事厅”“移动议事厅”“微提案”建设。

## 参考文献

《王灏：创建党政群共商共治的社区治理模式》，新华网，2019年12月。

《中共中央关于坚持和完善中国特色社会主义制度推进国家治理体系和治理能力现代化若干重大问题的决定》，2019年10月31日。

陈姿琪：《“互联网+”时代社区治理模式浅析》，《青年时代》2020年第18期。

朝阳区民政局：《商出好办法　议出好日子——朝阳区全面深化党政群共商共治工作》，2019。

朝阳区民政局：《充分发挥街道在社区协商中的主体联动作用　推动社区共商共治共享》。

朝阳区民政局：《高碑店地区搭建议事平台　拓展协商半径》，2019。

北京国际城市发展研究院：《关于朝阳区构建四级协商议事体系破解社会治理难题的调研报告》，2017。

# B.12
# 关于朝阳区社工队伍建设现状研究

摘　要：　党的十九大报告指出，要加强社区治理体系建设，推动社会治理重心向基层下移，打造共建共治共享的社会治理格局。随着我国社会主义经济体系的逐步建立与社会结构的转型，城市基层社会结构面临重组，而社区作为社会的基本单元，承担着构建和谐社会的重大任务。社区工作者是社区建设的主体力量，加强社工队伍建设是实现小康社会的重要环节。

关键词：　朝阳区　社区建设　社工队伍　社区工作者

## 一　新时代加强社区工作者队伍建设的重要性与必要性

社区工作者的概念最先由西方国家引入，指毕业于（高校）社会工作专业，运用知识和技巧为社区提供社会服务的人员。在中国，社区工作者是一个相对开放的概念，有广义和狭义之分。广义的社区工作者是指所有参与社区工作的人员，包括社区党组织成员、社区居委会成员、社区志愿者、社区民间组织（业主委员会、老年协会、妇女协会、读书会等）人员、社区公共服务机构（如社区服务中心、文化站、卫生中心、治保会等）成员以及高校或科研院所的社区理论者。狭义的社区工作者指为社区居民提供服务、以社区工作为职业的社区专职工作者。本文所提及的社区工作者指狭义的社区工作者，即社区专职工作者。社区专职工作者是指在社区从事社区管理和服务并与街道（乡镇）签订服务协议的工作人员，由两个部分构成：

一是被聘为社区工作者的在职社区党组织、居委会成员。他们大多参加过统一组织的社会工作专业知识培训，拥有丰富的工作经验，对社区情况非常了解。二是拥有较高学历的通过统一组织面向社会公开招考被聘用的人员。主要职责是贯彻执行党的路线、方针、政策和国家法律、法规，主要向本社区居民提供计生、民政、劳保、退管、综治、帮扶救助等与社区居民利益相关的公共服务，维护居民的合法权益。

创新社会治理，核心是人，重点在城乡。城乡社区治理事关党和国家大政方针的贯彻落实，事关居民群众的切身利益，事关党的执政基础与社会稳定。社区工作者身处社区治理第一线，是提升社区治理能力的直接参与者。建设一支素质优良的专业化社区工作者队伍，是全面提升社区治理能力的关键。

## 二　社区工作者队伍建设政策脉络与发展导向

### （一）从中央及国家政策看社区工作者队伍建设的要求与方向

2000年，在总结26个城市社区建设实验区试点经验的基础上，民政部在《关于在全国推进社区建设的意见》中提出要在全国范围内积极推进城市社区建设，并明确指出要逐步建立社区工作者队伍。通过社会公开招聘、民主选举、竞争上岗等法定民主程序建立选聘机制。通过扩大选拔范围，对下岗职工和大中专毕业生中政治素质好、文化程度高、工作能力强、热爱社区工作的优秀人才给予关注和选聘，不断优化队伍结构，充实社区工作者队伍。

2009年，民政部发布《关于进一步推进和谐社区建设工作的意见》，指出要切实加强社区工作者队伍建设。要对城乡社区党组织、群众性自治组织以及其他需要选举产生的基层组织成员实行民主选举，提倡社区党组织成员与自治组织成员通过民主程序实行交叉任职，及时对新当选或新任社区工作者开展业务培训和岗位轮训，建立完善城乡社区工作经费和人员待遇正常增

长机制，把加强社区工作者队伍领导班子建设、优化队伍结构、完善激励机制，逐步推进社区工作者队伍的专业化与职业化，作为社区工作者队伍建设的工作重心。

2016 年 3 月，中共中央发布《中华人民共和国国民经济和社会发展第十三个五年规划纲要》，提出作为完善社会治理体系的一部分，要通过完善城乡社区治理体制、提升社区工作者队伍职业素质，增强社区服务功能，这对社区工作者队伍在加强和创新社会治理工作中的建设方向作出了明确指示。

2016 年 10 月，民政部、中央组织部等十余个部门联合印发《城乡社区服务体系建设规划（2016－2020 年）》（以下简称《规划》）。《规划》指出，在全面建成小康社会以及加强和创新社会治理的总体要求下，要以城乡社区党组织、社区自治组织成员为骨干力量，以社区社会工作者和其他社区专职工作者为支撑力量，以社区志愿者为补充力量，健全城乡社区服务人才队伍。并将健全城乡社区服务人才队伍纳入城乡社区服务体系建设发展目标中，不断拓宽城乡社区服务人才来源渠道和健全城乡社区服务人才培养使用制度，将“推进城乡社区服务人才队伍建设”作为重点任务，推动城乡社区服务精细化、标准化、专业化发展，构建完善机构健全、设施完备、供给充分、主体多元、群众满意的城乡社区服务体系。在拓宽城乡社区服务人才来源渠道方面，《规划》提出要把城乡社区服务人才队伍建设纳入当地的人才发展规划之中，引导优秀人才向城乡社区服务领域、向基层流动，选优配强“两委”班子成员，积极开发专职工作岗位，力争到 2020 年，每个城乡社区至少配备 1 名社区工作者；在健全城乡社区服务人才培养使用制度方面，《规划》提出要切实做好社区工作者的培训和考试工作，不断提高社区工作者的专业化水平，建立健全城乡社区工作者职业序列。对城乡社区服务人员的成长进步给予关心关注。《规划》的发布明确了社区工作者队伍建设在“十三五”时期的具体任务，对新时期社会工作者队伍建设提出了新的要求。

2017 年 6 月，中共中央和国务院发布《关于加强和完善城乡社区治理的意见》（以下简称《意见》），提出要通过加强社区工作者队伍建设与完善激励宣传机制强化组织保障，推进城乡社区治理体系建设工作。加强社区工作者队伍建设，首先地方要立足区域实际制定社区工作者队伍发展专项规划，制定社区工作者管理办法，要把城乡社区党组织、基层群众性自治组织成员以及其他社区专职工作人员纳入社区工作者队伍统筹管理，建立一支高标准、专业的社区工作者队伍；其次要加强对社区工作者的教育培训工作，提高其依法办事、执行政策和服务居民能力；最后要加强社区工作者的作风建设，建立一套群众满意度占主要权重的社区工作者评价机制，积极探索建立容错纠错和奖惩机制。在完善激励宣传机制方面，要大力表彰先进城乡社区组织和优秀城乡社区工作者。《意见》的发布对地方在社区工作者队伍建设方面提出了具体任务，明确了社区工作者队伍结构、专业水平、作风建设以及激励宣传机制方面的具体要求。

### （二）从北京实践看首都社区工作者队伍建设的目标与重点

社区工作者是社会工作人才队伍的重要组成部分，是北京市社会建设的重要力量，在社区服务、社区管理和社区自治工作中发挥着骨干作用。北京市以专业化、职业化为方向，主要围绕以下几点出台相关政策文件，开展社区工作者队伍建设。

#### 1. 健全政策体系，实现科学管理

由北京市社会建设工作办公室制定的《北京市社区工作者管理办法（试行）》，对社区工作者的职责划分、配备方式、待遇体系和管理制度作出了明确的、具有可操作性的规定。在职责划分上，要求根据岗位的不同，按照责任、权利与义务相统一原则对岗位职责进行规定；在配备方式上，确定了选任和公开招录的方式；在待遇体系上，明确了社区工作者的基本待遇由基本工资、职务年限补贴、奖金和其他待遇四部分构成；在管理制度上，提出要实行服务协议制度、建立考核评价制度、完善教育培训制度、健全档案管理制度、实行弹性工时制度以及探索职业资格制度，开展社区工作者队伍建设工作。《北京市社区工作者管理办法（试行）》的出台，为北京市建设

一支专业化和职业化的社区工作者队伍提供了明确的思路和方向。

由北京市民政局、北京市人力资源和社会保障局印发的《北京市社区工作者考核评议办法》（以下简称《办法》），从考核的内容与标准、组织与程序以及结果使用方面明确了北京市社区工作者的考核评议制度。《办法》提出了社区工作者的考核要坚持“德才兼备、注重实绩、居民满意”的原则，实行组织考核与民主测评相结合、日常考察与年度考核相结合、定性与定量相结合的方法。在考核的内容与标准上，提出从“思想政治素质”“敬业精神”“业务能力”“服务意识”“工作作风”5 个方面，对社区工作者进行优秀、合格、基本合格和不合格 4 个等次的考核；在考核的组织与程序上，提出街道办事处、乡镇政府要完善社区工作者的档案管理、受理居民对社区工作者的投诉、成立考核评议领导小组对社区工作者进行年度考核评议，考评委员会应以社区工作者满意度测评结果为主要依据进行考核并对拟定结果进行公示，接受群众的监督；在考核结果的使用上，提出要将考核结果与社区工作者的奖金挂钩，并作为推荐公务员招录、事业单位招聘等方面的重要依据，优秀等次的社区工作者可优先发展为党员，参加进修学习。《办法》的发布，对社区工作者提出了具体的要求，对社区工作者队伍建设作出了明确的指示，是规范社区工作者队伍管理的重要依据。

在《关于深化街道、社区管理体制改革的意见》中，提出要逐步将社区工作者纳入社会工作者序列，完善其在选聘培训、日常管理、薪酬待遇方面的制度，从而建设专业化的社区工作者队伍，提升社区治理能力。

2. 优化队伍结构，扩大队伍来源

由中共北京市委、北京市人民政府发布的《关于深化北京市社会治理体制改革的意见》在如何加强和改进党对社会治理体制改革的领导中提出，要注重从基层培养和选拔干部，加大从社区（村）干部和优秀大学生社区工作者、村官中考录公务员力度。通过拓宽社区工作者的发展道路，扩大队伍来源，进一步形成来源广泛、结构合理的社区工作者队伍。

由北京市社会建设工作办公室发布的《北京市“十三五”时期社会治

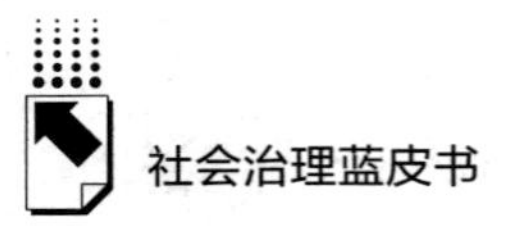



理规划》提出，要进一步拓宽社区工作者选任渠道和发展空间，鼓励党政机关、事业单位干部到社区挂职、任职，鼓励党政机关、事业单位通过公开招聘、直接调任等方式吸纳优秀社区工作者。

3. 加大培养力度，提高职业素质

《北京市社区工作者管理办法（试行）》对推进社工职业化、专业化进程提出了要求，指出社区工作者尤其是新招录的社区工作者，通常情况下，要持有国家社会工作者（社会工作师、助理社会工作师）职业水平证书或者有效期内的北京市社区专职工作者执业资格证书；在岗位上的社区工作者还未取得职业水平证书的，要鼓励其通过岗位培训、学历教育等方式取得职业水平证书。《北京市社区工作者管理办法（试行）》，通过对职业水平考试的要求，推动了社区工作者向专业社会工作人才的转化进程。

在《北京市“十三五”时期社会治理规划》中，提出要加强社会工作专业培训和继续教育，继续实施社区工作者岗位轮训、社区工作骨干实务能力培训计划。通过加大教育培训力度来加强社区工作者队伍建设。

4. 提升待遇水平，完善保障制度

在《北京市社区工作者管理办法（试行）》中，明确将社区工作者的待遇划分为基本工资、职务年限补贴、奖金和其他待遇四个部分，薪资根据社区工作者的职务、岗位以及考核情况等进行分档、分级，对社区工作者待遇结构进行了规范。同时根据工作实绩和群众评价，对业绩突出、满意度高的社区工作者进行表彰奖励，充分调动社区工作者的积极性。

在《关于深化街道、社区管理体制改革的意见》中，提出要探索建立社区工作者薪酬科学有序增长机制，研究制定党政机关和事业单位招聘、选拔优秀社区工作者的政策，为社区工作者队伍建设提供了充足的保障。

在《北京市“十三五”时期社会治理规划》中，提出要进一步规范社区工作者工资待遇，按照不低于上一年度全市社会平均工资70%的标准，每年动态调整社区工作者整体待遇水平，完善激励机制，加快推动社区工作者队伍建设。

## 三　朝阳区社区工作者队伍的基本情况

为了深入了解社工队伍建设存在的难点问题，朝阳区社工委立足实际情况，对社区工作者开展问卷调研，本次调研发放问卷的原则是覆盖朝阳区43个街道（地区）的所有社区，问卷填写时间为2020年5月15～19日，共有2303位社区工作者参与问卷填写，生成2303份有效问卷。具体调研情况分析如下。

### （一）性别比例

女性社区工作者1726名，占参与问卷人数的74.95%；男性社区工作者577名，占参与调研人数的25.05%。

当前朝阳区社区工作者队伍以女性居多，女性社区工作者几乎是男性社区工作者的3倍。下一步在招考时可适当向男性社区工作者倾斜，尽可能实现社区工作者队伍男女比例平衡。

### （二）年龄构成

30岁及以下的有245人，占参与调研人数的10.64%；31～39岁的有968人，占参与调研人数的42.03%；40～49岁的有873人，占参与调研人数的37.91%；50岁及以上的有217人，占参与调研人数的9.42%（见图1）。

朝阳区社区工作者队伍中青年人居多，31～39岁的群体最多，其次是40～49岁的群体，30岁及以下与50岁及以上的群体比例相当，整体来看，社区工作者队伍比较年轻。

### （三）政治面貌

其中，党员1121人，占参与调研人数的48.68%；团员118人，占参与调研人数的5.12%；群众1064人，占参与调研人数的46.20%（见图2）。

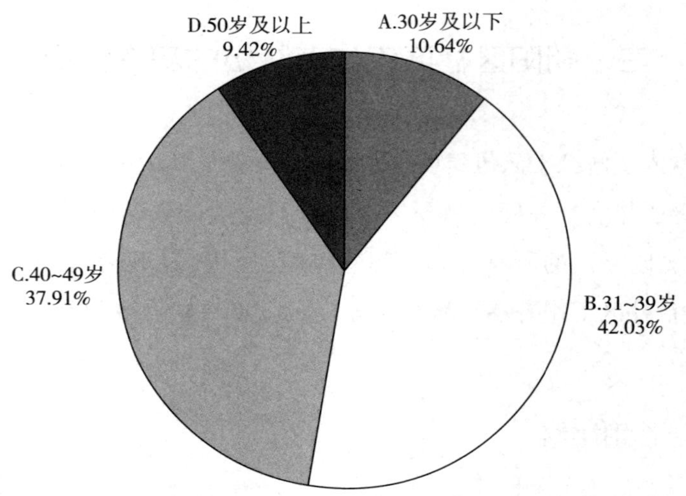


**图 1　朝阳区社区工作者年龄构成**

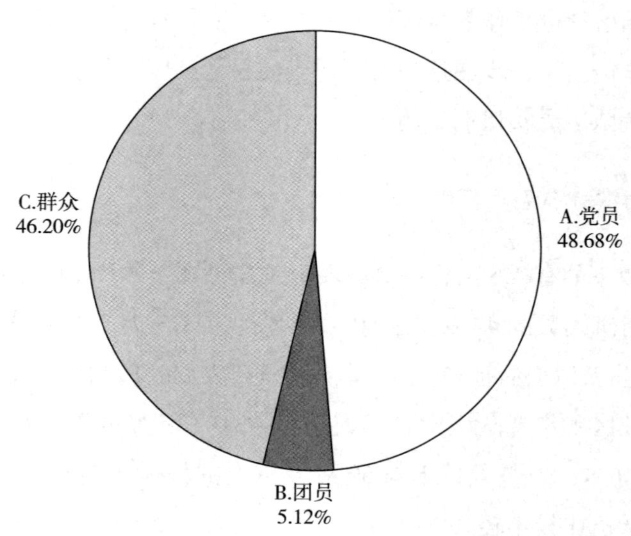


**图 2　朝阳区社区工作者政治面貌构成**

社区工作者队伍中党员的比例与群众的比例相当，下一步可以继续增加社区工作者入党名额，强化基层社区党组织建设。

## （四）学历情况

其中，高中及以下学历的有 24 人，占参与调研人数的 1.04%；大专的有 848 人，占参与调研人数的 36.82%；本科的有 1385 人，占参与调研人数的 60.14%；硕士及以上的有 46 人，占参与调研人数的 2.00%（见图 3）。

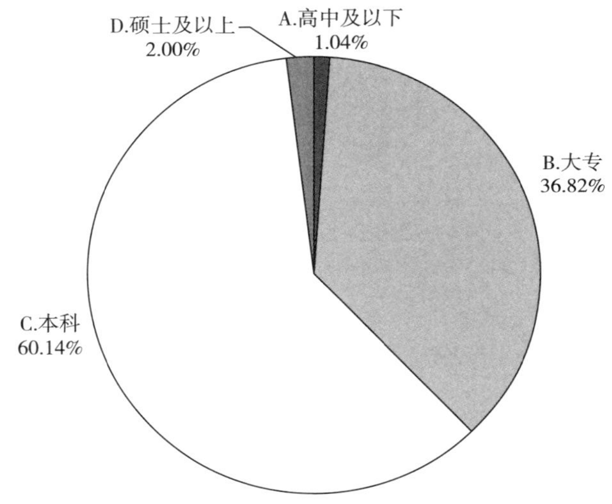


**图 3　朝阳区社区工作者学历分布**

朝阳区社区工作者队伍整体学历水平较高。根据问卷调查结果，朝阳区社区工作者队伍中大专及以上学历的有 2279 人，在参与调研人数中占比接近 99%，本科及以上学历的有 1431 人，在参与调研人数中占比为 62%。

## （五）工作年限

从事社区工作年限 2 年及以下的有 538 人，占参与调研人数的 23.36%；3～6 年的有 710 人，占参与调研人数的 30.83%；7～10 年的有 475 人，占参与调研人数的 20.63%；11 年及以上的有 580 人，占参与调研人数的 25.18%（见图 4）。

朝阳区社区工作者队伍中 3 年及以上工龄的占比 76% 以上，工龄 7 年及以上的占比约 46%，整体队伍比较稳定。

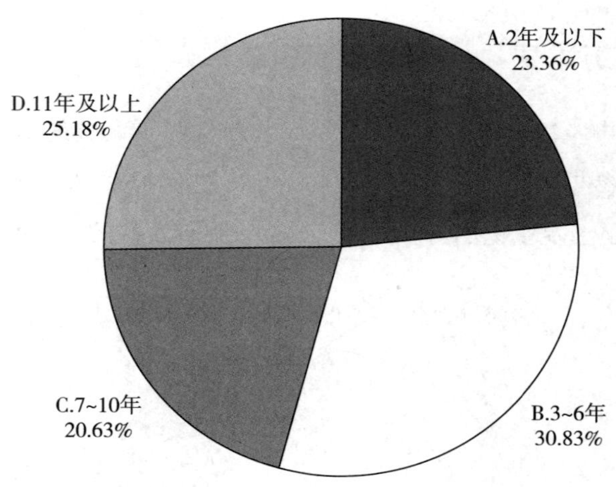


图 4　朝阳区社区工作者工作年限

## （六）职务

其中，普通工作人员 1506 人，占参与调研人数的 65.39%；副主任或副站长 488 人，占参与调研人数的 21.19%；主任或站长 124 人，占参与调研人数的 5.38%；书记 68 人，占参与调研人数的 2.95%；书记兼主任 74 人，占参与调研人数的 3.21%；主任兼站长 23 人，占参与调研人数的 1.00%；书记、主任、站长三职务兼一身 20 人，占参与调研人数的 0.87%（见图 5）。

书记兼主任、主任兼站长，及书记、主任、站长三职务兼一身的一共有 117 人，占 5% 的比例，说明当前尚有一部分社区的书记、主任配置还没到位，下一步应该尽快配齐配全社区正职岗位。

## （七）居住地区

居住在本社区的有 405 人，占参与调研人数的 17.59%；居住在本街道（地区）其他社区（村）的有 782 人，占参与调研人数的 33.96%；未居住在本街道（地区）的有 1116 人，占参与调研人数的 48.46%（见图 6）。

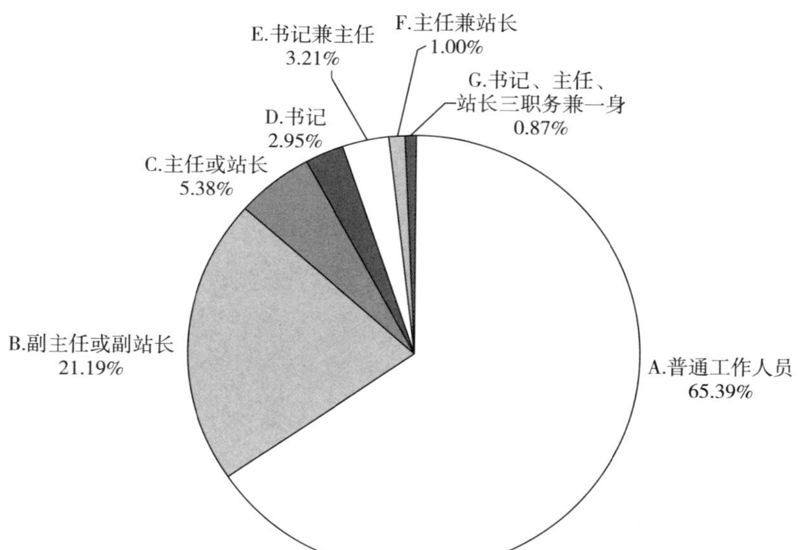


**图 5　朝阳区社区工作者职务分布**

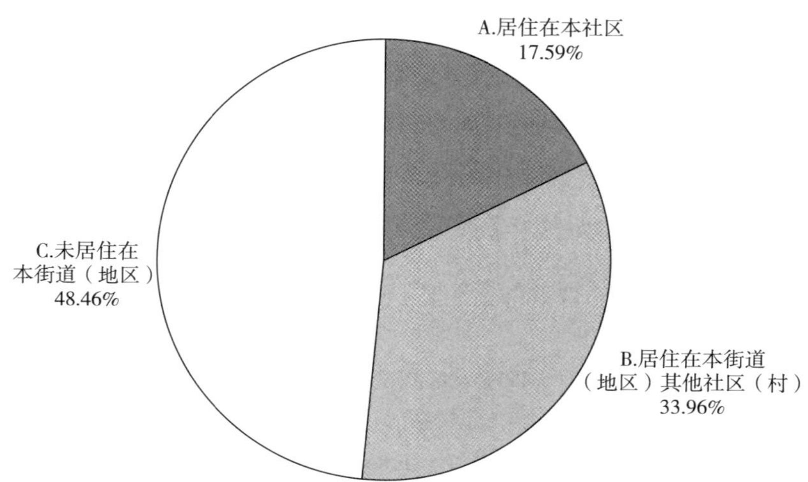


**图 6　朝阳区社区工作者居住地区**

未居住在本街道（地区）的社区工作者占比接近50%，下一步应该提高社区工作者居住在本社区或者本街道（地区）其他社区（村）的比例，为日常工作开展及社区应急管理工作提供及时的人员保障。

## （八）上下班出行交通工具及时间

上下班出行交通工具及时间方面，步行≤20 分钟的有 699 人，占参与调研人数的 30. 35%；自行车或电动车≤20 分钟的有 636 人，占参与调研人数的 27. 62%；20 分钟 < 自行车或电动车≤40 分钟的有 234 人，占参与调研人数的 10. 16%；自行车或电动车 >40 分钟的有 61 人，占参与调研人数的 2. 65%；公交或地铁≤30 分钟的有 80 人，占参与调研人数的 3. 47%；30 分钟 < 公交或地铁≤60 分钟的有 168 人，占参与调研人数的 7. 29%；公交或地铁 >60 分钟的有 173 人，占参与调研人数的 7. 51%；自驾≤20 分钟的有 83 人，占参与调研人数的 3. 60%；20 分钟 < 自驾≤40 分钟的有 89 人，占参与调研人数的 3. 86%；自驾 >40 分钟的有 80 人，占参与调研人数的 3. 47%（见图 7）。

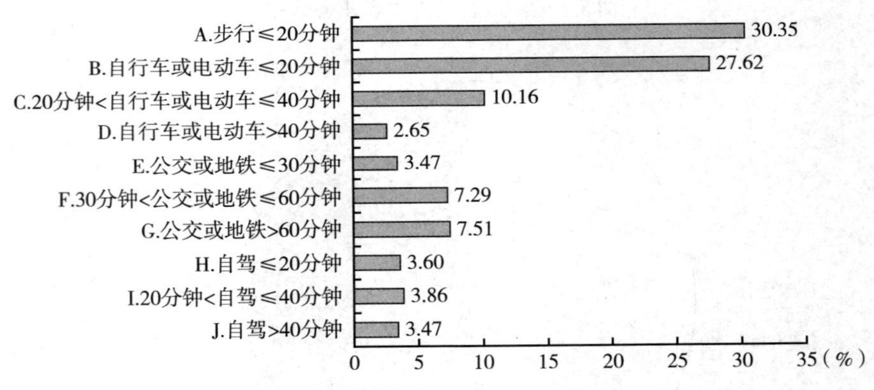


**图 7　朝阳区社区工作者出行交通工具**

约 62% 的社区工作者通过步行、自行车或电动车和自驾等方式在 20 分钟内到达社区办公；有 14. 02% 的社区工作者通过自行车或电动车、自驾等方式在 20 ~40 分钟内到达社区办公；有 6. 12% 的社区工作者出行时间在 40 分钟以上。下一步应该提高在 20 分钟内可快速到岗的社区工作者比例，以保证在最短的时间有更多的人员应对社区紧急突发事件。

## 四　朝阳区社区工作者职业发展愿景分析

### （一）持证情况

无社工证书1389人，占参与调研人数的60.31%；助理社工师585人，占参与调研人数的25.40%；社工师329人，占参与调研人数的14.29%（见图8）。

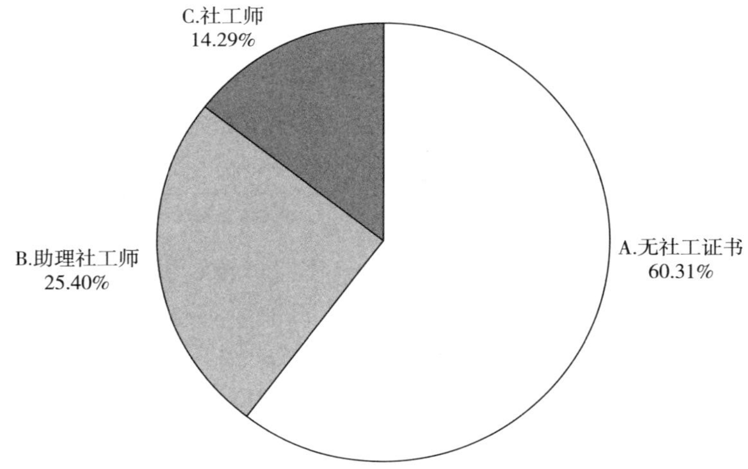


**图8　朝阳区社区工作者持证情况**

有社工资格证书（包含助理社工师、社工师）的占比为39.69%，无社工证书的占比为60.31%，下一步应该提高社区工作者的持证比例，提高社区工作者队伍的专业化素养和水平。

### （二）日常社区工作开展面临的突出问题

认为行政性事务繁重的有1534人，占参与调研人数的66.61%；认为会议多、检查多的有1463人，占参与调研人数的63.53%；认为社区党组织弱化的有115人，占参与调研人数的4.99%；认为服务居民群众能力不强的有 159 人，占参与调研人数的 6.90%；认为居民参与严重不足的有 564 人，占参与调研人数的 24.49%；认为社区硬件设施配套不完善的有 1230 人，占参与调研人数的 53.41%；认为居民委员会与业主委员会、物业管理公司关系不顺畅的有 626 人，占参与调研人数的 27.18%（见图 9）。

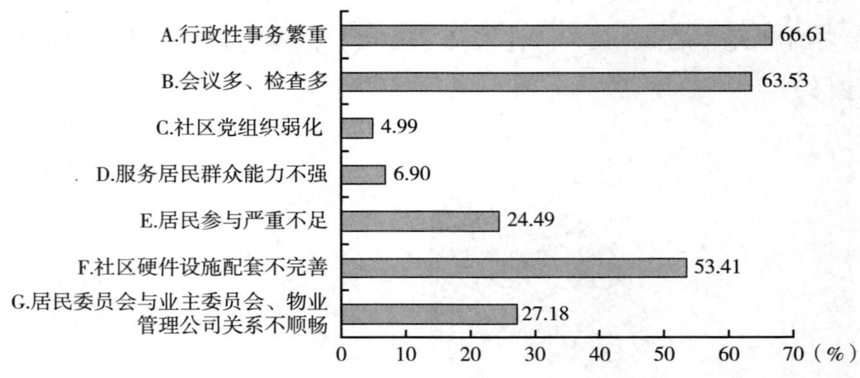


**图 9　朝阳区社区工作者开展工作面临的问题**

约 67% 的社区工作者认为工作开展的突出问题仍然是“行政性事务繁重”，约 64% 的社区工作者认为“会议多、检查多”，说明社区减负工作在社区层面的效果并不理想。约 53% 的社区工作者认为“社区硬件设施配套不完善”是当前工作开展的突出问题。下一步除了规范社区工作者队伍、深化社区减负工作，还应大力完善社区硬件设施配套。

### （三）最需要解决的难题

认为需要加强学习培训，提高服务居民的专业化水平的有 1045 人，占参与调研人数的 45.38%；需要设置科学合理的薪酬体系，提高收入水平的有 1810 人，占参与调研人数的 78.59%；需要健全职业资格认证制度，给予适当奖励津贴的有 878 人，占参与调研人数的 38.12%；需要建立科学合理的考核晋升制度的有 696 人，占参与调研人数的 30.22%（见图 10）。

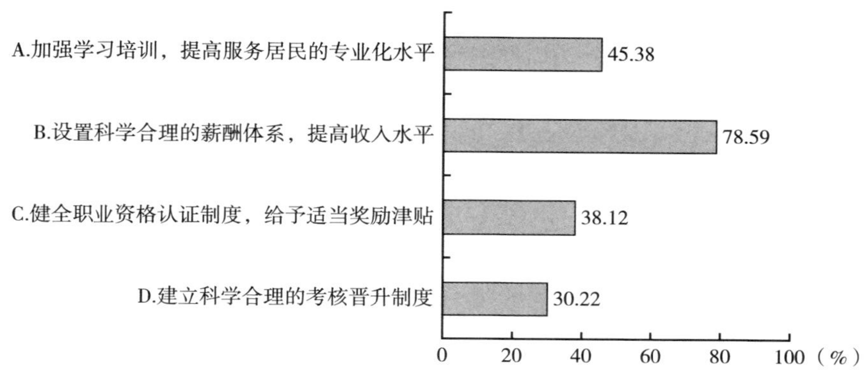


**图 10　最需要解决的难题**

“设置科学合理的薪酬体系，提高收入水平”是社区工作者选择最多的；其次是“加强学习培训，提高服务居民的专业化水平”。说明社区工作者认识到自身的局限性，也希望通过培训来提升服务居民的能力。

## （四）职业愿景的设想

在职业愿景方面，有 1011 人选择职业化发展，建立职业等级，实现薪酬体系与职业等级挂钩，占参与调研人数的 43.90%；有 1190 人选择开拓职业发展通道，优秀者可进入事业单位工作或者竞聘公务员，占参与调研人数的 51.67%；有 102 人选择其他，占参与调研人数的 4.43%（见图 11）。对职业愿景的设想大致分为七类：一是纳入事业编，成为编制内人员；二是提高总体待遇水平，如对于加班时间长的给予加班补助、提高退休后的待遇水平；三是希望社区工作者的身份得到尊重，提高职业认同感和归属感；四是加强民主，倡导公平公正；五是希望社区工作向着专业化、职业化发展；六是加强对社区工作者尤其是带头人的能力建设与培训；七是以服务居民为主要考核标准，让居民选择优秀干部。

对职业愿景的设想选择最多的是“开拓职业发展通道，优秀者可进入事业单位工作或者竞聘公务员”，占比 51.67%，说明社区工作者大多数比较重视自身的职业规划和发展前景，希望有开阔的上升通道。另外约 44%

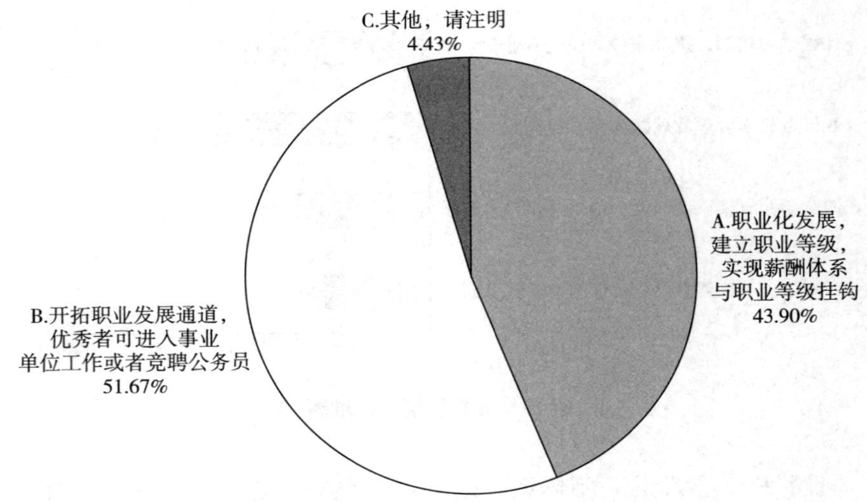


**图 11　社区工作者职业愿景的设想**

的社区工作者着眼当下，希望通过完善职业等级，与薪酬挂钩，拉开收入差距，激发工作动力。

## 五　朝阳区社区工作者参与2020年疫情防控工作情况

### （一）此次疫情防控中面临的最突出的问题

此选项为多选题，每人最多可选 3 项。有 837 人认为最突出的问题是社区防控物资紧缺，占参与调研人数的 36. 34%；有 963 人认为社区参与防控工作人员少，占参与调研人数的 41. 82%；有 881 人认为社区智慧化平台建设薄弱，占参与调研人数的 38. 25%；有 839 人认为缺乏统一防控标准，占参与调研人数的 36. 43%；有 194 人认为社区应急管理能力不足，占参与调研人数的 8. 42%；有 440 人认为社区卫生服务中心医疗水平落后，占参与调研人数的 19. 11%；有 614 人认为居民参与意识不强，占参与调研人数的26.66%；有718人认为居民法律意识淡薄，占参与调研人数的31.18%（见图12）。

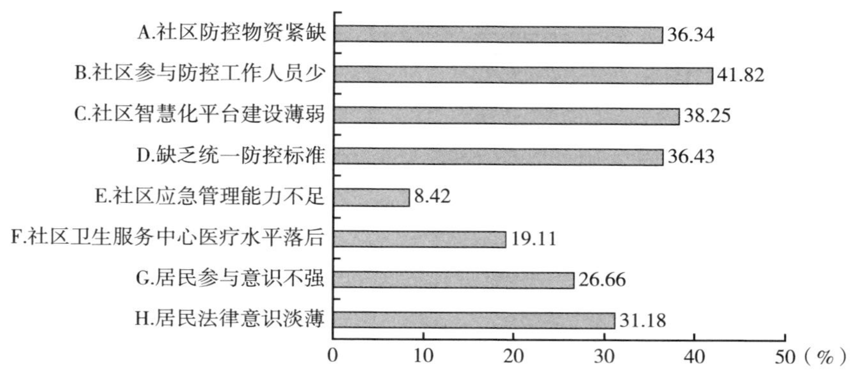


**图12　疫情防控面临的最突出问题**

疫情防控面临的最突出问题排名前三的分别是社区参与防控工作人员少、社区智慧化平台建设薄弱、缺乏统一防控标准；随后是社区防控物资紧缺、居民法律意识淡薄。社区智慧化平台建设薄弱问题较为明显，下一步应该推动智慧化平台的建设与运用。同时，此次疫情防控的应急管理中还暴露出居民法律意识淡薄等问题，下一步应该在日常社区工作中加强宣传教育，增强居民法律意识。

## （二）此次疫情防控中表现最突出的群体

此选项为多选题，每人最多可选3项。有1629人认为表现最突出的是英勇无畏的医务工作者，占参与调研人数的70.73%；有2266人认为是辛勤的社区工作者，占参与调研人数的98.39%；有1646人认为是热心的社区志愿者，占参与调研人数的71.47%；有523人认为是下基层的区、街乡干部，占参与调研人数的22.71%；有58人认为是专业社会组织成员，占参与调研人数的2.52%；有40人选择其他，占参与调研人数的1.74%（见图13）。在其他这一选项中，表现最突出的群体包括三类：

首先选择较为集中的是“物业工作人员和保安”，其次是“社区报到党员”，最后是“一线民警”。

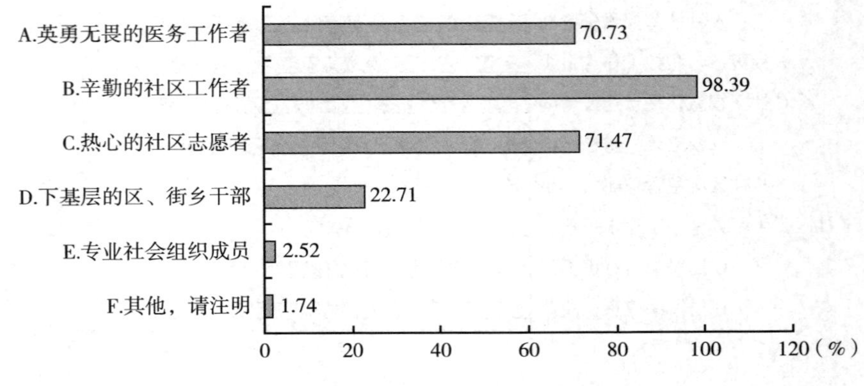


**图 13　疫情防控中表现最突出的群体**

由以上信息可知，排名前三的分别是辛勤的社区工作者、热心的社区志愿者、英勇无畏的医务工作者；社区工作者毋庸置疑是疫情防控最主要的坚强力量，紧随其后的是热心的社区志愿者，说明社区志愿者队伍在应急管理中发挥了非常重要的作用。问卷中，仅有 2.52% 的社区工作者认为专业社会组织成员表现突出，说明在应急管理中专业社会组织的作用发挥严重不足，下一步应该充分整合社会组织的优势资源和力量并运用到应急管理中。

## 六　社区工作者队伍建设需要把握的重点

### （一）培育壮大社工队伍，提高社会认同感

社区工作者虽然是社区自治过程中不可缺少的基石之一，但缺乏社会地位。一方面，政府要正确认识社工的重要性，加强舆论宣传，提高社区工作的曝光度，正面宣传社区工作，强化居民群众对社区工作者的职业认同和尊重。另一方面，要通过拓宽社区工作者选任渠道、完善社区工作者准入机制

和激励机制，提高社区工作者的薪资报酬、相关福利、政府补贴，改善社区工作者的工作环境等方法，增强社区工作的吸引力。

### （二）健全培训学习机制，提升职业化、专业化水平

社区治理形势的调整与转变，对社区服务体系建设作出了新的指示，也对社工队伍的专业化和职业化水平提出了更高的要求。加强对社区工作者业务能力、服务专业化及职业素养的培训，多组织交流学习，重点增强服务居民群众的能力。加强社区党建工作，强化社区工作者队伍的素质教育，使社区工作者队伍向专而精的体系化方向发展。改变“朝阳大妈”的社工形象，使社区工作者真正成为一支理论水平过硬、专业知识过硬，既能得到群众认可，又能使党和国家政策落到实处的高素质服务型队伍。

根据调查数据，无社工证书的社区工作者占比约为60%，完善社会工作从业证书的考核制度，不但可以严控社会工作专业的准入资格，提高社会工作专业的人才质量，还能增强社区工作者的职业归属感，获得社会的认同。不断推进社区工作者的再教育、再培训工作，逐步建立和完善社区工作者培训制度，建立社区工作者培训基地，组织社区工作者开展知识讲座，大力宣传社区理论，从知识学习和技能学习两方面提高社区工作者的职业化、专业化水平。

### （三）开展多种活动，提升社工队伍法治化水平

定期在社区开展法治教育活动，培养社区工作者的法治理念。创新教育培训方法，完善学法制度，建立健全学法的长效机制，学习法律知识、法律原则、法治精神，强化社区工作者的法治思维。将“依法办事”列入考核内容，建立健全考核评价机制，提高社区工作者自觉运用法治手段去思考和解决问题的能力和水平。

### （四）建立智慧化平台，促进社工队伍建设融合发展

建立统一的社区智慧化平台，加强社区工作者对现代化办公方式的学习，提高工作效率，使社区工作系统化、智能化、数据化，从而推动社区服

务精准化、居民数据精细化，实现信息共享。根据实际情况，积极发展各种专业协会和社区志愿者组织，提高社区居民对社区建设的参与度。积极组织社区活动，促进社区工作者之间的互动，增强社区工作者的团队凝聚力，以便社区工作者在社区工作中能更好地协同合作。

### （五）健全完善晋升机制，激发社工队伍工作活力

建立科学合理的考核晋升标准，秉承公平公正公开的原则，建立科学合理、公平公正的考核机制，采取优胜劣汰的用人机制，将居民满意度作为重要指标选拔社区优秀干部。推动社区书记、社区主任年轻化发展，多提拔年轻有能力的社区干部，提升社区对居民的影响力；建议以户数替代人数的标准配足社区工作者。

### （六）促进社会工作本土化，为社工“减负”

在日常工作中，在政府主导型的管理体制下，社区工作者承担着党委、政府委派和部署的繁重的工作任务，难以把主要时间和精力用来开展社区自治工作、研究社区建设和服务工作。推动将社区减负工作落到实处，减少行政性事务，合理优化政府下派工作。合理区分街道（地区）与社区之间的工作界限，避免形式主义，使社区工作真正回归到社区自治。根据调查问卷数据，未居住在本街道（地区）的社区工作者占比接近50%，这不利于社区突发事件的应急处置，社区工作者的招聘应该倾向于居住在本街道（地区）的人员，一方面其与居民熟识，工作开展相对容易；另一方面便于临时性应急工作的开展。

## 参考文献

张瑛：《深圳市南山区社工队伍建设问题及策略研究》，哈尔滨工业大学硕士学位论文，2014。

马继迁：《社工队伍建设的现实困境与路径选择——以江苏常州为例》，《常州大学学报》（社会科学版）2017 年第 4 期。

牟光远：《天津市社区工作者队伍建设的对策研究》，天津大学硕士学位论文，2010。

王莲：《专业化的社区工作者队伍建设探析》，《湖北经济学院学报》（人文社会科学版）2010 年第 7 期。

汪承武：《社区工作者队伍建设面临的问题与对策》，《学习月刊》2007 年第 12 期。

# B.13
# 关于朝阳区“年度三件事”的数据分析报告

摘　要：　朝阳区提出“年度三件事”以来，结合区域实际，依靠改革创新和真抓实干应对变局、开拓新局。把全面深化改革与统筹推进疫情防控和经济社会发展结合起来，聚焦公共卫生、金融服务、社会治理、国企改革、老旧小区综合整治、服务业扩大开放等重点领域开展前瞻性探索，学习借鉴先进做法、及时总结经验教训，通过科学精准、务实有效的改革创新举措，推进全区各方面工作进一步优化提升。

关键词：　朝阳区　“年度三件事”　数据分析

2020年，朝阳区为实现一批民生实事难事的破解，推进治理体系和治理能力现代化，提出开展“年度三件事”，旨在于基层营造鼓励创新、主动创新、善于创新的良好氛围。“年度三件事”提出以来，各街乡主动对照要求自主选择、主动谋划、明确责任、抓好落实，推动“年度三件事”既有机制做法的突破，更有成效进展的呈现。

## 一　朝阳区各街道“年度三件事”的集中体现

### （一）强化党建引领，筑牢“防疫共同体”

安贞街道用好“一轴三平台六联盟”、党建工作协调委员会、“阶梯式”

动员平台等，发挥“北京榜样”侯兵等人的模范作用，实施“六个一、六到位”工作法，依托一个防控体系、建立一张排查网、发放一张出入卡、派发居民一封信、播放一个大喇叭、制作一个二维码，确保力量凝聚到位、动态覆盖到位、小区管控到位、宣传引导到位、信息收集到位、防控提示到位，实现入户精细排查、重点群体管控“两个全覆盖”。全面实施战区制，构建了“1 +1 +7 +10”防控体系，调动地区党员等 7 类主体 16934 人次参战，以挂图作战、全员下沉、全部停休、早囤物资来高效推进，实现 27413 户多轮动态排查全覆盖。结合线上宣传，派发致单位、居民的“一封信”10 万余张。迅速封闭 31 个小区 55 个出入口，管控 39 个出入口。工委率队“日巡夜查”，开创送“函”上门督查法，实施“一五一十”等监督法。实名包片、包楼、包户，加强重点人群 6667 人 24 小时管控。高效完成湖北及境外 324 人次安全转运，以“四联四增”工作法打好复工复产复课安全战、核酸检测攻坚战，以“快速、安全、有序”赢得居民认可。不断升级软硬件，更新出入证约 10 万张，开发疫情防控作战系统。坚持“严管 + 守护”，关爱特殊人群、一线人员，组建“多对一”服务队，开展老年人“三全”守护行动，为 1750 余名志愿者购买保险，收到中外居民感谢信、锦旗近 100 件。抓好常态化防控，促成安华里与武汉东湖社区“手拉手”，确保不出疫情、不出舆情。圆满完成了中央、市、区各级领导及世卫组织专家等 20 余次对安华里的调研指导工作，疫情防控“六个一、六到位”工作法得到广泛认可，打造了以安华里为代表的无疫情社区。

八里庄街道立足疫情防控常态化，突出党建引领，以提高“三率”为切入点，力争实现地区住宅小区物业服务专业化、规模化，切实提升群众幸福指数。物业管理覆盖工作方面，从 2018 年起，街道工委按照“一优二提三引入”的工作思路，坚持分类施策，在新建小区优化物业服务，在单一产权小区提升物业服务水平，在多产权老旧小区引入“大小物业综合服务”，聚焦居民身边“关键小事儿”。经过不懈努力，标准化物业和准物业覆盖地区全部 59 个小区，物业管理覆盖率基本达到 100%。物管会（业委会）工作推进方面，地区 59 个小区中，除甘中平房区及单一产权宿舍（蓝岛宿舍）不能成立业委会（物管会）外，57 个小区目前新成立 7 家物管会，加上之前成立的 5 家业委会，地区业委会（物管会）组建率为 21%。预计地区物管会（业委会）组建率会进一步提升。党的组织和工作覆盖率方面，目前已成立物管会党支部 7 个，2020 年底前新建物管会将 100% 建立党组织。另外，辖区物业企业 46 家，有 38 家成立了党组织，党的组织和工作覆盖率达到 82.6%。有 8 家物业企业未成立党组织，原因为物业企业中没有党员。此外，八里庄街道以“一统四建”为纲，运用“四搜四合”工作法，调动职能部门资源，建立楼宇流动服务队，“起底”地区亿元楼宇，尽力满足企业及员工多样性需求。

和平街街道雕琢精准服务模式，保障复产复工有序开展。疫情防控工作开展以来，街道制订复产复工管控方案，由街道主要领导担任组长，抽调机关干部、专职党务、小房产税管理员 33 人派驻属地担任楼长，完善工作台账、开展每日巡查，依托商务楼宇党群工作站、两新组织党组织、区域化党建以及物业企业等平台，向楼宇内党员发出倡议，广泛动员商务楼宇开展“一米”行动，创建“无疫情”楼宇，共计 33 个楼宇（账内 29 个、账外 2 个、“小乱散”2 个）实现“双楼长”全覆盖，指导企业建立“一企一册一案”档案，落实企业每日到岗人数上限核定公式和“北京健康宝”推广工作，开展三日全覆盖巡回执法检查，落实“三书一证”，统筹推进楼宇企业主体责任落实，形成“街道—社区—物业—企业”四方联动防控平台，横到片、纵到人的工作格局。为加大服务扶持力度，街道建立领导包楼包商户走访制度，向辖区重点企业提供政策咨询 35 次，收集并解决企业需求 10 个，通过党建协调委员会建立行业联席会商制度，搭建企业间沟通平台，改善辖区营商环境。截至 8 月初，辖区楼宇企业复工 670 家，企业复工率达 76.92%。

### （二）利用大数据，打造智慧城区

奥运村街道充分运用信息化技术支撑基层社会治理，着力推进“智慧台账系统平台”建设，并于 6 月开展“街乡小脑”试点工作，打造“精

雀系统”。下一步街道将结合工作实际，将“智慧台账系统平台”与“精雀系统”相融合，构建一套数据要素、一套系统赋能底座和三大业务板块的“1+1+3”主体框架，打造“线上支持高度匹配，线下规则简便易行”的街乡级新型智慧城市平台。此外，构建稳定的工作体系，建设智慧平安社区。打造“五位一体”格局，建立多元矛盾纠纷化解机制。构建公安、综治、司法、信访、安全生产“五位一体”工作机制，进一步推进智慧平安社区建设重心下移、关口前移，引进第三方专业社会力量，坚持矛盾纠纷多元化调解研判，开展分级分类“四库”试点建设，做到“三到位一处理”。

朝外街道着力打造“芯上朝外”平台。该平台以两期“朝外社会治理体系管理服务平台”为主线，以辖区光纤底网全覆盖为基础，以实体化综合指挥中心为载体，依托大数据等信息化技术，四“芯”联动推动“数据强基”，全面提升基层组织活力、队伍能力和治理精细化水平。一是积蓄“芯”动力，夯实数据强基。基于“人、事、地、物、组织”建立基础数据库，汇聚专业数据形成11个业务系统，囊括地区人口数据30016条、企业信息8253条、企业党组织信息105条、楼宇功能数据174条，为地区发展打牢数据基础。疫情期间，以此为基础制作企业台账、社区爬楼图，做到防控无死角。二是打造“芯”阵地，“线上”对接“线下”。“党建统领系统”链接党群服务中心，联通组织强化引领；“社会动员系统”链接市民活动中心，群众活动“线上发布”无缝对接“线下完成”；“社会治安防控系统”“应急维稳系统”等链接综合指挥中心，实现综合指挥“全响应”、应急防控“无盲区”、防控体系全时空。三是培育“芯”生态，打通数据壁垒。对接中央、市、区各级各类职能单位下沉街道系统，完善“一口登录”“多系统控制”的信息化工作体系，构建数据矩阵。四是实现“芯”融合，推进“多网融合”。功能模块有效对接城市管理网、社会服务管理网、社会治安网、综合执法网，实现“多网融合”。

双井街道为提升城市精细化管理水平，深入探究“井井有条”大数据社会治理新模式，先后成立项目专班，加强与第三方合作，通过大数据社会治理平台建设，采集与分析街道层面数据，为城市问题的解决提供数据支撑与科学分析，从而实现街道工作的智能化、专业化与信息化，提升服务质量与水平。目前，已完成“井井有条”大数据社会治理平台的设计、研发、数据导入并正式上线。街道不仅可以对辖区内的人口、用地、建筑、职住、通勤、公共服务、城市管理等运行状态指标进行实时或者周期性的监测，还可以对街道、社区两个尺度人居环境大数据检测结果进行发布；通过12个社区各类公共服务设施的便利度及在社区生活圈中各类公共服务设施的缺失程度评估，合理优化街道、社区生活圈的公共服务；研发的环境传感器，可感知噪声、$PM_{2.5}$、异味等多个环境相关数据，通过对数据进行提取和分析，找出环境异常点。涉及的职能部门可根据异常点数据，有针对性地开展多项环境治理工作；根据平台中提供的全部案件投诉点位、可筛选类型、筛选解决与未解决点位等模块，形成每日、每周、每月双井街道运行状态大数据通报，支持街道工作人员的交互操作，通过科学分析，指导日常工作实践，提升为民办事的解决率、满意率。

### （三）提升基层治理水平，创新服务模式

首都机场街道深化“三亲三办”工作机制，抓服务补短板，解决民生诉求。一是坚持亲民作风，未诉先办有力度。印发便民服务卡，公布社区、物业、水电气暖企业、门禁公司联系方式，问有人答、事有人管。由干部、社工、楼门长、巡逻队员、社区志愿者等组成巡查组，按照分街包片、分片包楼、分时划段，对社区环境、治安、基础设施等进行巡查，主动发现并解决门禁监控破损、水管漏水、基础设施维修等问题51件。依托楼门议事会、流动议事厅等平台，定期倾听民声，了解居民诉求，共收集老旧小区上楼难、停车难等问题22件，已解决17件。二是坚持亲自调度，接诉即办有高度。以提高问题解决率为根本，分级、分类、分层次，力争当天解决简单诉求；对于当天无法解决的问题，主要领导靠前指挥，利用“社区吹哨、多方报到”工作机制，明确问题解决时限。针对短期无法解决的问题，建立问题项目库，确保“接诉即办、有诉即办、一办到底”。三是坚持亲情反

馈，接办必复有温度。聚焦居民重点关注且短时间无法彻底解决的问题，按照社区点位、部门职责、处级领导包社区模式，建立多层级沟通反馈机制，统筹做好居民沟通、解释、疏导工作。本年度接办案件355件，累计无诉求案件的天数为23天，5月综合排名全市第1，第二季度排全市第11名、全区第1名。被《市民热线反映日报》采纳案例3件，其中蔡奇书记批示1件。

潘家园街道整合地区资源，完善服务体系，地区养老服务联合体初具规模。按照“1+2+5+7”模式，即由“1个指导小组、2个运营管理平台、5家服务商、7家养老服务机构”组成的养老联合体，负责为辖区空巢、独居、高龄、失能、失智老人及困难群体开展医养结合养老、智慧养老、文化养老及区域养老信息平台建设项目。松榆里社区养老服务驿站与潘家园第二社区卫生服务中心合作承担医养结合养老服务，共9项任务（测量血压、测量血糖、康复按摩、超声骨密度、颈动脉彩超、肢体动脉检测、中药泡洗、健康档案、心理咨询），目标2800人次，于8月底全部完成。北京爱依养老公司联合松榆西里、武圣东里、磨房南里3家社区养老服务驿站，开展“安装智能门锁乐享居家服务”活动，主要针对辖区内独居、空巢、高龄老人，安装50户。潘家园老年公寓承接文化养老服务项目，共开展72课时，服务1584人次，于9月底全部完成。九龄丽湾养老服务公司与潘家园第二养老照料中心、华威西里社区养老服务驿站负责完成联合体项目调研报告撰写、信息平台建设及应用、远程监控居家康复设备服务。现已完成老人需求问卷调研、意向调研并组织专家讨论，形成服务标准、准入和退出机制等文件初稿、软件设计等。远程监控的居家康复设备安装130户，已完成入户现场勘查，目前正在配货安装阶段。

香河园街道破解难题，创新打造“协会矩阵”。针对社会单位、社会组织参与基层治理深度、广度不高的“难点”问题，依托党建工作协调委员会，建立行业协会培育发展中心，孵化培育协会组织，引导其在行业管理、行业服务、社会治理中切实发挥作用，打造“协会矩阵”，提升社区治理精细化水平。“空间打造+服务升级”：利用柳芳南里甲1号约100平方米场地，打造支持培育行业协会创新发展的“大本营”，为协会组织提供实体活动空间和成果展示平台。在已有餐饮协会、物业协会的基础上，结合疫情防控常态化经验做法，成立2个协会组织（中介协会、柳芳商会），通过专家培训、议事研讨、活动引导等方式，助力协会组织规范化建设。“组织建设+活动聚力”：根据协会组织党员、党组织建设情况，成立行业协会党支部，发展符合条件且表现突出的员工入党，实现党的组织和工作有效覆盖。结合重点工作和协会特点，开展4项居商互动活动（“社区共益日·居商互动定向越野”“迎新暖情·新居民友好行动”“共育未来·垃圾分类小导师”“温暖益家人·平安守望打卡”），增强行业协会的凝聚力、影响力、带动力。“项目带动+合力共治”：实施“合力共治计划”，动员协会成员积极参与社区治理，共商共议“金点妙招”，共建美好家园。

### （四）聚焦社区环境，推动物业治理

安贞街道以实施“四项条例”为契机，抓好“关键小事”（垃圾分类、物业管理），打造安贞特色“精治”物业，推动物业服务由分散迈向集中、由粗放转向精细。成立物业管理和社会治理“双提升”领导小组，率先制发操作手册，组建22个物管会，同步成立党支部，实现社区业主委员会（物业管理委员会）组建率、党的组织与工作覆盖率均达100%。力推垃圾分类工作，推行“10+1+3+N”管理模式，因“疫”制宜创新宣传，联合木偶剧院打造“云剧场”。建立4处示范引导站，招募近500名志愿者，以“一桶一牌一员”“一长四员”（楼门长、指导员、宣传员、整理员、监督员）加强宣传引导，形成垃圾分类“四专”（实名制专人盯守、固定专门值岗时间、理清专项职责、统一专业服装）体系，在6月区级预验收中获得认可。逐步引进专业化物业公司，成立物业服务应急队，采取委托物业服务企业提供标准化物业管理、委托专业公司提供专项服务、委托国企物业实施托底管理、推行居民自治式准物业管理等多种模式，结合安华里全景楼院、社区门前路精品街巷、人脸识别智能化综合管理系统、停车规范管理、重要道路打通“微循环”等提升工程，加快辖区物业转型升级，不断完善

党委领导、政府负责、民主协商、社会协同、公众参与、法治保障、科技支撑的治理体系，逐步营造物业管理规范有序、社区治理良性互动、人居环境舒适和谐的良好局面，全力提升居民幸福感与获得感。

首都机场街道抓统筹重协调，探索创新管理模式。狠抓《北京市生活垃圾管理条例》《北京市物业管理条例》落地见效，一是主动担当作为，协调推动“三供一业”移交工作。梳理移交事项清单，对接区相关部门、机场集团等分离移交主体，定期分析研判。目前，地区工商管理、交通安全管理、启航公园和人口文化园等口袋公园管理已由相关部门及街道接管。水、电、气、暖、有线电视等生活能源供应事项均已明确接收单位，完成前期数据核查、管网普查、线路设计等工作，即将进入方案设计及组织实施阶段。二是探索“厂区大院式”物业管理新模式，实现“三率”100%。坚持“456”工作法，以社区党委管辖区域4分物管区，破解小区跨社区管理、楼宇产权分散等问题，实现人员、资源的整合。结合常态化疫情防控等工作，开展人员情况摸排，吸纳党员先锋、志愿者加入物管会，规范公示招募、宣传动员、走访调查、联审核查、投票选举5个工作环节，优化人员组成结构。发挥物管会宣传员、监督员、联络员、信息员、分析员、协调员“6员”作用，搭建各方沟通平台，“靶向治理”协调解决实际困难。目前，地区已率先实现物业服务覆盖率、物业管理委员会组建率、党的组织和工作覆盖率100%。各物管会组织开展垃圾分类宣传、爱国卫生运动等活动10余次，协助解决居民关注的装修扰民、环境改造等问题8件。三是以“五起来”为抓手，大力推进垃圾分类工作。坚持桶站布起来，设置公示牌，新增、更新177组桶站。坚持氛围造起来，航站楼循环播放垃圾分类公益短片，工作区悬挂宣传道旗90幅，生活区设置宣传标语、宣传牌230处，组织培训、宣讲等活动20余次，发放宣传材料3万余份。坚持社会单位动起来，统筹地区12家产权楼单位与物业公司签订垃圾分类服务委托协议，第一时间组织300余人开展“看桶守桶”行动，首都国际机场股份公司牵头航站区垃圾分类工作，更新桶站标识，开展“垃圾分类金点子”活

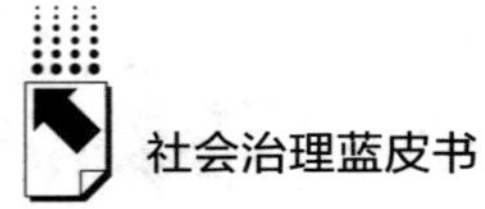


动及有奖知识问答。坚持垃圾总量降起来，坚持全链条管控，源头上提倡简约适度、绿色低碳生活方式；过程中引导地区居民自觉养成分类习惯；监管上通过自查及执法相结合的方式，及时发现纠正问题及违法行为。坚持厨余量增起来，早晚重要时间段引导居民进行分类投放，分拣员二次分拣，提高厨余垃圾纯净度，目前地区日厨余量已从 1 吨增长至 4 吨。

香河园街道直击痛点，探索实施“里外物业”管理模式。针对老旧小区物业管理不到位的“痛点”问题，在小区硬件设施改造完善的基础上不断增强“软实力”，以党建引领提升物业管理水平，推进物业服务企业、业委会（物管会）、居民等多元主体共同参与基层治理，形成社区治理合力。一方面，“楼里自治管”，充分发挥社区党支部领导带动作用，落实“街统格办”机制，依托社区议事厅平台，督促楼内现有物业管理企业履行责任，同时动员党员、志愿者通过“主题党日”“月末清洁日”等形式，共同做好楼内卫生清洁、设施维护等常规管理工作，确保楼内事务有人管。另一方面，“楼外专业管”，按照“资源换服务”思路，推动停车收费反哺小区管理机制，围绕楼外空间资源整合利用、环境绿化美化、停车管理、安防技防配置等内容，引进物业公司进行一体化管理。逐步逐情“里外渗透管”，通过“先尝后买”的方式将专业物业公司试点向楼内保洁、日常维护渗透，促进形成“物业公司提供服务更优—居民认同率更高—物业公司运作经费更足”的良性循环，实现“六有”目标（有治安防范、有房屋管理、有维修养护、有保洁服务、有绿化养护、有停车管理），打造和谐宜居社区。目前，以西坝河东里社区为试点，通过“拆、建、管”，实现综合改造和管理服务“双提升”。西坝河东里社区有 49 栋居民楼、3927 户居民、9 家物业单位，其中 4 家物业单位由房改房后的单位行政部门兼管，存在基础设施不完善、维修养护不及时、物业覆盖不全面等问题。为此，西坝河东里社区实施了老旧小区综合改造，所涉及的 6 个工程进展顺利，于 10 月全部完工。落实《北京市物业管理条例》要求，组建西坝河东里社区物管会，同步成立物管会党支部。多次召开会

议分析小区物业管理现状，研讨“里外物业”实施路径，初步厘清现有物业情况，拟引入新物业的服务范围、服务内容等事项。目前已与万科、愿景、三园、盛兴、润豪、龙鑫伟业等6家物业公司分别进行实地勘察和合作商洽，下一步将就签约主体、服务范围、“里外物业”协作机制等进行深度会商，并以民主决策方式确定最终合作方；西坝河东里社区121楼、117楼、57楼、69楼已基本实现“楼内自治管”。

## 二 朝阳区“年度三件事”的数据分析

表1 各街道“年度三件事”一览

| 街道名称 | “年度三件事”内容 | | |
|---|---|---|---|
| 安贞街道 | 强化党建引领,创新“防疫共同体” | 紧扣“七有”“五性”,创新“多赢”服务格局 | 创新安贞“精治”物业 |
| 奥运村街道 | 打造“智慧台账系统平台” | 紧抓迎冬奥契机,冬奥社区软硬件建设双促双赢 | 构建稳定的工作体系,建设智慧平安社区 |
| 八里庄街道 | 党建引领物业 | 党建引领商务楼宇服务 | 聚焦“七有”“五性”,年内在地区建立一个养老服务综合体 |
| 朝外街道 | 打造“芯上朝外”平台,集聚数据强基新动力 | 构建“战疫凝心链”,建设朝外治理共同体 | 老旧小区成立业委会,“同轴自转”解决老问题 |
| 大屯街道 | 老旧小区治理 | 党建引领基层治理 | 提高安全防控能力 |
| 东湖街道 | 改造西园老旧小区 | 建设党建综合服务中心 | 提升大望京商务区环境 |
| 垡头街道 | 北里社区老旧小区安装电梯工程 | 垡头路拆除围挡道路建设工程 | 筒子楼改建试点 |
| 和平街街道 | 党建引领创新老旧小区物业管理微治理格局 | 畅通接诉即办工作体系 | 精准服务模式,保障复产复工 |
| 呼家楼街道 | 实现小区建设国际化 | 实现应急处突体系化 | 实现社会治理协同化 |
| 首都机场街道 | 抓引领建长效,党的建设 | 抓服务补短板,解决民生问题 | 两个条例创新管理模式 |

续表

| 街道名称 | “年度三件事”内容 | | |
| --- | --- | --- | --- |
| 建外街道 | 创新党建引领楼宇治理模式 | 建起小区楼院议事会，打造小区共建共治“微治理”新格局 | 试点危房原拆原建，探索老旧小区升级改造新路径 |
| 劲松街道 | 建成非公党建示范阵地 | 深化“劲松模式”，拓展老旧小区改造示范区域 | 推出危旧楼房重建示范案例 |
| 酒仙桥街道 | 以疏整促为龙头，构建城市管理联合体 | 以“七有”“五性”为指引，打造公共服务复合体 | 以老旧小区为重点，完善社会治理融合体 |
| 六里屯街道 | 党建引领物业 | 垃圾分类 | 非公和“两新”组织党建 |
| 麦子店街道 | 破解维多利亚小区治理难题 | 党建引领建立社区“诉源治理”新机制 | 打造蓝色港湾文化商圈 |
| 潘家园街道 | 党建引领地区发展 | 地区养老服务联合体初具规模 | 引入社会资源助力老旧小区改造 |
| 三里屯街道 | 推进国际化、文化街区建设 | 推进商圈夜间经济 | 推进全区域物业管理 |
| 双井街道 | 推进“双井可持续更新·13 社区设计节” | 试点可持续发展社区 | 推进“井井有条”大数据社会治理项目 |
| 团结湖街道 | 向群众问需问计，危旧楼房改建项目规划设计方案初步完成 | 党建引领物业管理 | 推进养老服务能力建设 |
| 望京街道 | 党建引领促进社会治理 | 补齐服务短板升级智慧民生 | 引入社会资本更新商务街区 |
| 香河园街道 | 推进“全过程居家养老服务平台”建设 | 探索实施“里外物业”管理模式 | 创新打造“协会矩阵” |
| 小关街道 | 深化打造“8910”计划 2.0 版 | “三抓五促”提升党建引领物业管理服务 | 探索建立党建引领垃圾分类的“小关模式” |
| 亚运村街道 | 党建引领提升“七有”“五性”工作水平 | 为 2022 年冬奥会、冬残奥会做好服务保障 | 打造交通综合治理示范应用重点街道 |
| 左家庄街道 | 立足新时代文明实践阵地，强化意识形态 | 发挥党建与社会治理协调委员会专委会作用 | 对应“七有”“五性”指标体系，加强民生建设 |

一是突出党建引领，加强疫情防控。以解决群众“七有”“五性”需求为导向，坚持“民有所呼、我有所应”，强化党建引领，充分利用“吹哨报到”等机制，统筹谋划，充分满足居民多元化优惠服务需求，最大限度地解决居民的实际问题，提高周边居民满意度、幸福感。朝阳区 24 个街道中，18 个街

道明确提出党建的相关任务与要求，另外6个也将党建融入具体事务中，其中劲松街道与六里屯街道更是提出将党建向非公与“两新”组织延伸。

二是物业治理、老旧小区改造，以及加强基层治理、提升街道服务水平是各街道工作的重点内容。在24个街道72件事中，物业治理方面共8件，占比为11%，包括落实《北京市物业管理条例》，发展“精治物业”“智慧物业”“里外物业”等。老旧小区改造方面有12件，占比为17%，以劲松街道最为典型，除深化“劲松模式”，拓展老旧小区改造示范区域外，还探索推出危旧楼房重建示范案例。其他街道也有安装电梯、引入社会资源改造小区、老旧小区局部改造、对老旧小区进行综合整治等内容。在加强基层治理、提升街道服务水平方面共有39件，占比为54%，主要集中在加强养老服务、推行垃圾分类、推进基础设施改造、强化对商务楼宇的服务、创新基层治理机制与模式等（见图1）。

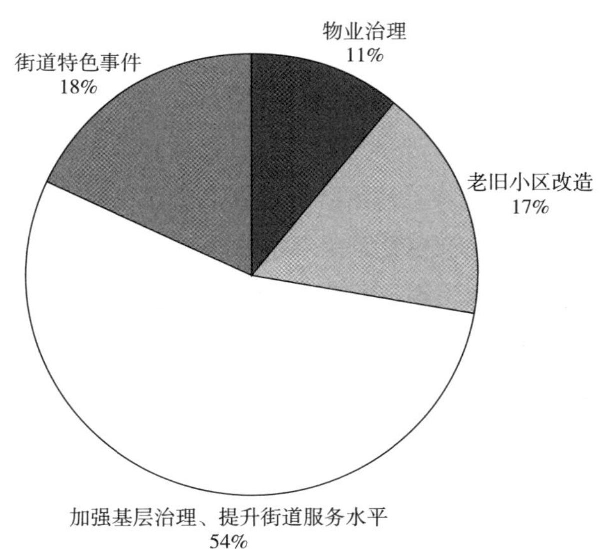


**图1 各街道“年度三件事”内容分布**

三是根据街道特色提供相应的服务共13件，占比为18%。如亚运村街道与奥运村街道都有抓冬奥契机、为冬奥服务的内容。东湖街道提升大望京商务区环境，打造商务高地。麦子店街道打造蓝色港湾文化商圈。望京街道引入社会资本更新商务街区，推动街区更新从施工建设到后期运营的全流程管理机制建设，将小规模空间整治与相邻商业区升级串联为整体，形成商业+文化、商业+科技、商业+商务、商业+文明、商业+休闲的模式，让望京小街实现更具价值的街区级特色更新。三里屯街道推进国际化、文化街区建设，紧随潮流发展夜间经济。奥运村街道、朝外街道、双井街道抓住新基建的契机，打造“智慧台账系统平台”、“芯上朝外”平台、“井井有条”大数据社会治理平台等，利用大数据，提升基层治理水平与能力。此外，还有问计于民的团结湖街道危旧楼房改建项目规划设计方案；双井街道推进“双井可持续更新·13社区设计节”；左家庄街道立足新时代文明实践阵地，强化意识形态，打造精神文明高地等。

望京街道在火灾隐患排查治理、环境整治提升等方面仍存不足，要继续整合资源、改善环境、优化服务，持续提升区域国际化建设水平，力争做功能疏解、环境提升的标兵。东湖街道在社区防控、环境整治提升、“开墙打洞”整治等方面仍存不足，要继续向前一步，主动作为，以党建引领社区治理为抓手，在提升社会治理水平、加强精细化管理等方面进一步探索创新。香河园街道在市容环境、社区防控等方面仍存不足，要充分挖掘“坝河文化”内涵，抓好常态化疫情防控工作的同时，下大力气整治市容环境、抓好垃圾分类、完善基层治理，不断提升居民获得感。左家庄街道在小区出入口管控、背街小巷整治、违法建设拆除、垃圾分类等方面仍存不足，要持续做好背街小巷整治提升、拆违控违、物业管理等工作，加快推进老旧小区改造工程，以亮马河国际风情水岸改造提升为契机，充分挖掘地区资源禀赋，推动各项工作再上新台阶。

## 三　朝阳区进一步落实“年度三件事”的发力点

一是提高思想站位，要深刻理解把握现阶段全面深化改革的重要意义，坚信改革是优化完善我国社会主义制度的最好手段，坚定深入推进改革工作的决心和勇气，紧扣制度健全和体系完善两个关键点，以提升治理能力和治理水平为方向，坚持目标引领和问题导向，不断加强前瞻性探索和具体化推进，突出改革实效，解决事关区域发展的体制机制问题。要把握改革是一体贯通的系统工程，将落实改革任务同完成“十三五”规划目标任务、决胜脱贫攻坚、全面建成小康社会结合起来，把统筹推进常态化疫情防控和经济社会发展贯通起来，力争取得重要领域和关键环节的改革突破。要深化调查研究，从改革创新角度为全区“十四五”规划研究提供新角度、新观点、新支撑。要对标任务抓落实、对应职责抓协调、对照目标抓督察，确保年度改革任务保质保量完成。要建立以“基层”为导向的创新机制，注重“微改革”“微创新”，建立鼓励探索、树立标杆、宣传经验、形成制度、推广见效的系统化流程，创造更多具有朝阳特色的好经验。

二是实现疫情防控和年度任务双推进。一手抓常态化防控，一手抓复产复工，对境外返京人员严格落实集中医学观察和核酸检测等要求，做好防控工作准备和常态化防控各项基础性工作。同步推进各项重点任务，落细落实首都社区治理20条具体措施。广泛深入开展爱国卫生运动，扎实抓好生活垃圾分类和物业管理“三率”提升工作，固化“环境日”“健康日”“三清一整”等常态化机制。要时刻保持战时状态，压紧压实“四方责任”，坚决做到“三防”“四早”“九严格”，对医院、楼宇、社区、学校、景区、酒吧、KTV等场所落实防疫措施情况进行大检查、严督促。完善消费季活动应急预案，加强对进口生鲜、肉类、果蔬等货物的检验检疫。加强对已复工餐饮单位和学校、工地食堂的监督检查，对商场、超市、批发市场等重点业态和高风险食品有针对性地组织抽检，加大重点场所消毒杀菌力度，有效防控食品安全风险。

三是倒排工期推动中心工作和重点任务落实。城市基层党建方面，坚定不移做好国家监委监察建议和市委两轮巡视、规自领域专项治理察访等反馈意见整改，从严抓好干部监督管理，持续整治形式主义、官僚主义问题，保持良好作风。推进全面从严治党，注重政治监督和问题导向，将考核方案与《朝阳区关于加强政治生态分析研判工作的实施方案》同步推进、融会贯通。要严格按照“1335”意识形态工作责任体系，强化思想政治教育，加强意识形态阵地管理，确保意识形态责任落实到位。城市精细治理方面，主要从加快推进疏整促专项工作的完成，狠抓《北京市街道办事处条例》《北京市物业管理条例》《北京市生活垃圾管理条例》《北京市文明行为促进条例》的落实，老旧小区有机更新提升，防汛和应急安全，人口调控和人口普查等方面积极推进和落实。社区建设重点任务方面，加快推进社区建设重点工作任务落地，同时落实社区工作准入制度，持续加强社工队伍建设。狠抓垃圾分类工作，聚焦垃圾桶设置便利性、桶站摆放规范性、管理责任人监督这三个方面进行专项整改，加强垃圾清运和二次分拣，开展好“守桶”行动，切实提高厨余垃圾分出率。接诉即办方面，要统筹推进养老服务和高标准抓好接诉即办工作，把接诉即办工作作为“一把手”工程来抓，选优配强工作力量，落实诉求办理三级调度机制，学习借鉴“三上门”工作法，努力提高上门率，创新方式方法，实事求是、科学精准应用好规则政策。此外，扎实做好“六稳”工作，全面落实“六保”任务，持续优化营商环境，将各项帮扶政策落实到位。大力发展新基建、新消费、新业态，推动“夜京城”商圈建设，开展好北京消费季“潮朝阳”活动，加快传统商圈改造升级。

## 参考文献

《区委召开街乡党（工）委书记月度工作点评会》，北京朝阳，http：//www. bjchy. gov. cn/dynamic/zwhd/8a24fe8372b9ff4e0172bad4a74000e7. html，2020 年 6 月 16 日。

《朝阳区委全面深化改革委员会召开第十三次会议》，北京市人民政府网，http：//www. beijing. gov. cn/ywdt/gqrd/202008/t20200805_ 1974491. html，2020 年 8 月 5 日。

《［创新闻］区委常委会召开扩大会议，贯彻落实市委书记蔡奇到朝阳调研指示精神》，搜狐网，https：//www. sohu. com/a/413620056_ 120209831，2020 年 8 月 17 日。

《朝阳区召开 2020 年街道系统半年工作会》，北京朝阳，http：//www. bjchy.

gov. cn/dynamic/news/8a24fe8373fe6feb0173ff1b9713002d. html，2020 年 8 月 18 日。

《朝阳区委召开街乡党（工）委书记月度工作点评会》，北京市人民政府网，http：//www. beijing. gov. cn/ywdt/gqrd/202009/t20200911_2058537. html，2020 年 9 月 11 日。

《朝阳区召开 2020 年街道系统四季度例会》，北京朝阳，http：//www. bjchy. gov. cn/dynamic/news/8a24fe837519adb601751ae2861f02e4. html，2020 年 10 月 12 日。

北京市朝阳区融媒体中心：《朝阳区街道系统“年度三件事”探索基层社会治理现代化路径》，https：//baijiahao. baidu. com/s? id = 1680523316571706092&wfr = spider&for = pc，2020 年 10 月 14 日。

# 案 例 篇

Cases

## B.14 朝阳区党建引领基层民主协商的实践探索

摘 要： 朝阳区围绕解决全区社会治理的重点难点问题，突出行业特点，发挥专业优势，科学精准决策，强化责任落实，立足自身实际和居民需求，以党建为引领，将社区协商共治作为破解难题的钥匙，实施多元主体共治，构建“共建、共治、共享、共赢”的区域化党建新格局。本文以朝阳区社区党建引领基层社会共商共治的实践为例，梳理进一步提升基层治理效能的建议，以期为朝阳区市域治理现代化试点创建提供参考。

关键词： 朝阳区 党建引领 基层协商共治

## 一　进入新时代，朝阳区持续推动党政群共商共治的背景与意义

党的十九大报告强调，“中国特色社会主义最本质的特征是中国共产党领导，中国特色社会主义制度的最大优势是中国共产党领导”。党的十九届四中全会审议通过的《中共中央关于坚持和完善中国特色社会主义制度推进国家治理体系和治理能力现代化若干重大问题的决定》提出，“构建基层社会治理新格局。完善群众参与基层社会治理的制度化渠道。健全党组织领导的自治、法治、德治相结合的城乡基层治理体系，健全社区管理和服务机制，推行网格化管理和服务，发挥群团组织、社会组织作用，发挥行业协会商会自律功能，实现政府治理和社会调节、居民自治良性互动，夯实基层社会治理基础，加快推进市域社会治理现代化。推动社会治理和服务重心向基层下移，把更多资源下沉到基层，更好提供精准化、精细化服务”。党的十九届五中全会提出，“健全基本公共服务体系，完善共建共治共享的社会治理制度，扎实推动共同富裕，不断增强人民群众获得感、幸福感、安全感，促进人的全面发展和社会全面进步”。

朝阳区党政群共商共治机制的建立并非偶然形成，它是朝阳区经济社会发展到一定阶段的必然结果，是朝阳区社会改革主动适应经济发展的现实要求。这一改革创新，凝聚了朝阳区广大干部群众的心血与努力，体现了朝阳区人民的智慧和担当，引领了全国社会治理的发展潮流和发展方向，走在了基层治理体系和治理能力现代化的前列。

## 二　社区党建引领基层协商的创新实践

### （一）望京街道花家地北里社区采用“六心五微”工作模式结合“1 +4 +5 + N”议事协商机制提升基层治理效能

望京街道花家地北里社区结合社区实际情况，建立了“1 +4 +5 + N”议事协商机制，即“1”个党建协调委员会，在街道工委的指导下，社区党委召开各方协调会，在各个楼院建立以党支部为引领的工作机制，抓思想载体，促观念转变，提升社区自治能力，创新社区教育和治理模式。“4”个楼院全覆盖，由楼门长、居民代表组成议事小组，参与到楼院建设的建言献策中来。“5”个党支部参与网格化建设，充分调动并发挥党员的先进性，结合社区建设中存在的问题和实际需求，积极践行“初心、使命”，发挥党员的模范作用。“N”个社会组织及辖区单位群策群力，在生产经营活动中，随时发现问题、提出问题，向社区传递需求与建议，汇集社区建设和治理的信息。

同时，在街道工委的大力支持下，社区“两委”结合社区存在的实际问题，经过审慎研究，围绕“全情全意、共商共治”的主旨思想，制定了“六心五微”工作模式，即用心沟通、贴心服务、精心关怀、真心为民、细心陪伴、心心相印，微动员、微治理、微自治、微循环、微阵地。通过持续不断的努力，社区的陈旧设施得到更新，业主与物业之间的沟通渠道得到畅通，私搭乱建的建筑被拆除，社区环境治理效能得到提升，社区和居民面貌有了明显改善。

花家地北里社区秉持“社区治理无小事，楼前院后总关情”的思路，在党建引领下，自议事协商机制实行以来，社区内事无大小，皆可通过议事机制进行决策，居民对与自己利益息息相关的事件，都有发言权和决定权，真正做到“还权于民”、居民自治。随着项目活动的深入开展，社区听到了一些民声、民意，居民素质得到提高，居民对社区建设的关注度、归属感也明显提升，对社区的信任度逐渐提升。采用“六心五微”工作模式，结合“1 +4 +5 + N”议事协商机制，激发了居民的主人翁意识，释放社区共治的潜力和活力，涵养共治意识，激发共治自觉，推动居民在互动中分担，实现居民共治共管，共建美好家园。

### （二）垡头街道翠城馨园社区多元主体参与治理，实现共商共治共享

翠城馨园社区创新探索“多元主体参与、共商共治共享”的社区治理体系，逐步形成“党委领导、社会协同、公众参与”的社区治理体系，居

民的参与率、获得感、幸福指数得到有效提升。

一是共商共论。社区党委、物业公司、居民群众开展民主协商、共商共治。充分利用社区居委会、楼门长、党员、群众骨干组成的居民议事机制，实现社区治理的多元化。议事代表对共商共治项目进行征集、讨论、表决，包括涉及本社区居民切身利益的公共事务、便民服务、社区治安、社区环境等方面，大家献计献策，共同谋划，让居民感受到“百姓的事情，百姓说了算”。二是明确各方职责。社区每月定期举行“党政群共商共治议事会”，先由社区通报上一个月社区层面解决的问题，之后物业反馈上次会议“认领”问题的解决情况，再由党员和议事代表提出本月发现的问题，各部门进行认领，形成会上事务有人提、会下事务有人管、下次会议有反馈的工作机制，搭建党委领导、居委会负责、议事代表监督、多方联动的工作平台。三是信息共享。社区工作人员入户面对面向居民征求意见和建议，积极搭建由社区党委、物业公司、社区居民共同组成的微信群等信息平台，发挥好桥梁纽带作用，使居民诉求和意见反馈能够透明公开、及时有效、共商处理，充分保障了居民的知情权、话语权、参与权和监督权，极大地激发了社区居民参与社区治理的热情和积极性。四是示范带动。充分发挥党员、楼门长、居民骨干、志愿者的宣传引领和先锋模范作用，引导带动居民积极参与、协助社区的各项工作，发挥群众力量，群策群力办好“自家事”。

通过共商共治，精准对接百姓需求，解决群众的实际困难，社区环境优化了，居民生活便利了，居民主人翁意识增强了，形成参与社区建设的氛围和力量，强化了居民对社区党委的信心、对街道的信任、对物业公司的认可。

### （三）崔各庄地区马南里社区坚持党建引领，以“社区月协商”活动为抓手，不断强化社区治理能力

根据市、区、乡每月开展一个主题社区协商活动的要求，马南里社区以“商出好办法，治出好日子”为主题，2019 年 4 月启动“社区月协商计划”，制定了《马南里“社区月协商计划”活动方案》，围绕环境治理、文

明养犬等社区治理难题，最大限度地把广大党员、群众的意见和建议集中起来，实现集中民智、体现民意、解决困难、凝聚民心的目标，确保社区协商取得实效。2019 年 5 ~9 月，马南里社区共计开展 4 次主题分别为“文明养犬共同行动，顽疾治理进行到底”“弘扬志愿服务精神，参与志愿服务行动”“社区楼门我当家，社区建设靠大家”“整治机动车乱停乱放，规范机动车停车秩序”的月协商活动，同时为规范议事协商程序，提高居民议事能力，开展了 3 次居民议事协商系列课程，取得了一定的效果。

马南里社区成立至今，始终坚持党建引领，牢牢把握社区建设的正确方向，形成了以党组织为核心的治理体系，打造了“三秒工作法”党建特色品牌。通过开展居民议事活动，为社区居民充分发扬基层民主提供发表意见和建议的平台，营造“人人参与、群策群力、共建共享”的良好局面，构建完善多元参与的共商共建共治共享社区治理格局。一是线上线下拓展议事空间。马南里社区二层大会议室作为“社区月协商计划”活动开展场所，配备投影仪、音响等必要的硬件设施，为活动开展提供保障。同时，依托以“社区居干 + 楼门长 + 社区居民”为架构的“掌上四合院”微信群，尝试“微议事”，拓展网络议事空间。二是打造“6 + X”议事队伍。议事队伍实行“6 + X 模式”，“6”为六类固定人员，即社区“两委”成员、社区监委会成员、居民代表、楼门长、社区居民、社会组织（物业公司、驻地单位等）；“X”即其他利益相关方（如设备厂商、施工单位等），打造多元主体参与的议事队伍。三是科学建章民主议事。严格规范程序，按照《马南里“社区月协商计划”活动方案》及地区工委、办事处和社区的年度工作计划和向居民征集的议事主题，研究提出社区月协商议事主题，精心组织相关人员开展议事协商活动，同时引入“罗伯特议事规则”，科学提高议事效率。

近年来，马南里 3、7 号楼底商街面经过几轮整治，清理了占道经营、店外经营等，占道“撸串”的现象已消失不见，取而代之的是机动车占道停放，严重影响了商铺营商以及居民购物和通行，机动车压坏路面的情况时有发生，同时在消防安全和行人安全方面存在隐患。鉴于这些情况，马南里社区以创建国家卫生城区和“扫黑除恶”专项工作为契机，积极探索“3 + 3”

治理机制，即三秒工作法，社区问题秒发现、秒处理、秒解决；坚持发挥党建引领作用，将崔各庄地区党建品牌“三进三民”（进村庄、进社区、进住户，知民情、解民困、聚民心）落实到位。

### （四）劲松街道发挥离退休党员示范作用，加强党建引领，提升社区服务质量

劲松街道建立试点工作机制，聚焦引领，促进离退休干部思想认识统一；聚焦使命，促进离退休干部正能量发挥；聚焦标准，促进离退休干部服务精准；聚焦融合，促进社会资源利用成效提升。

一是建设智慧平台强党建。深化“三对接”工作机制，党建工作“向前一步”，先后与北京市教育工委、市委办公厅、市卫健委、市司法局等30余个市属单位老干部工作部门采取多种方式对接，与朝阳公安分局建立双向责任清单，“聚智”“聚才”共同推进试点工作。积极探索离退休干部党建工作标准、应用、管理、学习、服务、资讯等数字集成和融会贯通，为进一步加强和改进离退休干部政治建设、思想建设和党组织建设提供科技支撑。参与全区离退休干部党建创新项目征集活动，实现党建引领全覆盖、精细治理全天候、社会力量全动员。

二是推进先锋行动促和谐。引导辖区7支老党员先锋队坚持“六个带头”，即建言献策、文明促进、基层党建、垃圾分类、青少年成长、家风建设，在基层党建和基层治理中贡献了力量。离退休党员干部参与社区战疫执勤300人次，桶前值守350余人次。地区91岁老党员、艺术家赵玉明创作录制京韵大鼓《温情满人间》、单弦作品《朝阳爱无边》，为抗击疫情鼓劲加油，受到广泛好评。

三是提供精准服务暖人心。着力构建以居家为基础、社区为依托、机构为补充、医养相结合的养老服务模式，不断落实“七有”要求，满足离退休干部“五性”需求。利用好辖区社会单位、社会组织、物业公司等各方力量，参与到出入管理、为老服务等各项工作中，组织便民超市配送生活必需品，组织餐饮单位送餐，组织下沉干部、物业人员、志愿者义务为离退休

干部提供送快递等服务。和谐雅园社区运用“121”工作模式（党群活动中心、雅梦助力联盟和星火服务联盟、社区社会工作室）为区域离退休干部提供精准服务。劲松北社区针对社区孤寡老人、行动不便等特殊群体，开展“暖心幸福桥”服务项目，由离退休党支部成员通过认领方式，与特殊群体建立特别关怀机制，疫情期间开展每日电话问候。

## 三　关于朝阳区进一步强化党建引领基层协商的建议

### （一）加强基层党组织队伍建设，充分发挥党建引领作用

首先，强化党组织领导班子建设。一是鼓励政治素质过硬、专业素质良好、年富力强的中青年干部走上社区领导岗位，到社区挂职历练，为社区党组织注入活力。二是打通职业晋升渠道，从社区干部中选拔、聘用街镇机关干部和事业编制人员，同时向社会公开招聘社区党组织领导干部，通过公推直选、竞争上岗等办法，切实把群众基础好、党员信得过的优秀人才选拔到党务干部队伍中来，使社区党组织干部队伍结构不断改善，素质不断提高，办事能力不断增强，努力建设一支政治坚定、业务过硬、有干劲、敢作为、善于服务、充满活力的社区党务工作团队。

其次，加强对基层党员的业务培训。街乡、社区工作烦琐细碎，基层干部既要掌握上位政策文件、协调各方争取资源，又要了解辖区实际需求情况、处理居民的大小事宜，这就需要基层干部具有较高的理论知识水平和良好的沟通、协调、处置能力。一是社区党组织要通过培训不断更新基层干部的知识结构，使其业务水平和工作能力能够跟上新时代、新形势的发展变化，不断增强其服务群众的能力和本领。二是不断优化党员队伍，推进“发展党员十六字”方针，严把党员入口关。对表现突出的社区党员和流动党员进行表彰，树立榜样；坚持走访慰问生病党员、老党员，做好红色关爱活动，不断增强党支部的凝聚力和战斗力；通过“学习强国”平台、“三会

一课”、“两学一做”认真落实“不忘初心、牢记使命”主题教育工作，扎实开展学习教育，促进党员意识和党性不断提高。

最后，强化对党员干部的考核任用。一是根据各街乡实际情况精准确定专项考核任务。聚焦坚持以人民为中心的改革举措，紧跟推行党建引领“吹哨报到”改革和“接诉即办”机制，开展“12345”市民热线办理情况专项考核，引导广大基层干部牢固树立为民造福的政绩观。二是坚持全程考核和集中考核相结合。对基层党员干部直接参与的重大任务，从组建工作专班开始，同步启动专项考核，将辨德识才贯穿全过程。如在抗击疫情中，党员干部承担社区防控组、检疫检测组等的工作，组织协调社区封闭式管理、核酸检测等，可近距离考核相关党员干部的履职情况。三是坚持以事察人。注重收集街乡领导、合作单位、群众等对党员干部的工作要求和评价意见，作为评价党员干部政治表现、工作实绩的重要依据，全方位了解党员的遵纪守规意识和依法办事情况。

## （二）拓宽基层协商共治渠道，实现多元共治

朝阳区的发展建设离不开驻区中央、市属和社会单位的关注和支持，党建工作旨在打破条块分割，整合资源力量，突出行业特点，发挥行业优势，进一步加强城市基层党建工作，完善朝阳区“一轴四网”区域化党建工作体系，形成共同参与、共同协商、共同治理的党建格局，最大限度凝聚社会共治合力。

一是要立足资源禀赋，广泛汇聚合力。进一步加强党建资源统筹，强化党建引领、区域联动、领域互动，完善“一轴四网”区域化党建工作体系，健全辖区各单位、各行业和各领域主体参与社会治理的机制，构建全区域统筹、全领域协同的“两全”治理格局，真正使区域内党建资源统起来、用起来、活起来，双向发力、双向服务、双向共进。

二是要发挥平台作用，推动区域发展。强化区级统筹，区、街乡、社区三级党建工作协调委员会密切联动，按照“一会五委”的思路，完善街乡、社区党建工作协调委员会组织架构，定期协调调度，把辖区内各类单位和组

织有效纳入社区治理体系。把“四方责任”转化为社区治理常态化责任体系，把疫情期间的联防联控转化为党建引领下的共建共治共享，持续加强重点行业党建工作，强化引领作用，共同推动社会治理创新。动员各委员单位党员、职工积极参与地区组织的各项活动，实现信息快速交流、需求有效对接，推动各类组织纵向联动、横向联合，营造地区共治的浓厚氛围。

三是要放大专业优势，强化治理效能。加快区党建工作协调委员会各专委会组建速度，进一步完善工作职责、运行机制，落实好联络员制度，加快建立服务资源、服务需求、服务项目“三个清单”，确定工作方向，引导各委员单位把“根”扎下来，把“责”担起来。发挥好各专委会在所属领域中的“枢纽”作用，根据自身职责主动认领工作，聚焦重点难点从专业角度研究事项、提供保障、解决问题，开展好督导评议，及时总结推广好经验、好做法，打造特色品牌。

### （三）引领居民参与协商共治，发挥主人翁作用

社区党组织要结合新时代的新特点和新要求，激发群众参与社区治理的积极性，将协商作为开展社区工作的主要方法，让居民成为社区管理服务的参与者、实施者和受益者。探索“民主选举、民主决策、民主监督、民主管理”的有效实现形式，根据实际情况和需要，将社区组织机构、人员变动信息、管辖事项、办事流程、经费使用情况等信息定期向社区居民公开，以提高办事效率，便于群众监督，减少寻租和贪腐的空间，切实提高社区“自我管理、自我教育、自我服务”的能力和水平。

一是加强宣传，提高居民参与意识。社区通过入户，利用微信群、公众号等现代化媒介，广泛动员居民参与议事协商，营造良好的议事协商氛围，切实增强居民的主人翁意识。组建民情联络队伍，发挥工作人员包楼包片作用，运用“下沉式”工作法，入户走访、巡查宣传，深入社区，与居民代表、党员代表、文体队伍成员面对面谈心，征求意见建议，了解需求，掌握第一手材料。二是做好动员，赢得居民对社区工作的支持。对涉及群众利益的事应分组入户，对有消极想法、拒绝拆除的居民耐心劝说，细心讲解法规

政策，取得居民的理解与支持。三是组织活动，调动居民参与热情。社区工作人员应就社区实际情况举办“邻里节”、“家庭日”、志愿者表彰、跳蚤市场、消防安全讲座、防火演练等丰富多彩的活动，切实有效地提高居民归属感，使大家真正感受到社区大家庭的良好氛围。

## 参考文献

杨妍、王江伟：《基层党建引领城市社区治理：现实困境　实践创新与可行路径》，《理论视野》2019 年第 4 期。

殷星辰：《新时代以基层党建引领社区治理创新的实践与思考——以北京市为例》，《中共山西省委党校学报》2019 年第 4 期。

《王灏：创建党政群共商共治的社区治理模式》，新华网，2019 年 12 月 2 日。

《区委书记王灏在 2020 年朝阳区党建工作协调委员会会议上强调：构建“共建、共治、共享、共赢”区域化党建新格局》，北京朝阳公众号，2020 年 9 月 16 日。

《【试点工作】朝阳区党建引领老干部工作向基层延伸试点工作亮点展示》，北京老干部公众号，2020 年 9 月 17 日。

《怎么贯彻落实干部考核条例？北京探索经验分享给你》，共产党员网，http://www.12371.cn/2020/11/13/ARTI1605246915894257.shtml，2020 年 11 月 13 日。

# B.15

# 朝阳区以共商共治推动解决“小电梯大难题”

摘　要：　老旧小区加装电梯是便民利民的重要举措，也是基层治理中提升居民幸福感的重要着力点。但加装电梯涉及利益主体众多，是否装、如何装都极易引发居民矛盾，是老旧小区综合改造过程中面临的一大难点。朝阳区老旧小区众多，对加装电梯的诉求十分迫切。为此朝阳区基层社区多措并举、共商共治，通过推动老旧小区在改造中新装电梯、维护老旧电梯运营、提供电梯替代品，改善小区品质，提升基层治理效能。

关键词：　朝阳区　加装电梯　协商共治

基层协商民主是实现基层自治的重要方式，为深入贯彻习近平新时代中国特色社会主义思想，落实打造共建共治共享的社会治理格局要求，朝阳区基层党政机构以及群众性自治组织基于中央政府与地方政府的授权，吸引社会各方力量参与，整合社会资源，在畅通群众利益表达、诉求反馈与决策监督新渠道的同时，解决了一批群众关心的实际问题，提升了基层治理效能，群众的满意度与幸福感也得到提升。

## 一　朝阳区老旧小区加装、改造、运维电梯的主要难点

### （一）缺少物业管理，电梯停运无人维护

管庄地区京通苑小区10号楼于1995年开发，2000年建成入住，现有居民120户。由于历史遗留问题开发商未给大部分业主办理产权证，致使业主不交物业费，2013年11月12日，之前的物业管理单位北京宜和世家物业公司停止对10号楼的管理。早在2010年3月，10号楼电梯因为没有进行年检存在安全隐患而被朝阳区质监局停运一年半，后经居民多次上访和社区多次向相关部门反映，经朝阳区政府协调由朝阳区政府和管庄地区办事处垫资对10号楼的两部电梯进行了大修和保养。由于资金有限，电梯缺乏正常维修，无法进行年检，于2015年8月5日再次被朝阳区质监局停运。其后管庄地区办事处与朝阳区政府、朝阳区信访办及朝阳区质监局多次召开协调会，最终由管庄地区辖内的顺长物业公司与维保单位签订维保协议，对电梯进行维修和保养，恢复了电梯的运行。根据居民意愿，社区多次与华润物业召开协调会，希望华润物业接管10号楼。在查看10号楼的设施设备及核算整改预算后，因前期需要投入大量资金，华润物业公司也无接管10号楼物业的意向，电梯再次处于无物业管理、无运维的状态。

### （二）电梯加装、运维牵扯利益主体众多，难以协调

呼家楼街道金台社区26栋居民楼自2017年10月开始进行加装电梯工作。项目由国家出资，完善配套设施。社区自2017年3月起与产权单位入户征求居民意见，对居民提出的问题做出解答，加装电梯工作虽然对大部分居民来说是一件好事，但是也有很多居民不予理解，比如住在一楼、二楼的市民认为，加装电梯就要分摊建设安装费、电梯运营费、维修费等费用，而

自己家里楼层低，完全不需要坐电梯。还有居民担心，一个单元如果有几户不同意装，后期施工就可能存在麻烦。即便是安装成功，还有后期的维护管理，会有意想不到的琐碎事和麻烦事。

孙河地区康营家园是由康营村等 9 个村于 2009 年完成拆迁腾退、转居安置、回迁入住的农转居社区，共划分为 4 个居民社区，包括 17 个自然楼院。2018 年，孙河地区启动康营家园社区试点加装电梯工程，共涉及 178 部电梯安装工作，但在电梯加装过程中面临诸多难题，如施工过程中对居民环境的影响、高低楼层住户意见不一，以及电梯运行中的采光、通风、降噪等一系列问题，这些问题让居民矛盾一时间全部爆发出来，安装电梯工程在刚一启动时就难以推进下去。

### （三）楼体老化，缺少加装电梯的硬件条件

电梯属于特种设备，在加装电梯过程中，由于部分老旧小区家属楼年代久远，建筑质量能否承载电梯建设及长期运营，以及若发生安全事故，善后问题如何处理等都制约着电梯的安装进程。

亚运村街道民族园社区成立于 2019 年，拥有社区居民 1536 户 5044 人。辖区居民年龄结构趋于老龄化，老年人比例为 23.2%。随着老龄化日益严重，老年居民的出行便利问题更加凸显。华严北里一号院是民族园的 8 个生活小区之一，是隶属于航天部五院第 55 所的职工家属院，院内有两栋居民楼，一栋高层塔楼（1 号楼）和一栋 6 层砖混楼（4 号楼），建设之初高层塔楼就安装了电梯设备，6 层砖混楼则没有安装电梯，随着老龄化问题日趋严重，4 号楼居民代表集中反映安装电梯的诉求日益增长。

左家庄街道静安里社区东至北三环东路，西至左家庄中街，南至静安庄东街，北至静安庄西街，占地 0.22 平方公里，共有 36 栋居民住宅楼、127 个楼门。其中大部分小区均为修建年代较早的老旧小区，楼体老化较为严重。安装电梯首先需要考虑楼体是否承受得住，电力增容以及电梯的位置设计等都是静安里社区面临的问题。特别是安装电梯还涉及多方协调、办理手续、筹备资金，以及加装电梯后产生的噪音、遮阳、占地、电费等多种问

题。对于楼体老化、严重失修的老旧小区而言，加装电梯从设计上就面临一个无法避免的阻碍。

## 二　群策群力、共商共治，朝阳区老旧小区电梯加装的做法与成效

### （一）广泛议事、多方筹措，提升居民自治能力

京通苑社区为帮助10号楼居民寻求电梯处理方案，以此最大限度解决楼道卫生、垃圾清运、设备维护等历史遗留问题，通过广泛开展居民议事，多方筹措，增强居民自治能力，探索居民自治和社区治理新模式。

一是积极引导居民有序参与社区规范化建设。以“社区议事平台”为抓手，通过走访、座谈、调查问卷等形式搜集10号楼居民的具体问题，提交议事厅讨论，引导和发动居民参与讨论。

二是推进政府行政功能与社区自治作用互补。经多方联系，2018年将10号楼电梯列为无主电梯，为居民们申请救助金。社区组织10号楼居民积极准备相关申报材料。地区办事处也抓住这一契机，多次到社区与居民沟通协商，又积极与房管局、财政局多方联系，最终为10号楼居民成功申请了无主电梯救助金。楼宇自治委员会组织10号楼居民自筹部分资金，对楼内2部超期服役的电梯进行了更换。居民对管庄地区办事处和京通苑社区的工作高度认可和满意。

三是广泛征集居民对社区工作的意见和建议。按照议事协商流程，社区组织10号楼居民代表、楼宇自治委员会成员共同参与议事协商会议，听取居民的心声，制定并落实整改措施。

四是实行“公共参与治理”工作模式。充分发挥社区议事协商的作用，为10号楼居民搭建自治平台。电梯问题解决后，引导10号楼居民趁热打铁，转变观念，继续发挥楼宇自治委员会作用，建立健全自治制度，对保安员、保洁员、电梯看护员等岗位实行轮岗制，增强居民对社区的归属感、认同感。

京通苑社区把居民作为主体，纳入10号楼事务的决策、管理、实施中，推动了多元参与、居民自治，成功解决了无物业管理的10号楼电梯维修运营问题。目前10号楼已成为社区的标杆楼门，环境优美、邻里和谐、气氛温馨，自治效果突出，建言献策的居民越来越多。通过协商治理，把居民能干、想干的事儿交给居民自己来干，培育居民的公民意识，提升社区自治效能。

### （二）“红色楼门长”制度推动居民自我管理

孙河地区工委、办事处本着群众利益无小事，便民工程一定要让居民满意的目标，以党建为引领，以“聚美家园”党建项目为依托，由社区党委统筹，每个楼院建立党支部，党员包到楼门，破解了一系列社会治理难题。康营家园4个居民社区的17个自然楼院都建立了党支部，各楼院支部根据党员具体情况划分楼门，实行“红色楼门长”制度，带动广大居民自我管理、自我服务。

在加装电梯过程中，各位党员发挥党建引领作用，努力把对群众生活的影响降到最低，得到广大居民的支持理解。老楼加装电梯的受益群体多是中高层住户。在康营家园，就增设电梯而言高低楼层住户间的矛盾一时难以调解。康营家园各楼院党支部的党员、和谐促进员作为“牵头人”，通过搭建楼院“居民议事厅”交流平台，与社区和各方代表深入居民家中走访调查，耐心与居民交流，详细了解低层住户的实际诉求，又与施工单位协商，商量最优解决方案，配合地区工委、办事处、社区对接加装电梯设计公司的专家，按照低层居民的意见，特别是针对采光、通风、降噪的诉求进行优化设计。截至目前，孙河地区康营家园已有93部电梯正式交付使用，预计年底前完成全部工程结构施工，共计178部电梯加装完成，6000余位居民陆续告别爬楼的日子。

呼家楼金台社区由社区书记牵头组建协商小组，在社区、楼院、单元三个层面召开民主协商会，记录居民提出的各项意见及建议。社区工作人员入户对居民做工作，召集居民进行商谈，缓解高层住户焦虑，化解低层住户矛盾。

### （三）“一中心一厅一会”，以区域化党建助推便民电梯项目落地

亚运村街道民族园社区党委成立以来一直秉持“区域化党建引领网格化自治”的工作理念，建立完善一个党组织服务群众中心、每个生活小区一个居民议事厅、每个楼院一个服务群众分会的组织架构，即“一中心一厅一会”区域化党建工作体系，旨在实现社区服务管理的联动统筹和高效运行。社区党委通过经常性的居民诉求收集渠道和走动式工作，深入楼院内、居民家中，深入了解居民对安装电梯的迫切需求。社区“两委”发现问题后，一方面，通过 4 号院服务群众分会了解居民的诉求细节；另一方面，通过居民议事厅平台，组织党组织服务群众中心的成员单位将居民诉求传递给所属产权单位航天部五院和物业管理单位。并通过走动式工作的方式经常性地走访相关单位领导层，及时传递、反映居民诉求，督促给予重视和解决问题。社区作为居民与相关单位之间有效的沟通平台，在积极向产权单位反映居民诉求的同时，也通过“一中心一厅一会”的居民诉求渠道，将办理情况和进度及时反馈给居民代表和关心的居民群众，避免了居民信息不对等造成以讹传讹情况的发生。

社区在第一时间了解情况后，立即与产权方沟通，代表居民感谢产权单位，同时协助他们做好居民的工作，让工程顺利进行。统一思想，社区召开居民会议将居民代表的思想统一起来，让居民代表向居民做工作；宣传引导，多次召开居民代表会，将国家倡议安装便民外挂电梯的政策以及安装电梯的好处等有意识地通过代表不断宣传出去；配合签字，物业人员在居民代表的支持下，携带产权单位的材料逐一入户签字确认，从居民代表开始先易后难，通过深入的思想工作，居民从逐步观望到一致同意，电梯得以顺利安装。

### （四）“七步议事工作法”推动楼院电梯安装难题

左家庄街道静安里社区就楼院居民的实际诉求，启动楼院议事厅，用居民议事的方式推动楼院问题的解决，并在实践中吸取经验教训，确定了

“寻议题—找根源—开会议—定方案—立试点—缮方案—再推广”七步工作路线。

一是寻议题，深入了解楼院居民情况。随着我国高龄化人口的增加，住在老旧小区的老年人面临每天上下楼梯的情况，生活非常不便。静安里社区是20世纪60年代建成的房子，高楼层老年人由于腿脚不便，耗费时间长，上下楼问题十分突出。

二是找根源，分析无法安装电梯的原因。老旧小区加装电梯需要根据物权法规定，改建、重建建筑物及其附属设施，应当经专有部分占建筑物总面积2/3以上的业主且占总人数2/3以上的业主同意。另外还需要考虑楼体是否承受得住，多方协调电梯费用来源、电力增容以及电梯的位置设计等问题。

三是开会议，讨论如何缓解老年人上下楼压力。经过讨论虽然装电梯不可能，但是可以为上下楼提供一些便利，在楼道安装折叠座椅，让上下楼的居民中途可以坐下来休息，人走时可以折起来贴到墙上，不占空间。

四是定方案，初步确定安装座椅思路。根据楼里老年人的具体情况确定安装在哪一层，确定折叠座椅的样式、扶手的样式、安装的人员、安装的时间、后续的维护等具体细节。

五是立试点。根据调研，7号楼有居民可以提供后续技术支持，以7号楼为试点，为居民后续楼门安装试看效果。

六是缮方案。以7号楼安装反馈的良好效果，根据实际情况在需要的楼门进行安装。

七是再推广。以点铺面，根据居民诉求，在9、11号楼开始安装，并在社区进行推广。

静安里社区通过居民议事解决5个楼院问题，居民议事信心和意识得以提升。通过折叠座椅的安装，议事居民骨干看到了自己的力量，对议题的解决充满了信心，也愿意提出问题，寻找方案，积极地解决难题。通过每周三下午固定时间15：00~16：00议事厅的开门，居民也养成了有问题有想法就周三下午找议事厅的习惯。在议事过程中，议事规则得以确立，议事厅运转得到居民认可，社区凝聚力得以提升。居民对自己楼院问题的认识有了提

升，对社区的归属感有了提升，邻里关系在交流过程中得到改善，社区建设持续向好。

## 三　从“小电梯”看朝阳区基层协商共治的经验与启示

社区是社会基层单位，朝阳区基层社区要坚持党的领导，多元共治，整合社会资源，按照公平、公正、公开、民主、法治的原则去建设社区，才能让协商共治在社区治理上发挥作用，打造文明、和谐、健康的社区生活环境。

一是突出党建引领。基层工作人员应认真学习、深入领会党的建设的文件精神，严格落实相关政策，加强基层党组织建设，充分发挥社区党员带头作用，充分发挥党员的先锋模范作用，破解社区治理中出现的问题。

二是坚持实事求是、具体问题具体分析。每个老旧小区安装电梯面临的诸多问题不尽相同，社区工作者不能照搬其他经验，不能一刀切。基层社区要结合小区实际，经过实地调研考察后，与居民共商共议，力求在解决问题的同时确保居民的满意度与获得感得到提升。

三是提升基层治理水平。要加强社区议事协商，充分听取居民的意见建议，把问题议深议透，不断完善社区治理的方式方法。社区要搭建多渠道、多形式、多内容的居民议事平台，引导居民自治。同时应加大宣传力度，创造居民不断学习的条件，全方位提升居民自身综合素质，促进共商共治朝更高水平迈进。

### 参考文献

《加装 178 部电梯　康营家园 6000 余居民告别爬楼》，《北京青年报》2019 年 11 月 20 日。

傅琼：《公民参与社区治理的困境与对策》，《山东商业职业技术学院学报》2018 年第 5 期。

张吟梅、马元喜：《基层社会治理的现代权力结构构建研究》，《保山学院学报》2020 年第 6 期。

# B.16
# 朝阳区以共商共治推动解决居民停车难题

摘　要：随着城市经济的快速发展，私家汽车数量也快速增长，大规模进入家庭。不同城市的发展历程表明，经济发展程度越高，停车设施需求量越大，对停车问题的解决也就越迫切。停车虽然只是社区治理中一个微小的事件，但是也关乎着民情民心。近年来，朝阳区在充分尊重和征求群众意见的基础上，探索构建多种社区停车模式，实现了辖区文明程度和居民满意度的双提高，改善了社区停车状况，为创新社区治理机制探索了新路径。

关键词：老旧小区停车　停车难　社会治理创新

## 一　停车难的背景分析

### （一）停车难导致社区问题多发

停车难导致小区外部环境复杂。有些小区内部停车位不足，于是业主的车只能停在小区外的道路上。既阻碍交通，也导致近年盗车案件中马路失窃的比例不断提升。虽然交警部门加大惩处力度治理乱停车现象，但群众不理解，抵触思想较重。停车难导致小区内环境变差。大部分小区中停车位数量有限，导致有车的业主在没有车位的情况下，只能乱占道路、绿化带，甚至有的居住区将原来的绿地铺上水泥砖改为停车场，使居住区绿化面积大量减

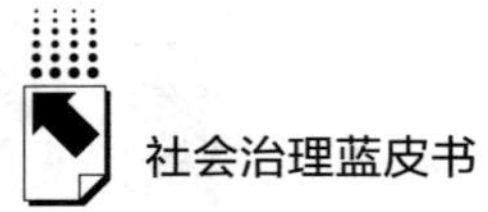


少，影响居民的生活质量。停车难导致的矛盾激化事件时有发生，影响社区稳定。车辆停放难，导致车主见缝插针，加上少数车主素质较差，往往是车停好了，却影响其他业主的日常生活。部分小区的物业管理公司在解决停车难问题上方法不当，导致业主和物业关系紧张。

### （二）停车泊位总量缺口大

不同城市的发展历程表明，经济发展程度越高，停车设施需求量越大，对停车问题的解决也就越迫切。但就目前的小区来看，由于一般住宅小区的车位设置在项目设计和规划阶段就已经确定了数量，因此在已建住宅小区中再设置机动车位，实际上是很难的。面对现在购车热、停车难的局面，今后小区的生活设施能否达到现代人的安全舒适标准，衡量的主要指标之一将会是住宅有没有配套车位设施。

在朝阳区的共商共治会上，居民代表也多次提出停车位不够用，要求增加车位的提案。为了摸清原委，切实解决停车难题，朝阳区社会办、区市政管委、区园林局、区交通委到社区进行实地考察，先后多次分别与小区居民代表、产权单位负责人召开现场协商议事会、座谈会、碰头会。通过与各方的深入沟通，基本把握整个脉络，了解实际情况。在充分征求和尊重群众意见的基础上，朝阳区各街道积极探索构建多种社区停车模式，实现了辖区文明程度和居民满意度的双提高，改善了社区停车状况。

## 二　朝阳区各街道缓解停车难的实践探索

### （一）小关街道：多元协商集共识，立体停车解难题

小关街道惠新北里社区的千鹤家园三角地建成了绿荫停车场，共增加停车位 130 个。但绿荫停车场建成后仍然存在 800 多个车位缺口，居民日常停车就停在路边上，造成交通秩序混乱。有居民代表提出能否在空置房屋处建设立体停车楼，增加停车位，进一步缓解停车难的问题，方便居民停车。调

研分析：街道、社区开展了调研摸底等基础性工作，对惠新北里社区实际停车资源数据、可整合拓展的停车位、现有居民汽车拥有量、停车管理中的主要矛盾纠纷，以及居民群众对停车管理秩序方面的主要意见和建议进行全面收集和分析。民主协商：详细了解居民需求，经区市政管委、区园林局、区交通委到实地进行考察，与街道及产权单位多方协商，达成了初步建设意向，建设立体停车楼。后经区级民主协商会表决通过，同意建设立体停车楼。组织实施：社区采用招投标的方式，确定施工单位，设计实施方案。在区委、区政府的大力统筹下，协调区市政市容委、区规划委、区交通委，解决资金缺口、审批手续、设备用电等问题，在 10 月完成立体停车楼施工。惠新北里社区建立立体停车楼，增加车位 150 个，既能最大限度地解决周边的停车难问题，又能使土地使用率得到提高。

### （二）三里屯街道：推行居民自治，破解停车难题

长期以来，太平庄南里小区居民经常因私家车停放问题而大伤脑筋，私家车随意停放，严重影响了社区居民出行，因车主私装地锁而引起的争吵时有发生。效果的转变源于工作思路的转变，社区居委会在党委的领导下，通过开展五民工作法，充分调动居民的力量，凝聚社区居民的“智慧”，通过民事民决的方式引进专业停车公司进行规范化管理，有效地解决了社区停车难题。

太平庄南里小区建于 20 世纪 70 年代，是典型的老旧小区，共有 6 栋居民楼 371 户居民。小区地处繁华的工体商圈，由于物业管理的长期缺失，没有规划停车位，私家车随意停放，车主私装地锁防不胜防。随着社区机动车保有量不断增加，小区停车难的问题越发突出。2018 年末，幸福一村社区党委换届，新一任党委班子当选以后，牢牢把握初心使命，坚持以人民为中心，发扬“四千四万”精神，将百姓最期盼解决的停车难问题列为社区首要解决的问题。

1. 遍足迹，集民意，建立意见征求机制

2018 年末，社区党委探索与实践老旧小区准物业创新模式，将太平庄

南里小区作为试点，社区书记康幸媛带领社区“两委”班子成员走遍了社区的每个角落，仔细查看小区停车现状，对停车位数量进行摸底调查，并对停车数量和停留时间进行跟踪记录。为全面、深入地了解居民对小区停车管理的想法，采用入户走访、座谈会、重点访谈等形式了解居民的需求，收集各方面的意见建议，形成居民的需求清单。在社区党委和居委会的监督指导下，于2018年12月经小区居民投票选举9名居民代表成立小区自治管理委员会，实现小区居民自治管理。

2. 辨问题，定方案，完善议事协调机制

针对小区停车问题，社区多次召集居民自管会、辖区单位、党员、居民代表、有车一族进行商议，研究探讨解决停车难题，并初步拟定停车管理方案。为让民事民议在幸福一村社区落地，社区与居民自管会多次组织召开居民停车意见征求会，在会上，一致同意引入专业停车管理公司对社区车位进行统一管理，居民自管会对停车管理公司进行日常监督。为使居民能及时了解社区停车问题进展情况，便于社区居民交流，社区党委引导居民建立了停车问题微信群，随时发布小区停车位改造进展情况以便于商讨各类问题，做到信息透明、公开，让居民放心、安心。

3. 搭桥梁，促沟通，构建平等对话机制

根据居民对停车管理的需求，社区积极引导居民开展自治管理。2019年7月，在区委组织部和街道的大力支持下，引入第三方北京朝阳家园物业管理有限公司对小区进行停车管理。社区组织小区自管会与物业公司共同召开居民协商会议，先后制定了《太平庄南里小区停车自治管理公约》《车主公约》等规章制度，并对相关条款规定进行公示，经过一周的公示期，未接到居民的投诉反映。在居民自管会的协助下，物业公司按“一户一证”原则对小区车主进行资质认定，发放停车证，凭证进出。与此同时，社区对接周边辖区单位资源，将“二辆车”和出租户车辆协调到小区周边路侧和世茂地下停车场停车。2019年11月11日，太平庄南里小区的入口正式启动电子抬杆系统，对社区停车进行统一管理，实现社区居民停车管理需求和服务项目的有效对接。

4. 重实效，抓落实，健全评价监督机制

小区实行停车自治管理以来，在社区、居民和物业公司的共同努力下，居民车辆基本实现随到随停，不用再为找一个车位而大费周折，社区停车井然有序，相比以前大为改观，居民满意度大幅提升。通过成立停车自治管理委员会，征集大多数居民的提议，采用纯居民自治的方式来解决停车问题，即民事民办，让居民自己来解决。民事民提、民事民办在幸福一村社区落到实处。

社区停车问题的圆满解决，源于社区党委积极探索以党建引领社区治理的有效途径，社区居委会积极培育社区居民组织，充分发挥社区党员的先锋模范作用，无论是座谈会还是微信群内，社区党员为停车问题出谋划策、安抚社区居民情绪，主动站出来承担责任，积极配合社区党委的工作，保证了停车问题有条不紊地推进解决。通过解决社区停车难题，进一步提升了社区自治水平，使社区管理与居民自治实现有机结合，形成党政群共同协商、共同参与、共同治理的良好格局。

### （三）太阳宫地区：议事协商，共治共享

惠忠庵社区位于北京市朝阳区太阳宫地区，东至西坝河路，南至太阳宫南街，西至京承高速路，北至北四环路，占地面积0.44平方公里。区内建有高层居民住宅25栋、高层商务楼宇3栋，居民户数2885户，常住人口6065人，外加社会单位职工，总数超过1万人。2017年以来，随着社区常住人口和机动车数量的不断增加，乱停车现象日益凸显，给社区居民和辖区单位的出入往来造成不便，而位于红玺台小区北侧的太阳宫一街西段，这条长150米、宽12米的道路一度由前期的双面侧向停车演变成双面横向停车，停放的机动车数量不断增加，道路也变得越来越窄，加之周边商铺集中，往来车辆较为密集，日间甚至出现机动车“双层交错叠停”现象，给居住在小区的居民驾车出行造成了极大的困扰。由于此条道路尚未完成交付使用，不能进行正常的交通执法，太阳宫一街西段无序的停车状态愈发严重。

为了切实解决矛盾，保障社区居民顺畅出行，社区党委看在眼里，急在

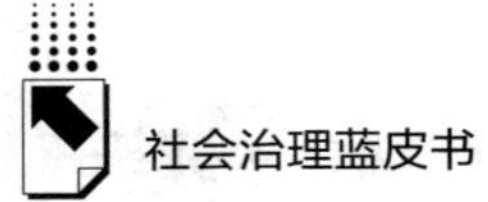



心上，果断运用太阳宫地区“社区吹哨科室报到”的街乡治理响应机制，及时将问题反映至太阳宫地区平安建设办公室，得到了主管领导的高度重视，并委派专人及管片交警参与社区道路治理专项会议，在地区平安办的大力支持下，社区通过与道路权属责任单位、相关物业公司以及部分业主代表多轮反复磋商，最终选定最佳治理方案，厘清管理范围，决定由主责管理的一方制作隔离护栏，施划停车位，设置导向标识，对太阳宫一街西段进行秩序整治。

2019 年 1 月，在平安建设办公室、管片交警、社区专干以及辖区三家物业公司的通力配合下，仅用了两天时间，便坚决有力地疏解了该路段周边无序停放的车辆，使太阳宫一街的交通秩序得到了根本改善。

为了强化惠忠庵社区停车秩序，巩固辖区公共道路治理成果，2019 年 5 月，社区党委通过与有关单位议事协商，动员 8 家社会单位共同合作成立了“社区停车自治联盟”，约定由辖区单位各自承担起周边停车秩序的管理责任，要求各单位委派专人对接“联盟”各项工作，负责“门前六包”责任范围内停车秩序的维护，对违规停车行为及时疏导和制止。各家根据本单位实际情况，建立相应的制度条款，合理安排“停车引导员”工作，爱护使用配发的物资及设备，贯彻落实自治协议中的各项条款，社区党委对成员单位任务执行情况进行监督检查，同时为“联盟”开展工作做好协调保障。

经过近一年来的运转磨合，“社区停车自治联盟”已进入常态化运行管理阶段，对社区交通秩序治理以及服务辖区居民出行发挥着积极的作用。此次交通治理行动，是惠忠庵社区运用议事协商工作机制，协调各方，上下联动，共治共享解决社区治理难题的有益尝试，为畅行街区，提升群众安全感和获得感树立了标杆。

### （四）酒仙桥街道：多措并举，解决老旧小区停车难题

酒仙桥街道电子球场社区，位于酒仙桥东侧，东临酒仙桥东路，南至跃进桥，西临酒仙桥南路，北起晶都国际，面积 0.42 平方公里。社区共有楼

房 58 栋，居民户数 4012 户，常住人口 10650 人。

电子球场社区属于老旧小区，无物业管理，道路四通八达，小区院落不封闭。三街坊 1 号院位于电子球场社区三街坊，共有楼房 5 栋，常住人口约 800 人。三街坊 1 号院是待拆迁区域，小区出入口无人看管，导致外来车辆随意出入，并且长期占据小区车位，居民回家没地方停车。为了占据停车位，有的车主在小区内随意私装地锁，不顾他人的感受乱停乱放。有的居民认为安装的地锁严重影响他们的正常生活，强烈要求拆除。因为停车难问题造成小区秩序混乱，居民矛盾突出。从根本上解决小区停车难题、化解居民矛盾、改善居民的居住环境是当务之急。

1. 积极做通居民思想工作，拆除私装地锁

解决三街坊 1 号院停车难问题的第一步，就是先对社区部分居民私自安装的地锁进行拆除。社区对三街坊 1 号院内私自安装地锁情况进行了摸查统计，建立台账。在社区显著位置张贴“温馨提示”，希望居民能够自觉遵守国家法律制度，自行拆除地锁。对不愿拆除地锁的居民，社区工作人员多次入户，对当事人进行政策宣传、耐心劝导、说服教育，希望他们能以大局为重，配合社区做好小区整体停车规划工作。最终，社区在街道、城管、城建、综治、派出所等部门的大力支持和居民的积极配合下，对院内地锁进行了拆除。

2. 多次召开居民议事会，协商解决问题

为了提升居民的生活质量，杜绝私装地锁，解决居民停车难问题，电子球场社区在小区治理中积极发挥三街坊 1 号院居民议事厅作用，以提升居民满意度为出发点，通过居民会议、网络平台、居民直接反映、意见收集箱、调查问卷等方式，广泛收集小区居民的意见建议。居民议事厅将问题进行汇总整理，形成议题在居民议事会上提出，由社区居民、居民代表、老党员、楼组长等通过多次召开居民议事会征求意见。最终，在居民代表大会上征求有车居民的意见时，大家举手一致同意聘请专业物业公司对三街坊 1 号院车辆进行规范化管理，保证院内车辆回来时有车位，并按时缴纳停车管理费。

3. 成立居民自治管理委员会，打造居民自治组织

居民议事会还一致同意成立居民自治管理委员会，并通过居民推荐、自荐等方式推选出居民自治管理委员会成员 5～7 人。由居委会副主任担任组长，组织居民自治管委会人员对停车居民所缴费用使用情况进行监督、公示，确保资金在阳光下运行，合法合规。

4. 实地勘测，整体规划，进行硬件设施改造

电子球场社区聘请专业人员对三街坊 1 号院进行实地考核，对硬件设施布控进行统计、核算，并及时将预算上报街道办事处。经街道研究决定，由办事处出资对三街坊 1 号院进行封闭式小区硬件设施改造。在小区大门车辆进出口处安装升降杆智能系统、车辆起降杆、收费岗亭。在小区内布控摄像头、划定车位、划定交通标线、改造小区大门、修补路面、安装隔离墩等。

5. 规范停车，小区环境面貌和治安秩序得到改善

电子球场社区三街坊 1 号院停车规范管理启动后，小区居民的车辆可通过电子扫码出入小区，同时有专业的保安人员进行看管。大家都自觉按照规划的停车位规范停车，减少了因乱停车、争抢车位引发的居民矛盾，极大地改善了小区环境面貌和治安秩序，居民拍手称赞。

6. 居民议事，提高居民参与社区管理的积极性

电子球场社区为推进社区各项建设和谐发展，不断强化居民民主自治，积极推行居民议事制度，打造“社区居民议事厅”，构筑社区组织和居民直接沟通与交流的平台，形成“小事不出社区、大事不出街办”的社区管理与居民管理有机结合的模式，开辟了一条联系群众、优化决策、化解矛盾、改进工作的新途径，有效地推动了社区发展的步伐。三街坊 1 号院停车规范管理作为电子球场社区“居民议事厅”的重要工程，不仅彻底解决了小区安全隐患，也进一步提高了社区居民参与小区管理的积极性，引领并强化居民自治。

### （五）呼家楼街道：与邻携手，共同协商

呼家楼街道工体南路位于呼家楼和三里屯两个街道的交界处，存在严重

的私装地锁、随意停车的现象。车辆的随意停放，造成便道堵塞，给居民出行带来极大不便，也发生过车辆被剐蹭、产生邻里纠纷的情况。该项目共涉及两个街道和社区，如何满足不同居民的利益诉求，成为解决此问题的关键。

1. 三方统筹协调组织，双方街道居民全程参与

街道工委发挥统筹领导作用。一是街道工委、办事处领导高度重视群众反映的问题，开展实地考察。二是召开班子会集体讨论研究，明确了工作原则、解决问题的思路和工作目标。三是为城管科、社区办等职能科室提供人员、组织、经费等各方面的大力支持。四是结合群众路线教育实践活动，坚持在制订方案阶段，充分听取居民的意见建议，力争通过解决居民实际困难，并化解不同利益诉求居民和跨社区、跨街道居民之间的矛盾，以达到双方居民都满意的成效。

职能科室发挥组织协调作用。一是街道相关职能科室先后召开座谈会，组织两个社区的居干、居民代表共同参与讨论，广泛听取居民意见建议。二是城建科发挥职能科室专业优势，对此项目进行了充分调研和论证。三是多次修改实施方案。最终决定采取一种折中的办法，由呼家楼街道投入资金10 万元将长约 96 米的便道重新铺装，原有私装地锁全部由居民自行拆除，并适当扩宽人行便道，将道路划分成四段，根据路况分段停车，所有停放车辆倾斜 45 度，保证车辆在停放时，道路畅通。四是要求居民签署承诺书，承诺不私自安装地锁。

社区党委、居委会发挥社会动员作用。通过入户走访、个别交流等方式摸清底数，掌握居民真实意愿和思想动态，并认真细致做好居民思想工作，利用多种形式发动居民积极参与座谈会、问询会等工作，为此项工程真正做到知民情、解民忧、顺民意打下了良好的群众基础。

双方街道居民全程参与。双方居民在街道的宣传和社区的动员下，对街道工委、办事处为民解忧的诚恳态度有了一定了解，在实地考察、调研、座谈会期间，提出了很多中肯的意见建议，对项目实施方案的顺利通过起到了积极的作用。尤其是在两次座谈会的过程中，从第一次座谈会双方各执一词、互不谦让，到第二次座谈会互换角色、认真讨论项目方案，充分体现出

居民在开展党政群共商共治工程中的重要性。

2. 项目创新：与邻携手，共同协商，角色互换，实现“共治共享”

该项目的顺利实施，除了得益于双方街道社区的辛勤付出之外，也要归功于居民的积极配合。从一开始双方街道居民由于利益出发点不同而互不相让，到后来互换角色、各退一步，充分体现出共商共治的协商精神。该项目解决了居民的实际困难，得到了呼家楼和三里屯两个街道居民的认可，既满足了居民停车的需求，又满足了居民出行便利的需求；既妥善治理了停车难、出行难等“城市病”，又没有激化社会矛盾，双方街道成功探索出“共治共享”的模式。

## 三　持续推进解决停车难题的启示思考

### （一）加强管理，制定差别化停车供应和消费政策

采取停车设施适度供应和差别化供应相结合的方式，通过适当控制停车供应，设置不同时段、不同位置差别化收费等措施，优化调整停车收费标准、费用费率等相关政策，强化执法管理能力。

一是对主城区、中心城区、繁华商业街区等建筑物配建停车标准制定上限，实行“总量控制，适度供给”，控制车位供应总量，抑制机动车出行量，调节机动车交通总体需求。

二是引导居民减少对机动车、小汽车的依赖，绿色出行。调整停车收费，提高路内停车、长时间停车的费率，在城市外围轨道和公共交通车站附近提供足量、低费用乃至免费、方便换乘其他交通工具的停车位，鼓励绿色出行、公交出行、停车换乘出行。

三是综合治理违章停车现象。将停车秩序纳入城市管理执法范围，加强已建停车场区域内违停行为管理，加大违章停车处罚力度，健全完善停车法规体系。

## （二）促进停车位共享，发展智能停车诱导系统

设置错峰共享停车位。共享停车位是指利用 2 种或以上用地类型的建筑物，充分利用停车泊位需求空间和时间上的差异，优化整合泊位资源，相邻地点的 2 个或多个用地共享一个停车场。利用大数据和互联网信息技术，推出共享泊位、网约停车平台项目，将闲置的停车泊位作为存量资源，打造城市级停车泊位共享平台。

建立健全城市停车位基础数据库，对区域停车特征进行调查分析，对不同业态的停车位进行深入研究实现共享，包括在空间上相互分离，利用不同用地性质停车需求差异实行错时共享，提高车位周转率、使用率，减少配建停车位数量。

以信息化、智能化为支撑，分级建立区域停车诱导系统，提高既有停车设施的使用效率，减少因为寻找车位而在公共道路上巡游的机动车数量，降低路面停车需求。

## （三）研究鼓励政策，扶持停车产业化发展

在停车设施上，建立完善市场化建设机制与经营模式，鼓励市场投资并设法保障投资的合理收益。同时，加大立体停车库的建设力度。立体停车场有占地面积小、空间利用率高、建设成本低等诸多特点，能有效缓解停车难问题。在机动车数量多、土地资源紧张的城市，可作为停车设施建设的新方向。

## （四）持续完善立法工作，理顺依法管理机制

明确各相关部门职责及互相之间的协调关系。构建交通规划、建设和管理部门的协调机制，进一步整合优化机构资源，建立职能集中型交通部门，统筹城市管理机构、交通规划、设施建设、运输管理，形成决策、执行、管理与监督相协调的城市交通行政管理运行机制。

### （五）发挥公安交管部门主力军作用，净化交通环境

交通管理部门既是一个执行部门，也是交通管理的主力军。不断加强交通管理部门对停车泊位重难点问题的调查研究，为市级交通治理宏观决策提供科学参考，统一部署，深入推进静态交通管理健康发展。逐步探索丰富的现场和非现场交通执法手段，充分利用移动执法系统、电视监控等互联网信息科技设备，实现“互联网+”执法，高压整治违法违规停车。加强宣传教育，通过电视、广播、报纸、互联网等宣传媒体大力开展交通教育宣传工作，不断培养驾驶员守法停车意识。

## 参考文献

殷洁、李秋元：《老城区停车难问题的供给侧改革对策研究——以南京市为例》，《城市观察》2019年第5期。

卢川、宁洋：《缓解大中城市“停车难”问题的思考——以合肥市为例》，《滁州职业技术学院学报》2019年第4期。

黄臻、施文俊、张宇：《上海停车资源共享利用示范项目实施效果评估分析》，2018年中国城市交通规划年会论文。

**B**.17

# 朝阳区推动老旧小区治理优化提升的实践探索

摘　要：　老旧小区是城市基层治理结构转型中一种特殊的社区类型，由于历史发展过程中形成的粗放式管理方式和不规范的失管、漏管现象，老旧小区已经成为当前我国基层社区治理的重大难题。近年来，为贯彻落实北京市委、市政府加快推进老旧小区改造工作的安排部署，改善老旧小区居民生活和居住条件，提升城市形象和文明程度，朝阳区政府积极探索党政群共商共治模式，推动老旧小区治理。通过党政群共商共治平台，加强对老旧小区停车、治安、卫生、维修等方面的治理，取得了有效成果，形成了一系列可借鉴的经验模式。本文旨在总结提炼党政群共商共治推动老旧小区治理优化提升的实践经验，以期为新形势下老旧小区治理提供参考建议。

关键词：　老旧小区　党政群共商共治　老旧小区治理

## 一　推动老旧小区治理优化的背景

于2000年以前建成的小区，大多数都是原来的单位住宅，而普通的单位住宅只能提供基本的居住功能，物业管理和维修由单位负责。1998年开始，我国才逐步进行住房商品化改革，随着住宅商品化改革的推进，2000年以前建成的住宅小区原有单位撤离，大量小区陷入失管状态。由于建造时期本身就没有投入建设现代化的公共设施，如今既没有原来的“单位负责”，又没有在建成之初就应有的专业的物业管理服务企业，大部分老旧小区环境混乱、残破不堪，小区居民的生活体验与质量受到严重影响。2019年6月19日，国务院召开常务会议，李克强总理在会上提出，“部署推进老旧小区改造，顺应群众期盼改善居住条件，是重大民生工程和发展工程。老旧小区的改造应该配合社会治理改革同步进行，形成新的治理机制，为居民创造可持续的美好生活环境”。

朝阳区城镇住房总套数为123.2万套（间），其中1990年之前的老旧小区住宅共计21.5万套（间），占比约为17.5%。1950～1959年建成的住宅套数18698套，建筑面积79.4万平方米；1960～1969年建成的住宅套数8801套，建筑面积54.8万平方米；1970～1979年建成的住宅套数29498套，建筑面积159.7万平方米；1980～1989年建成的住宅套数158497套，建筑面积994.7万平方米；1990～1999年建成的住宅套数199290套，建筑面积1478.8万平方米，老旧小区数量多，存在一定风险。

同时，朝阳区探索党建引领老旧小区治理能力优化升级，是落实国家、首都推进治理体系和治理能力现代化的重要举措，是推动自身治理水平提升的题中应有之义。

## 二　朝阳区以协商推动老旧小区“旧貌换新颜”的实践探索

### （一）奥运村街道通过“走动式”工作法，用协商来强化老旧小区治理

从2019年初开始，在奥运村街道“走动式”工作法下，风林绿洲社区要求全体社工开展走动式工作，每周入户走访，主动问需，了解居民诉求，收集民情民意，主动沟通引导解决问题，为居民排忧解难。在奥运村街道“共商共治”的工作中，风林绿洲社区每月开展居民议事厅协商会、党政群共商共治协调会。经过收集民意和召开协调会，社区了解到南沙滩小区44～51号

楼居民最大的困扰：一是小区建立10多年，大门口过于破旧，来人探亲不知道这是哪个小区；二是电商经济发达，居民网购很普遍，可是送快递的快递员不知道这个小区叫什么名字，因为小区没有门头和显著的标志。

2019年6月，接街道办事处的指示，奥运村街道城建科对风林绿洲社区辖区内科学园南里中街路段进行施工改造。同时，因为南沙滩小区44~51号楼就在科中街上，社区工作者借科中街改造之势，为南沙滩小区44~51号楼加盖门头的想法开始有所实践。社区书记带着负责城建科的工作人员，与奥运村街道城建科科长及相关人员，走访了科中街，街道工作人员查看南沙滩小区44~51号楼东门的情况，并记录在档。

2019年，街道城建科开展“小巷空间提升项目”，联合社区，为了常捷院东门一事，先后召开3次协调会，经过和街道领导、设计公司、施工方的沟通，在奥运村街道城建科的支持下，在社区党委的高效推动下，最终就施工设计图、施工时间和施工进展与施工方碰头见面协商。

2019年9月上旬，南沙滩小区44~51号楼东大门开始建设，历时一个半月的时间，2019年10月底，南沙滩小区44~51号楼东大门胜利竣工。高大正规的大门拔地而起，获得了居民的称赞。不仅小区的整体面貌得到提升，而且科学园南里中街的街巷整体空间也得到很大提升。

从收集意见、萌生想法到借势造事，再到与奥运村街道办事处协调，与设计公司、施工方协商，历经9个月的时间，高大的门头建成，也为社区议事协商坚定了信心和勇气、初心和使命。风林绿洲社区将继续以党建引领为依托，将“不忘初心、牢记使命”落实在行动上，在社会建设工作领域，本着建设和谐文明美好社区的目标，努力践行初心使命，服务社区居民，提升居民的幸福感、满意度。

社区形成“社区协商让民生工程体现民意”的思路，切实有效地解决了居民的一些难点、热点问题，并且通过协商民主议事，实现了社区治理的第一步，切实解决了关乎居民切身利益的问题，让居民成为社区真正的“主人”，居民对社区的归属感和凝聚力得以强化。通过加大基层协商民主工作力度，扩大有序参与、推进信息公开、加强议事协商、强化权力监督，

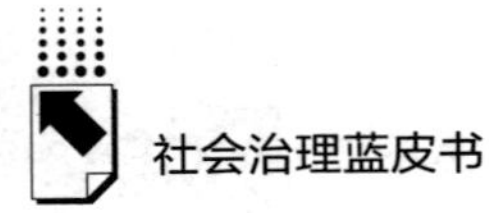



不断推进基层协商民主的程序化、规范化、制度化和常态化，进一步提高广大群众的民主意识，促进和谐社区建设。

### （二）八里庄街道从改革入手破解老旧小区物业难题

1. 统筹规划，加强政策设计

一是深入实际调研，拟定不同类型小区的物业管理方案。八里庄街道下属老旧小区较多，不同老旧小区的情况各有差异，遇到的问题也不尽相同。基于此，街道没有搞物业管理的一刀切，而是首先深入社区、小区中去，进行实地调研，了解各个老旧小区的实际情况及其存在的具体问题，并向居民征集解决物业管理问题的意见建议。在调研了解具体情况后，街道邀请有关社区管理、物业服务等方面的专家参与，制定较为详细的推动老旧小区实施物业管理的计划，并拟定了《朝阳区八里庄街道老旧小区物业服务升级工作实施方案》。

方案针对不同类型的老旧小区，区分小区基础条件、群众接受程度、相关单位协调可能性等因素，提出物业服务升级与基层党建、环境整治提升、楼门长服务能力培育等工作相结合，分步骤、分阶段予以落实的总体工作思路。尤其是针对多产权老旧小区这一物业管理最为困难的区域，在“党政引领、居民自治、企业服务、分步推进”的治理理念指导下，制定了《2018—2020年三年行动方案》，决定在试点基础上有步骤地引入物业管理，渐进地为居民提供规范化的物业服务。

二是推动精准施策，促进老旧小区物业管理方案落地。八里庄街道清晰界定不同老旧小区的问题，推动精准施策，将纸面上的方案落实到实际行动中，促进老旧小区通过物业服务提升社区、小区的精细化管理水平。针对产权关系较为明晰的老旧小区，引导产权单位和居民合作，提高小区物业服务管理水平。这类小区的产权单位尚且存在，并持续提供基础性楼宇管理服务。其物业问题的成因主要在于原产权单位物业服务的投入长期维持较低水平或者投入缩水，物业服务水平相对不高，特别是和现代物业服务相比存在缺项与短板。而小区居民长期享受着单位代缴代偿的显性或隐性福利补贴，

形成免费享有服务的惯性。基于此，八里庄街道积极与产权单位沟通协调，配合老旧小区环境整治改造，为物业服务创造较好的运作条件。同时，八里庄街道推动居民建立小区物业自管会，围绕居民关心的公共卫生、停车管理、环境绿化、社区治安等问题，调动居民参与物业管理的积极性、主动性。

针对多产权的老旧小区，街道分阶段逐步引入物业管理，为居民提供规范化物业服务。街道在召集小区产权单位、管理单位座谈，完善物业服务管理方案的同时，深入宣传动员居民，培育居民树立物业服务有偿观念，引导吸纳部分热心公益、综合素质能力强的居民参与推进物业管理，以筹备成立小区物业自管会。街道结合开墙打洞治理、违章建筑拆除、居住环境提升等项目，对整个小区进行综合考量，统筹规划实施小区改造项目，让居民看到环境变化，感受到物业管理的好处。另外，街道结合老旧小区实际，从楼内环境管理、室外公共区域管理、综合管理和公共设施设备管理四方面制定服务标准，并对有意愿进驻的物业公司进行考察及能力审查，划定候选物业企业范围，以方便社区自管会自主选择物业服务公司，建立社区物业服务管理监督体系。

2. 协调联动，获得居民信任

一是六方共治，协同行动。针对老旧小区的物业管理难题，八里庄街道调动党委和政府力量积极参与协调联动，充分发挥党和政府在基层治理中的主导作用，调动了产权单位尽责服务、居民参与治理的积极性。在畅通居民诉求表达渠道、尊重民意的基础上构建起小区自管会，统筹社区、物业、社会组织、驻区单位、商务楼宇以及居民代表六方参与协商讨论、协同行动，形成了以“共治、精治、法治”为核心的老旧小区物业难题解决之道。进而引导小区自管会选择物业服务机构进驻并提供专业服务，打开了老旧小区物业服务的“锈锁”，解决长期困扰居民的道路破、停车难、环境差、基础设施不达标等物业管理难题。

二是实行“大小物业综合服务”。八里庄街道打破原有楼、院分割的划分规则，按照服务管理项目进行分类，立足区域整体，将老旧小区公共区域内的秩序管理、环境卫生、绿化养护、停车管理、便民服务等项目“打包”整合并交给引进的物业服务机构管理。针对老旧小区的楼体、楼内、公共设施、公用管线维修等事项，则由原有产权单位及其物业机构作为责任主体进行管理。物业服务机构服务区域广、事项多，成为“大物业”，而原产权单位或其服务机构则成为“小物业”。此外，为了居民家中的维修难题能得到有序及时、有偿低价的解决，八里庄街道统一引入辖区专业维修队伍。“大小物业”共同发力为居民群众提供物业服务，两者相互补缺、相互协作，使得小区居民所享受的服务与其他小区居民所享受的市场物业服务基本无异。

三是实行物业服务事项的“菜单式服务”。在单一产权的老旧小区推行物业服务管理的过程中，八里庄街道将八里庄西里社区作为试点，从小区环境卫生、停车服务、绿化保洁、治安防范等居民群众最关心的事项入手，通过查缺补漏、缺项引进、优胜劣汰的方式齐抓共管持续弥补老旧小区原有产权单位物业服务的短板。在对多产权老旧小区推行物业服务管理过程中，八里庄街道以红庙社区为试点，通过居民代表大会、审议会等形式广泛征求居民意见后，再引进物业公司进行管理，对于其收费服务项目，采取基于需求的居民“点单”方式确定，让物业公司从基础性服务起步，再根据需求及居民承受能力拓展。

3. 市场导向，改革物业服务

一是协助物业公司完善造血机制。针对物业服务机构进入老旧小区在缴费、盈利及持续运营方面的顾虑，八里庄街道在三年内给予物业企业一定的资金平衡补贴，通过资金预决算、评审支付给服务企业，打消企业难盈利的顾虑。同时，针对政府支持的养老助老、一刻钟服务、老年餐桌、垃圾分类等社区服务项目，优先考虑由区域物业服务机构承担。同时，鼓励服务机构挖掘社区闲置资源开拓物业服务收入来源，通过入户服务等渠道增加物业服务收入；鼓励引导物业服务企业通过代收服务（代收快递、代收洗衣等）、广告投放以及与社区内单位共建等方式拓展收入渠道，增加物业服务收入，确保物业企业“进得来、管得好、留得住”，为居民持续提供物业服务。

二是实行“先尝后买”的体验式服务。八里庄街道在老旧小区引入物业服务管理中，推行了“先尝后买”的方式。即由物业公司先为居民提供物业服务，让居民体验专业物业公司带来的便利，然后再实行低价服务，进行分项缴费。“先尝后买”的体验式服务有利于逐步提升居民花钱买服务的意识，给居民一个适应过程，引导供需双方互相适应。八里庄街道70余栋原国棉厂老旧宿舍楼的排水系统普遍存在问题，包括排水数量不够、管道老化等，时常需要进行修理和更换。针对这些多年“顽疾”，八里庄街道引进物业服务机构后，协调主管部门、产权单位、物业公司、社区居民进行协商讨论，系统解决少数楼栋管道问题，引导居民体验改造效果后收取后期费用，并逐步拓展到其他楼栋。这种体验式服务让居民充分了解到物业服务内容及其效果，也增加了居民对物业服务的熟悉度，使得物业服务在老旧小区得到了居民的认可支持，服务事项也得到更快推行。

三是聚焦物业运营，引导物业公司微利持续服务。为了给老旧小区选聘物业公司，街道引导居民依照规定程序选举成立小区自管会，由自管会组织居民商讨确定物业服务内容，再选聘物业服务公司以及监督后续物业服务。物业公司进入老旧小区就需要对居民收费以确保物业服务管理的持续运营。

四是以多元化解决机制化解居民缴费、物业收费的矛盾。为了拓展物业服务收入来源，八里庄街道充分利用和挖掘社区停车位及服务延伸，如规范停车秩序、采取错时停车收费，以及居民个性化入户服务等；鼓励、引导区域内物业服务机构通过与社区内单位共建、社区可用公共空间出租等方式拓展可用资源，通过小区广告牌更新，借助互联网经济投放广告等方式增收；根据政策规定，将党组织服务群众经费、政府垃圾清运等专项经费用于物业服务，由物业服务机构承担小区设施改造、社区公益事业、养老助老服务等获取收入；协调物业公司按照长远经营理念，前期物业服务低收费，稳健起步，对停车、保洁、电梯维护等分项逐步加以收费，培养居民“缴纳物业费享受物业服务”观念。

### （三）麦子店街道农展南里社区，协商共治推动老旧楼院改造

麦子店街道农展南里社区东 2 号楼（以下简称东二楼）始建于 1979 年，板式结构，共 6 层楼 6 个单元，居民 108 户。由于楼龄已有 40 多年，楼顶防水层年久失修、老化严重，每逢雨季来临，住户备受漏水困扰，苦不堪言。

针对楼顶逢雨必漏的情况，东二楼的居民们多次向产权单位反映问题。但东二楼的产权情况较为复杂，6 个单元涉及农业农村部下属 4 个产权单位。产权单位分散，统筹协调困难，使得漏雨问题拖成了“老大难”，迟迟没有实质性进展。

“民有所呼、我有所应”。在接到居民的诉求后，街道工委、办事处高度重视，闻风而动、接诉即办。以敢“啃硬骨头”的决心，打好“真抓实干”的“组合拳”，接连攻克“民意关”“协调关”“施工关”三大难关，高效快速地破解了东二楼逢雨必漏难题。

以“公仆精神”践初心，共商共治打通“民意关”。为民办事，先听民声。在街道工委与社区党委领导下，“党政群共商共治”机制得到充分运用。前期社区召开居民代表协调会，请居民们建言献策。在此基础上，街道领导前往农南社区东二楼，实地走访群众，全面了解情况。经过实勘后发现，东二楼楼顶防水层老化严重，雨季存在积水隐患与漏水问题，亟须修缮改造。听到老百姓焦急而恳切的呼声，麦子店街道书记果断决策：“老百姓的事就是咱自己的事。这件事咱要抓紧办，好好办！”工程开展已势在必行，但防水工程涉及群众范围广，低楼层住户受漏水影响较小，如何让所有居民理解认同是关键。社区多次召开居民代表协调会，同时积极入户走访，对影响较小的低楼层住户耐心地说明情况，以“为民解忧”的初心打动老百姓，最终得到了广大居民的支持与理解，为后期工程开展打下坚实的群众基础。

以“担当精神”勇作为，群策群力突破“协调关”。为尽快破解难题，街道充分利用“街乡吹哨、部门报到”机制，当“吹哨报到”的号角声响

起，相关部门及产权单位齐来报到。街道召开专题工作协调会，组织街道、社区、产权单位等参会，捋清了东二楼产权归属问题，明确了相关责任分工。面对产权单位的迟疑与顾虑，街道主要领导亲自带队走访各家产权单位，一家一家说明情况，了解他们的实际困难，积极帮助协商调解。在街道坚持不懈的沟通努力下，4 家产权单位最终达成协议，同意按照户数比例出资对东二楼楼顶进行防水改造。为保证公平公正，让产权单位吃下“定心丸”，街道充分发挥“担当精神”，主动牵头、勇挑重担，接受产权单位的委托，对该工程进行总体调度及全程监理，使得东二楼楼顶防水工程以最快的速度施工。

以“克难精神”打硬战，提速提效攻克“施工关”。工程施工在即，但困难依旧不少。汛期阶段，工程施工的时间紧、任务重，一旦碰上雨天，确保楼顶不漏水至关重要。为保证工程高质高效完成，街道充分发挥“攻坚克难”的精神，扎实做好前期准备，狠下决心打“硬战”。在施工过程中，街道实时跟进施工进程，全程紧盯工程质量。街道领导风雨无阻，多次赴现场考察施工情况，督促施工单位做好应急措施，加强防水苫盖，确保施工期间楼顶防水效果。为全面无死角保护居民的生命财产安全，街道及时制订防汛应急预案，协同社区组织成立应急保障队伍，安排日常巡逻，备足防汛物资，加强预警研判，保障居民安稳度汛。

经过综合的改造施工，农展南里社区东 2 号楼的楼顶防水层焕然一新，居民终于告别了“屋漏偏逢连夜雨”的困扰。

## （四）团结湖街道坚持党建引领，完善老旧小区治理机制

### 1. 始终牢记为民初心，牢记时代使命

习近平总书记指出，“打铁还需自身硬。”团结湖街道始终坚持以习近平新时代中国特色社会主义思想为指导，深入落实习近平总书记对北京的重要讲话精神，把习近平总书记关于带领人民创造幸福美好生活的要求真正学深悟透、融会贯通、真信笃行，增强贯彻落实的自觉性、坚定性。在实际工作中贯彻执行习近平新时代中国特色社会主义思想，把不忘初心、牢记使命

作为终身课题。

中国特色社会主义之路下的城市高速发展，目前老旧小区存在诸多难题需要长期探索和解决，针对问题的反复性、复杂性、长期性，团结湖街道迎难而上，不忘为民初心，牢记时代使命，强化责任担当，履行好街区建设的相关责任，以为民服务解决难题为使命，以首都“四个中心”的城市战略定位为指导，认真细致地分析研究，探索长效治理机制，始终坚持“高标准、精细化”的工作要求，在对重大问题的破解中，展现街区建设和管理工作的责任担当。

2. 立足街区特色，完善老旧小区有机更新治理体系

团结湖街道以立足首都城市特征和要求入手，把提升首都核心功能、塑造首都风貌、建设国际一流的和谐宜居之都，作为有机更新工作的出发点。从留白增绿、改善出行、补充短板、社区更新四个方面积极推进，结合“减量发展”要求，优化基础设施条件，提升公共空间品质，丰富城市生活，创建宜居宜人的城市公共环境。

为此，团结湖街道首先抓紧摸清底数，及时整理相关老旧小区的类型、居民改造愿望等，在此基础上进一步明确区域内老旧小区改造的标准和对象范围，建立相关台账。结合首都特征，确立街道定位，打造街区特色，因地制宜提出街道老旧小区有机更新的内容和标准。其次，贯彻落实朝阳区责任规划师制度，充分发挥责任规划师的宣传作用、咨询作用和纽带作用。配合相关设计团队深入基层进行实地调研，全面掌握老旧小区所涉范围内的历史文化、经济社会、土地资源、各级各类规划的基本情况，指导规划落地实施。通过责任规划师的专业性指导和宣传规划，协助组织征集公众意见，掌握社情民意，解答百姓疑惑。凭借责任规划师专业团队的优势，长期扎根基层，主动发现所在片区的规划实施问题，研究相关实施路径。

同时，紧跟时代，与时俱进，综合利用现代信息化手段，着力构建“实时共享、精准感知、科学研判、智能处理”的“城市大脑”，不断提升城市治理的精细化、智能化水平，让老旧小区管理迈上新时代新高度。通过新的技术手段探索老旧小区有机更新的新模式新方法，不断完善老旧小区建

设治理体系。

3. 政策支持多元合作共赢，谋求探索改造创新格局

老旧小区有机更新是一项非常重要的民生工程，团结湖街道结合市区两级住建部门的数据和条件支撑及相关政策。在投资方面，找准切入点，探索既能够满足群众期盼，又能够拓展内需、带动消费，同时还避免重复建设的路径方式，持续扩大有效投资，努力实现区域内稳增长、调结构、惠民生。通过从社区到街道、从社会到政府自下而上的方式，按照合理确定的改造计划，推动区域内老旧小区创新改造方式和资金筹措机制等。按照“业主主体、社区主导、政府引领、各方支持”的方式统筹推进，采取“居民出一点、社会支持一点、财政补助一点”等方式多渠道筹集改造资金。积极创新老旧小区改造投融资机制，以政府改造资金为主，通过社会各方合作、共同开发、共同建设、谋求共赢等手段，摸索创新金融可持续支持方式，运用市场化方式吸引社会力量参与老旧小区改造。将共同缔造的理念和方法贯穿到老旧小区改造更新的全过程，通过多资金筹集渠道加大投入，立足长期治理，让百姓获得切身实惠，切实改善基本居住条件。

4. 共商共建共治共享，增强百姓参与感

坚持“党建引领、多元参与、共商共建、共治共享”原则，不断强化党建凝聚力，形成多元共建体系。充分发挥党员带头作用，发动广大群众参与，大力推行“共商、共建、共治、共享”社会治理模式，从工作启动开始就让老百姓深度参与，采取将老旧小区改造与社会治理相结合、与社区党建相结合、与社区文化建设相结合的“三结合”方式，全面改善基础设施和环境的同时，打造宜居的生活环境。

## 三　持续推动老旧小区治理的启示思考

### （一）明晰产权边界和主体责权利

上一轮房改遗留的产权和主体责任等问题是阻碍老旧小区改造的核心因

素之一。老旧小区的住房和公共空间产权混乱、主体缺失等问题给改造更新带来责权不清的矛盾，制约了改造和投入的动力。在推进老旧小区改造过程中，要继续深化住房体制改革，针对无力负担和长期缺位的企事业单位权属要让渡或者清退。针对参与老旧小区改造的社会资本，要探索建立引入和授权机制。

### （二）健全完善老旧小区更新配套政策体系

研究制定一套完整的综合性老旧小区改造政策，涵盖老旧小区改造的全方面和全过程，包括理顺不同层级、不同部门相关政策以及上位法规之间的关系，打通行政壁垒，为老旧小区改造更新营造良好的政策环境。

在政策体系构成上，一是要加大老旧小区服务类和供给型政策供给，二是要重点关注改造前的准备工作包括确权、评估、协商等，以及改造后的养护工作包括维护、运营、项目评估与验收等，把全流程政策覆盖面作为关注点，探索推进改造前、改造中、改造后的全流程政策支撑体系。针对老人、儿童、残障人士等的特定需求，要制定完善适应老旧小区改造场景的相关制度规范，与适老化、无障碍、育儿安全等相关政策联系起来。

### （三）建立健全老旧小区改造资金多方共担机制

老旧小区改造具有“高大多少”的特征，即社会效益高、运行难度大、牵涉主体多、盈利空间少，对此，老旧小区改造应在政府主导和统筹保障的基础上，充分发挥社会力量，拓宽资金来源渠道，动员社会多元主体、各受益主体广泛参与，建立健全老旧小区改造资金多方共担机制，建立规范参与主体管理机制，培育社会责任和公共意识。

### （四）建立完善建管联动长效机制

建立健全建管联动长效机制，强化建管同步的联动效应。将物业管理和基层群众自治联结在一起，将其作为启动老旧小区改造的前置性条件，把居民的参与度和支持度与停车位分配权益相结合，以基层自治保障小区改造顺利有序进行，结合老旧小区改造的契机撬动基层自治组织建设。

结合老旧小区突出特点，按照“分类治理”思路，积极探索多样化、个性化的物业管理形式，比如建立居民自管会、设置公益岗位让居民认领、购买菜单式物业管理、引进专业化物业服务等。可在试点小区探索实行“信托制”物业服务模式，物业企业作为信托受托人，为老旧小区居民提供物业服务，“信托制”能有效规避“包干制”“酬金制”的制度漏洞，小区物业管理公开化、透明化，是提高物业服务质量、提升基层治理能力的有效举措。

### （五）搭建公众参与平台

长期性、持续性是老旧小区改造具有的突出特点，搭建公众参与改造的长效支持平台，建立“双评估＋双平台＋双团队”支持协商体系，能够为居民提供多环节、多形式的参与支持。把老旧小区的改造过程作为回应民意、汇集民智、凝聚民心的过程，充分调动居民参与老旧小区改造的积极性、主动性和创造性，献计献策，培育并激发社区自我发展和自我更新的能力，实现基层治理能力和治理体系现代化建设与老旧小区改造的共生互动。

建立完善“老旧小区改造前后双评估”机制。摸清老旧小区底数、基本情况，收集整理小区基础数据、配套设施、居民构成和意愿等要素，建立“老旧小区社会—空间数据库和改造项目储备库”，加深对老旧小区现状条件、居民改造意愿、参与积极性、小区治理结构等因素的认识了解，从而更好地进行综合全面评估，为不同类型的改造项目提供重点指南和专业建议，实现公众对所在小区改造重点和难点心中有数。

搭建“老旧小区改造申请和支持平台”，制定完善老旧小区改造项目公开申报制度，公众按照“自主申报、竞争入围”原则，由社区居委会、业主委员会或企事业单位在公开征求居民意见建议基础上，经过相关部门批准，向相关机构递交申请报告。同时，还要设置“差额补贴、择优改造”的竞争评选机制，激发社区居民参与的积极性。

## 参考文献

刘佳燕、张英杰、冉奥博：《北京老旧小区更新改造研究：基于特征－困境－政策分析框架》，《社会治理》2020年第2期。

刘芳廷：《D市老旧小区的社区治理研究》，沈阳师范大学硕士学位论文，2018。

北京市住房和城乡建设委员会：《2020年老旧小区综合整治工作方案》，2020年5月。

**B**.18

# 朝阳区优化街区、楼院宜居环境的实践探索

摘　要：　环境质量直接影响居民的生活质量，关系人民生活水平的改善和提高。环境治理是基层社会治理的重要组成部分，其模式的创新也成为促进基层社会治理现代化的关键之举。近年来，针对人居环境“脏乱差”，楼道堆物堆料、乱停乱放等问题，朝阳区统筹谋划、广泛协商，动员力量、凝聚共识，积极开展了环境治理活动，营造了绿色宜居的居住环境，为创新基层环境治理机制探索了新路径。本文通过梳理近年来朝阳区各街道在环境治理方面的创新举措，总结提炼经验做法，以期为更多街道社区提供参考。

关键词：　朝阳区　共商共治　环境治理　基层治理

## 一　优化街区、楼院宜居环境的背景及意义

城市社区环境卫生是一个城市政府形象和市民素质的重要标志，也是一个城市文明程度、开放意识、文化水准和社会公德的集中体现，它直接反映了一个城市的精神文明程度、管理水平及其品位。《北京城市总体规划（2016年—2035年）》明确提出北京要建设国际一流的和谐宜居之都，对北京城市建设与发展提出更高的要求。党的十九大报告指出，坚持人与自然和谐共生是新时代坚持和发展中国特色社会主义的基本方略之一，小康全面不全面，生态环境质量是关键，有序推动公共区域堆物堆料治理，开创环境共

治共享新格局，让社区成为居民宜居的家园、幸福的乐园是党和国家政策措施落实的“最后一公里”。

朝阳区近几年推动“绿色智慧平安”社区建设、“全要素小区”建设、全景楼院建设等，不断探索街区、楼院在公共活动空间、交通与泊车、功能设施、文化符号构建、绿化美化、垃圾分类、背街小巷长效机制等方面的工作方式，街区、楼院宜居环境不断优化。但随着人民生活需求的不断提高，朝阳区与建设“国际一流的和谐宜居之都”的功能要求仍存在差距，社区在具体实施过程中也面临空间、环境、人文、治理、服务等方面的困难，持续引领基层社区开展共治，创新基层环境治理工作模式，进一步推动环境优化具有非凡意义。

## 二　朝阳区推动环境治理的实践举措

### （一）激活资源，美化楼院环境

1. 大屯街道慧忠里第一社区：激活“三方”资源的楼道综合治理模式

慧忠里第一社区是始建于20世纪90年代的老旧小区。多年来由于小区物业力量薄弱，存在楼道内小广告和堆物堆料、私搭乱建等难点问题。为此，慧忠里第一社区激活“三方”资源，逐步探索社区党委领导、居委会主抓、居民广泛参与楼道治理的模式。

慧忠里第一社区依托小区居民议事协商制度，逐步形成具有特色的楼道治理模式：一是启动小区居民议事制度。召开小区居民议事代表“清理楼道堆物堆料和小广告解决方案议事会”，依据楼道堆物情况，找到居民堆放原因，及时梳理解决问题的办法。同时，社区居委会引进社会组织“路江红”暖心驿站，并进行专业清理。

二是制定详细工作目标和行动计划。根据上次居民议事会决议和“路江红”暖心驿站工作组共同制定详细的工作目标和行动计划。采取集中清理堆物堆料、彻底清除墙壁小广告、重刷墙面涂料、清洁楼道玻璃、制定楼门公约、发倡议书、建联系卡以及定期维护等一系列措施治理楼道。

三是开展前期宣传动员活动。在开展楼道清洁工作的同时，社区组织社区志愿者队伍开展“楼道装扮和楼道文化活动”的前期宣传动员，引导更多居民加入各种志愿者队伍，形成在居委会指导下，由居民主导社会组织有效配合、共同参与的社区长期自治模式。通过社区居民议事厅模式的推广和有效运行，为慧忠里第一社区今后开展更加广泛深入的居民自治工作打下了坚实的基础。

2. 平房地区平房社区：民主协商议事优化居民楼前环境

平房社区的富东嘉园小区地处东五环外，属东坝地区和平房地区的接壤处，2004 年建成入住，长期以来由两个乡共同管辖。其中 15～22 号楼隶属平房地区，小区外围栏、座椅等设施已经年久失修、损坏较为严重，小区西门外甬道杂草丛生、垃圾裸露。小区内部环境也不再符合人们对宜居家园的标准要求。

平房社区发挥民主协商作用，积极推动该楼院问题的解决。一是加强宣传，提高居民参与意识。社区通过入户，利用微信群、公众号等现代化媒介，广泛动员社区居民参与议事协商，营造良好的议事协商氛围，切实增强居民的“主人翁”意识。组建民情联络队伍，发挥工作人员包楼包片作用，运用“下沉式”工作法，入户走访、巡查宣传，深入社区与居民代表、党员代表、文体队伍成员面对面谈心，征求意见建议，了解需求，掌握第一手材料。二是多方协调，梳理居民意见和建议。社区多次召开居民议事协商会议，梳理问题，剖析原因，主动作为，联络东坝乡高杨树社区，组织两社区交流学习，相互借鉴社区治理的工作经验。运用吹哨报到机制，与地区相关科室实地考察小区环境卫生死角，召开研讨会制订工作方案，反复征求大家的意见，最终形成“创宜居家园”环境改造项目。三是做好动员，赢得居民对社区工作的支持。为加快整理步伐，社区工作人员顶着炎炎烈日，到小区做动员工作；分组入户，对有消极想法、拒绝拆除的居民耐心劝说，晓之以理、动之以情，细心讲解法规政策，最终得到了居民的理解与支持。四是组织活动，调动居民参与热情。社区距富东嘉园较远，居民来社区参与活动

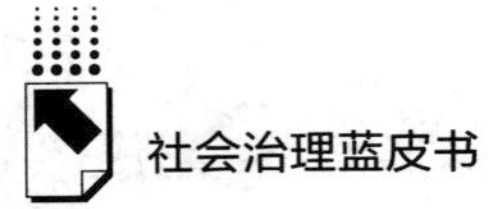



不方便，社区工作人员就拓展资源，联系商户提供场地，举办了“邻里一家亲”首届邻里节、志愿者表彰、新春大集、隔代教育讲座、消防安全讲座、防火演练等活动，得到了居民的广泛欢迎，切实有效地提高了居民的归属感，使大家真正感受到社区大家庭的良好氛围。

通过多方协商、共同发力，富东嘉园小区居民参与社区建设的意愿得到明显提升，社区联手管理服务有效结合，社区社会单位积极发挥作用，居民参与社区议事渠道得到畅通。小区改造提升后，绿化丰富多样，环境整洁优美，居民素质也在环境改造中有所提高，有力提升了居民的幸福感、归属感。

## （二）着眼长效，打造美丽社区

1. 大屯街道：党建引领，多元共治解决垃圾楼脏乱问题

大屯里垃圾楼位于大屯街道大屯里社区，是由物业公司设立的自管垃圾楼，主要收集、清运大屯里社区内10家物业小区及周边餐饮单位的生活垃圾及厨余垃圾。但由于基础设施不完善，管理不到位，大屯里垃圾楼等待倾倒垃圾的垃圾车经常排队，并带有垃圾遗撒和阻碍交通等问题，周边环境脏乱差，严重影响周围居民生活质量。

在接到大屯里社区居民的诉求后，大屯街道高度重视，与区城管委共同研究工作方案，保障居民根本利益。

坚持党建引领，是筑牢宜居大屯的建设基石。街道工委充分发挥统领作用，加强工作统筹，整合部门力量，明确任务分工；社区党委充分发挥战斗堡垒作用，联系群众、团结群众，从群众的根本利益出发，为群众解决身边问题；党员干部以身作则、模范带头，积极投入一线组织动员工作中。

针对大屯里垃圾楼问题，街道及时与区城管委对接，多次召开现场协调会，整合资源，提升辖区精细化治理水平。经大屯街道、区城管委、区环卫中心、大屯里社区、物业公司等多个部门共同把脉确诊，症结主要集中在垃圾楼不规范、管理不到位、设施不完善。各部门会诊后决定，重建垃圾楼，

完善各类设施，并由朝阳环卫接管，规范管理垃圾楼。

为了调动居民积极性，街道机关干部、社区工作者对垃圾楼周边居民开展群众工作，宣传动员，介绍治理工作方案，讲明后续工作方法，取得居民理解与支持。并征求居民意见，做到与居民形成合力，激发居民共同治理的热情和信心，营造多元共治的良好氛围。

在改善大屯里垃圾楼环境秩序工作中，相关部门下沉力量到街道共同参与工作推进，把分散的力量握成拳头。经过多方努力，现垃圾楼得以新建，新建后的垃圾楼由朝阳环卫正式接管，确保了垃圾日产日清，并对墙面、地面、箱体及时清理清洗，确保干净无异味。

2. 酒仙桥街道高家园社区：多部门合力治理社区生活环境

酒仙桥街道高家园社区是20世纪80年代建成的老旧小区，房屋产权隶属于多家单位，管理难度大。近些年，随着外来人口增加，物业经营成本入不敷出等诸多问题的产生，社区内的环境问题逐渐成了居民反映最为强烈的问题。

针对老旧小区治理难题，高家园社区党委积极发挥党建引领作用，邀请中交三公司建筑分公司、燕东微电子股份有限公司、高园物业、高家园中学和小学、北京燃气公司高家园分部、银河湾物业、街道相关科室等12家驻区单位召开高家园社区党建协调分会，共同商议解决社区内居民关心的私装地锁、绿地脏乱、树木遮阳等环境问题。

针对社区居民反映强烈的环境问题，社区党委发挥“吹哨、报到”机制的集结作用，联合物业、高家园中小学、机关科室等多家单位，开展包括三区拆墙打洞封堵、砍伐遮阳树木等行动，取得良好成效。

发挥社区党员先锋模范作用。社区党委积极引导党员发挥先锋模范作用，将每周五倡议为“党员大扫除日”，每周动员自管党员、在职党员、辖区单位党员等百余人参与社区环境卫生大扫除。

酒仙桥街道高家园社区党建工作协调委员会分会通过党建整合区域资源，强化党的组织和工作覆盖，构建起条块结合、资源共享、优势互补、共驻共建的区域化党建工作体系，实现对各类组织和社区居民的有效服务、有

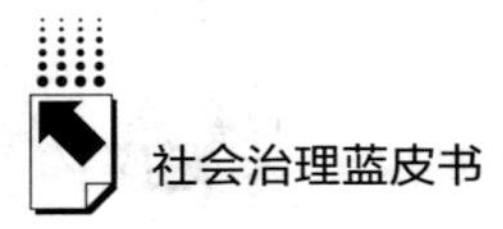



效管理，引导社区各界力量形成推动地区建设发展的工作合力。通过多方面共同努力，高家园社区生活环境问题得到了明显改善。

### （三）综合整治，营造良好街区环境

1. 呼家楼街道：多部门合力整治金台西路区域环境

东金台里西路为呼家楼地区老旧大街，道路两侧既有人民日报社、朝阳宾馆等辖区重点单位，又集聚着呼家楼南、呼家楼北等建于20世纪50年代的老旧小区，居民和社会单位的改善环境的呼声强烈，为更好地落实首都功能定位，服务好中央单位，提升街区风貌，呼家楼街道协调各部门力量对金台西路进行高标准、高品质、精细化的全面提升，营造良好的宜居环境。

建立“社区—科室—街道”三级响应平台，分级响应居民、单位需求。通过居民议事协商会、街道党建综合服务平台，呼南、呼北、金台、金台里等社区居民及人民日报社等单位对金台西路区域环境整治纷纷建言献策。街道迅速响应居民呼声，将居民建议转化为整治方案，请各部门会商，进行综合整治。

道路环境优化整治事权分散，涉及市政、绿化、交管等多个部门。呼家楼街道领导高度重视，督促部门形成合力。街道吹哨后，区领导带领部门到金台西路现场进行指导。区住建委、房管局、交通支队、法制办、派出所等相关单位纷纷报到，建立良好的沟通机制和环境整治提升工作联系表，严格落实周会议制度，及时解决施工中遇到的各种问题，圆满完成整治提升任务。

形成整治方案后，街道牵头组建专项协调小组，明确责任，各司其职。各部门指定专人负责，明确工作分工，积极沟通协调。分别开展交通优化、楼体美化、绿化提升、违建拆除等专项行动，共同行动。

通过各部门共同努力，整治金台西路道路两侧开墙打洞情况，进行统一拆除，恢复墙体原貌，安装护栏；对道路交通设施进行重新规划和改造，增加道路电子监控系统；规范机动车和自行车停车位。对沿街商业建筑进行外立面统一改造；对商户广告牌匾进行设计、规划。在疏解的基础上，加强基础设施建设，安装居民健身器材，做好绿地养护，美化周边环境，大力提升

地区居民和驻区单位的安全感、获得感。

2. 建外街道：联合多部门提升北平房周边环境秩序

平房位于建外街道北郎东社区光辉里小区北侧，是街道在环境治理中长期重点整治的地区。光辉里小区属于老旧小区，北平房租户多为餐饮单位，因房屋老旧，这些餐饮普遍存在脏、乱、差，没有卫生许可手续等问题，店铺门前车辆乱停，影响交通秩序，垃圾油污严重，破坏人居环境。群众反映较大，也给街道工作带来压力。该地区在环境秩序上存在的问题具有一定的历史原因，问题复杂，一直以来街道多方协调，屡次整治，但始终难以彻底解决。

根据工作计划，建外街道继续秉承“和衷共济、共建共享”理念，围绕“四个建外”目标，敢于动真碰硬，坚决打赢疏解提升攻坚战、矛盾风险化解战、精细治理持久战、民生福祉发力战。将北平房治理与背街小巷整治相结合，专门制定工作推进“六步法”：一吹风、二动员（谈话）、三评估、四整改、五会商、六推进。街道联合城管委，组织公安、交通、消防、卫生、环保、安监、工商等部门多次到现场召开工作调度会，明确各部门工作分工及职责，部署工作安排，安排了四项重点整治任务：一是拆除违法建设，包括拆除门店后院围墙、门店后厨私搭乱建棚阁、排烟装置；二是查处无照经营，包括查处无照、一照多用、超经营范围等违法经营现象；三是排查安全隐患，挨户排查燃气、食品卫生、火灾、电路等隐患；四是改善环境，治理店外占道经营、清理堆物堆料和垃圾、绿化美化周边环境、疏通下水管道。

通过组织工商、食药、安监、消防、公安等部门联合执法，协调燃气集团、供电公司等单位共同做好北平房周边环境秩序提升和综合集中整治，街道拆除餐饮门店后厨私搭乱建棚、排风扇、房顶烟囱、无照餐饮门店门头广告牌匾。对无照经营单位下发责令停业告知书并进行关停。对店外占道经营、超范围经营、私搭乱接电线、不符合食品卫生标准等各类存有安全隐患的经营单位发放责令停业整顿告知书，责令其立即停业整顿。对门店周边堆物堆料进行了清理，规范非机动车停放秩序。通过多次集中整治，北平房周边环境秩序大为改善。

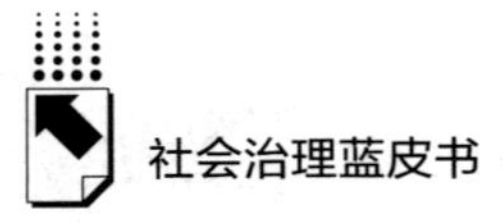


3. 三里屯街道：匠心打造三里屯“脏街”实现华丽转身

三里屯街道位于朝阳区中西部，地区敏感部位多、大型活动多、商业氛围浓、人流密集度高，“脏街”乱象是街道多年来一直未搬动的“拦路石”、啃不动的“硬骨头”，也不符合三里屯国际时尚文化街区的定位。在“疏解整治促提升”攻坚战全面打响后，2017 年 4 月，针对“涉及利益广、各种阻力大、风险评估高、媒体关注高、群众期盼多、攻坚任务重”的短短 150 米“脏街”，三里屯街道确立了先易后难、由点入手、串点成线、连线成面、组面成体的环境整治提升规划图，并落实人员、物资、经费等各项保障。街道着力抓好摸清底数、入户宣传、营造氛围三个关键，充分发挥社区党委、居民党支部的战斗堡垒作用，扎实做好前期准备；着力抓好依法依规、重点突破、现场组织三个环节，构建工委统筹、部门联动机制，集中发力攻坚；着力抓好治理反弹、回应群众、纵深推进三个跟进，形成党员干部真心带动、群众真情参与、社会舆论广泛支持格局，确保整治实效。经过多轮正面协商，三里屯“脏街”变宽了、变“靓”了，美丽的城市天际线露出来了，华丽转身为一个国际时尚街区新地标。

## （四）精准发力，推动“两空”治理

1. 亚运村街道：多方合力，精准治霾，提升空气质量

自 2017 年 10 月起，亚运村街道以北京市环保督察整改及朝阳区环保督察为契机，通过细化落实方案、修订应急预案、引入专家队伍，建立了以“科技监测、精准研判、靶向管控、科学评估”为核心的大气污染精准防治、智慧管控的精准治霾工作模式，实现辖区空气质量明显改善，为打赢全区蓝天保卫战做出了积极贡献。

一是夯实基层基础，强化监测网络建设。为及时了解颗粒物变化情况，掌握大气污染分布和输送规律，街道建立了集立体激光雷达扫描、地面微站在线监测、便携式监测设备以及污染巡查等科技手段于一体的监测网络。特别是建立“10 个固定监测点位 + 移动监测点位”的组合式监测体系，全面溯源道路交通、建筑工地、餐饮油烟等污染因素，实时监测空气质量。二是

突出分析研判，实现污染智能防控。借力专家团队形成“一图、一平台、一应用”，为大气治理提供有力支撑。“一图”即污染物分布图，通过科学监测，精准绘制点、线、面污染源分布情况；“一平台”即污染防治数据分析平台，通过前端监测网络每日分析污染数据，有效识别重点污染区域、污染源和时间段，实现污染预警及时响应；“一应用”即智慧大气 App，既可以看到监测点位的实时数据和预警信息，也实现了 10 个社区 $PM_{2.5}$指数的有效排名。采用“熊猫盼盼”作为空气质量的代言人，用微笑、哭泣直观反映空气质量优劣情况。三是加强精准管控，形成长效靶向治污机制。为做到快速反应，街道组建精准治霾工作群，涵盖主要领导、专家团队、业务科室和执法部门。专家团队在群内推送研判分析日报，反馈巡视发现问题。城建、城管迅即响应，现场监测，锁定污染源，依法从严处理。这一工作模式高效快速，迅速处理了工地扬尘污染、餐厅油烟扰民等污染案 100 余起。2021 年上半年，亚运村 $PM_{2.5}$和 $PM_{10}$累计浓度同比减少 28% 和 26.1%，环境质量持续稳定改善。

亚运村街道通过“三精”工作机制（突出精准治霾，推动精细管理，打造精致环境），以科技支撑、吹哨部门，实现城市管理“三个转变”（由被动管理向主动服务转变，由末端执法向源头治理转变，由粗放管理向精细管理转变），推动区域功能不断优化、发展质量不断提高、环境品质持续提升。组织开展“七彩亚运村，环境齐动员”清洁日活动，覆盖志愿者 3.5 万人次，形成多元参与机制，提升整体宜居水平；协调区环卫中心，并调动街道保洁力量，不间断开展环卫作业，重点区域达到以克论净效果；2021 年夜市排档案件 73 起，同比下降 51.3%，露天烧烤实现“零发案”；落实绿色施工理念，在新奥大厦安装全市首套立体化降尘装备，有效遏制施工扬尘污染；奥体中心一公里范围内烧烤全部改用燃气，实现碳烤彻底退出。

2. 亚运村街道：以地下空间清理与再利用为抓手，营造共治共享的良好格局

在保证地下空间使用公益性质不变的前提下，亚运村街道引入了周子书团队，设计建设了“地瓜社区”，并从 2016 年 3 月开始正式运营。

“地瓜社区”建设实践协商民主的理念。设计建设之初，倾听社区居民的意见与建议，收集居民在空间应用方面的各类需求，统计出得票最高的前10个功能需求。同时，制作反馈图示结果与问卷，并发送到居民的微信或手机，获得了极高的认可度和满意度。

“地瓜社区”经营体现共享共建的思想。“地瓜社区”的经营，引入了“产销一体”“协作共享”的运营理念。为地瓜空间的进一步优化和使用奠定基础，逐步形成了地瓜空间独有的创新文化体系，即321创新工作方法——搭建3座桥＋举办2个节＋创办1本书的思路，构建起共享经济趋势下的新社区。

依托“地瓜社区”各项工作，推动社区群众的融合。地瓜社区针对中青年人平时工作忙、业余时间少，在社区公共活动空间缺失，无法融入社区生活、人际关系冷淡、严重依赖社交工具、缺乏社区归属感的现状，采取了“321”工作模式，即3座桥（服务桥、培训桥、文化桥），2个节（艺术节、创意节），1本书（社区故事）。

“地瓜社区”自运营以来，给社区带来了新的活力，社区内人际生态得到改善，“地瓜社区”也成为社区居民共享共治、营造新型社区文化的平台，深受居民喜爱。

## 三　持续推动环境治理的启示思考

### （一）将协商民主贯穿社区治理全过程

以民主协商为主线，推动居民参与社区治理全过程。组建包括区相关部门领导、街道领导、社区工作人员、楼院群众代表在内的工作小组，以民主协商方式讨论环境治理工作相关事项和推进方案。在治理工作推进过程中，召开由工作推进小组、社区群众等组成的议事协商会议，讨论解决遇到的重点、难点问题，共同协商提出工作推进的解决办法。在治理工作完成以后，收集居民在环境治理方面的需求、建议与意见，并经全体社区

群众或代表集体讨论公共空间如何利用、使用范围等问题，最后由居民投票决定。

### （二）强化组织领导，落实工作职责

坚强有力的组织领导，是环境治理工作落到实处、取得实效的关键和保证。在朝阳区开展的环境治理工作当中，区社会办高度重视，健全工作架构，成立了社区楼道治理工作领导小组。在此基础上，科学梳理和分配各成员单位的任务分工，并牢固树立一盘棋的思想，各负其责，加强沟通，主动作为，有效协调解决治理工作中遇到的困难和问题，最终形成社区环境治理的工作合力。

### （三）加强体制机制建设，保障居民诉求得到及时解决

推动环境治理相关体制机制建设，建立合理的民主诉求机制、参与机制和事务协调机制，保障居民诉求能够得到及时解决。一是深化党政群共商共治平台建设，促进共治协商平台向基层延伸；二是以共治协商平台为基础，建立社区、楼院居民议事代表制度和日常例会制度，积极讨论解决在群众中引起强烈反响的事情和居民多样化诉求，经协商讨论后提出解决方案；三是建立全方位、多渠道的问题搜集、征集制度，形成常态化的社区、楼院事务问政机制，广泛收集居民需求，形成问政事项，并在居民议事会上讨论解决；四是建立议事事项的项目化运作机制，把居民议事会讨论的事项以社区项目的形式加以推进解决，并建立工作推进的监督反馈机制。

### （四）加强后期监督与维护

一是治理工作完成以后，为防止治理成果遭到破坏和安全隐患的反弹，建立由社区领导、楼门长、社区居民代表组成的监督检查队伍，长期检查有无反弹的现象和行为，定期对公共卫生环境进行监督。二是继续开展环境综合整治，邀请社区居民共同参与。

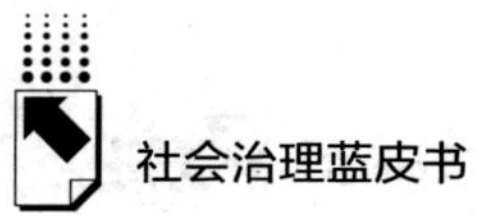


## 参考文献

丁少英、徐晓玲、刘朱红：《在老旧社区微改造中推进基层社会治理创新——越秀区珠光街仰忠社区微改造调研报告》，《探求》2017 年第 5 期。

《老旧小区美出新高度，朝阳区管庄西里社区环境整治任务全部完成!》，https：//www. sohu. com/a/430982107_ 120209831，2020 年 11 月 10 日。

# B.19 朝阳区疫情防控党建引领创新基层治理的实践

摘　要：新冠肺炎疫情防控，是在推进国家治理体系和治理能力现代化进程中对各级党组织和广大党员干部的一次大考。在此次疫情大考中，党建引领基层治理在疫情防控、民生保障、有序开展复工复产等方面发挥了显著优势和巨大作用。朝阳区坚决贯彻落实习近平总书记重要讲话和重要指示精神，充分认识到社区等基层单位在疫情防控中的基础性作用，充分发挥党建引领城市基层治理的优势，积极组织基层力量，动员群众和各社会单位，开展协同治理，打好疫情防控阻击战。通过分析党建引领基层治理在疫情防控中的作用发挥，梳理朝阳区的经验做法，总结存在的难点和问题，就朝阳区在疫情防控进入常态化阶段完善党的领导，将党建引领基层治理的制度优势转化为治理效能提出思考。

关键词：疫情防控　基层治理　党建引领　朝阳区

## 一　新冠肺炎疫情防控是对基层治理体系的一次大考

习近平总书记强调，“这次新冠肺炎疫情防控是对治理体系和治理能力的一次大考，既有经验，也有教训”。从我国在此次疫情防控中的整体举措来看，群防群治的防控大格局已经形成，基层社区疫情防控防线部署严密，及时精准的防控和监测有效阻止了疫情的进一步扩大和蔓延。同时，疫情防控也对基层治理体系提出了新的要求。

基层是推进国家治理现代化的基础载体，是国家公共服务落实的“最后一公里”，做好基层防控更是开展个体健康与安全管理的“第一步”。群众参与与社会协同是提高基层治理水平、推动基层治理能力现代化的重要基础，在面对重大公共突发事件时，更要强调基层从管理向治理的意识转变，推进形成共建共享共治的治理格局。现代化治理手段的重要作用也体现出来，此次疫情防控，对基层智能化水平、网络平台建设提出了更高的要求，需要基层在疫情中更广泛、更规范和更专业地通过信息化手段开展价值引导、民生服务、问题回应等工作。新冠肺炎疫情是突发公共安全事件，需要基层在应急储备量、调配运送效率等方面提高风险监测预警和应急储备管理能力，在实操演练和宣传工作上，提高党员干部和群众的应急准备和公共安全意识，在联动机制上强化基层应急管理和协同能力，构建起统一指挥、专常兼备、反应灵敏、上下联动的应急管理体制。

## 二　疫情防控下党建引领基层治理的优势与作用发挥

### （一）彰显了党的政治优势

政治领导力决定着党总揽全局、协调各方领导核心作用的有效发挥，是党进行执政、领导人民群众开展治理的重要引擎。面对新冠肺炎疫情，全国各级党组织都自上而下成立疫情防控领导小组或专班，统筹推进疫情防控中的各项工作，强化基层治理领导核心，保证了疫情防控正确方向。从领导机关到战时指挥部，各级党组织力量下沉、关口前移，充实了基层党组织力量，形成地区、单位、辖区疫情防控的坚强堡垒，践行了服务型党组织使命。同时，通过基层党组织政治功能的发挥，吸纳了一大批先进分子在疫情一线入党，充实了基层防控工作力量。

### （二）彰显了党的组织优势

党的工作和战斗力的基础体现在基层，抓基层、打基础永远是党强基固本、实现党的事业兴旺发达和长治久安的坚实基础，无论什么时候都不能放松对基层的工作力度。疫情来临时，党组织永远站在最前线、守在最危险的地方，不断发挥着组织优势去关注疫情发展和群众流动方向、身体状况。在基层疫情防控工作中，党组织发动一切力量为群众提供生活服务、物资保障，延伸了组织触角，扩大了党组织的影响力和号召力。基层党组织对疫情严防死守、层层把关，严肃疫情期间的政治纪律，把人民群众的生命安全放在最突出的位置，坚决完成上级交办的防控任务。

### （三）彰显了党的思想引领优势

卓越的思想引领力，是打好疫情防控阻击战的精神动力，是确保全党全国任何时候统一意志、统一行动、步调一致的重要保障。党通过意识形态领域的宣传发动，严格落实党中央决策部署，带领广大人民群众迎难而上战胜疫情。通过党的思想引领，基层街道（乡）、社区（村）、社会组织、企业与人民群众建立起广泛而深入的联系，群防群控、联防联控的全面防线不断得到巩固，党组织凝聚起基层疫情防控的强大合力。

## 三　朝阳区在疫情防控中党建引领基层治理的经验与模式

### （一）以政治为引领，各级党组织迅速从领导机关转变为战时前线指挥部

一是统揽靠前指挥。朝阳区第一时间成立疫情防控领导小组建立疫情防控指挥部，并印发相关通知。全区各级党组织担负起疫情防控政治责任，党员干部迅速进入战时状态，下沉一线社区担任疫情防控的指挥员、战斗员。

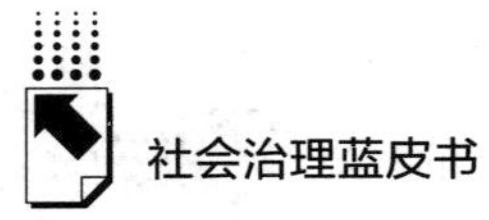


二是上下贯通协同。朝阳区利用好基层党建系统性整体性优势，强化三级党组织［区、街道（乡）、社区（村）］整体联动和条块互动，组织动员辖区党政机关、企事业单位、社会组织的党员到社区报到，下沉到小区、网格等最基层单元格与基层社区干部统一编组，第一时间走到群众之中，当好群众的贴心人、主心骨。

三是部门统筹谋划。在做好优化宣传、联防和隔离等疫情防控工作的同时，统筹基层治理、保障服务民生职责，全区各职能部门协调多元利益群体做好统筹谋划，平衡疫情防控和居民日常生活需求，引领基层各条战线工作力量，奔赴抗疫一线当好疫情防控攻坚队、主力军。

### （二）以组织为引领，社区从治理单元迅速转化为战斗单元

一是基层党组织迅速投入抗疫。社区居干、党员义无反顾投身疫情防控阻击战，基层党组织积极发挥区域化党建工作优势，通过区域化党建联动、社会协同参与、社区呼叫响应等党建引领机制，在社区（村）等疫情防控一线战斗单元，迅速动员、集结基层治理力量参战。

二是突出党员干部示范作用。在抗疫一线，党员干部带头开展连续多轮全覆盖入户大排查，及时摸清社区人员流动等基本面，做好隔离劝阻工作，切断传染源、打好主动仗，以不漏一户、不漏一人的高标准、严要求，用脚步丈量社区宽度，用实心实意敲开群众家门。

三是“党政群”共同织密防控网。社区党组织引领党员干部、党员志愿者以及群众积极分子，并且整合各部门下沉到社区的疾控、综治、城管等各方面工作力量，采取包人到户、包人到片的方式，在辖区开展地毯式拉网排查，织密了社区监测、预警的疫情防控网，每时每刻为人民群众生命安全提供保障。

### （三）以机制为引领，织密联动联防联控网络

一是建立健全联防联控机制。区级部门横向联动，与市级指挥部形成纵向贯通，建立与市级部门联动的处置机制和流程，全覆盖开展关口检查、入

户排查、行业监察，实现走访排查联动、重点人群联防、物资保障联供、社会舆情联控。

二是建立健全群防群控机制。社区党组织调动居民自治组织、物业企业、党员、群众志愿者等工作力量，共同参与社区值守，充分发动群众、依靠群众。

三是建立健全协同参与机制。社区党委通过党建协调工作委员会机制，引导辖区单位的党组织，切实发挥政治属性和服务功能，引领“两新组织”、社区志愿者、专业社工等社会治理力量，积极投身疫情防控斗争，做疫情“前沿哨兵”，协助社区工作者对出入小区人员和外地返京人员进行体温测量、个人信息登记，分发相关通知、倡议书等，并为社区送去消毒液、口罩、办公用品、方便面、饮用水等防疫物资，积极支持社区工作，为一线“战疫”贡献自己的力量。

### （四）以服务为引领，精准迅速供给基层保障

一是做好宣传引导工作。为坚决杜绝疫情持续发展造成的社会恐慌心理和不确定预期影响，宣传、卫健、网信等部门依托线上平台，开展联动宣传，做到权威信息发布及时，为群众做好解疑释惑、普及健康知识等工作，不断回应社会关切，引导社会舆论和公众情绪正向发展。

二是畅通渠道做实保障。农业农村、商务等部门和相关企业开展联动，以满足群众居家生活需求为出发点，设立社区临时便民服务点，保障农贸、农超、农社物资供应充足。针对抗疫一线防疫物资紧缺问题，及时调配专项资金为奋战在一线的党员和干部群众购买口罩、手套等防护物资。

三是走访慰问温暖民心。社区居干、党员、专业志愿者等基层力量，在积极走访排查的同时，为群众送去春联、日历等物品，向群众发放防疫资料、普及健康知识、开展心理疏导，慰问关怀困难群众，让群众感受到党组织的温暖，凝聚起坚决打赢疫情防控阻击战的坚强信心。

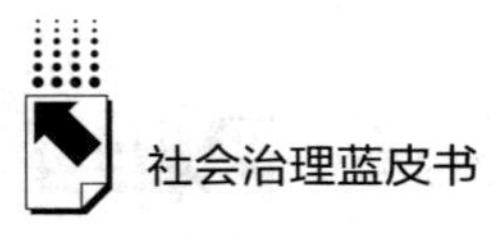


## 四　朝阳区在疫情防控中党建引领基层治理的难点与问题

面对疫情，虽然经受住了此次大考，但在疫情防控中仍发现党建引领基层治理中存在一些难点和问题，这也是进入疫情防控常态化阶段后，基层党建需要着重完善和提高的地方。

### （一）社会参与和社会协同机制还有待完善

在疫情初期，基层自治力量在反应速度、应对措施等方面暴露出意识和能力仍有待加强的缺点，对党组织和上级决策命令依靠性过强，没有充分发挥出主观能动性。基层力量前期参与防疫的渠道、机制、平台不多，各方力量参与基层社会治理的运行机制仍需要进一步健全，常态化的工作制度尚未发挥出应有的效能，从而导致强引领、弱自治的现象。在疫情防控基层力量不足的情况下，“两新组织”作为基层社会治理的重要力量，在疫情防控中的作用发挥不够充分，招募的志愿者中一般社会群众的参与度有待提高。

### （二）智能化、专业化治理仍需继续加强

在疫情期间通过网络平台进行正确的宣传引导、规范服务、问题回应等方面缺乏一定的经验，与群众需求还有一段距离。“三个中心”贯通和党员线上平台建设仍需加强，大数据系统、智能化平台在快速研判收集疫情信息、精准排查重点人群等工作上的应用尚有不足，一定程度上制约了疫情防控工作的有效开展。

### （三）应急转化能力尚需提高

面对重大突发性公共卫生事件，部分基层党员干部和群众由于缺乏实操演练，思想、应对措施等方面都准备不足，在开展具体工作中，社区的一些基础性工作需要边学边做，作用发挥较为迟缓。在基层社会应急管理处理中

对心理干预的认识还不够强，引导群众公共安全自救和互救意识不足。疫情初期，在风险监测预警和公共安全管理方面存在一定的短板，基层治理中的应急处理转化能力还有待提高。

## 五　从疫情防控看朝阳区党建引领基层治理的思考

在疫情防控常态化背景下，朝阳区基层治理要进一步完善社会治理体系，充分发挥党建引领基层各方治理力量的作用，以人民为中心，继续坚持和加强党的政治建设、思想建设、组织建设，正视党建引领与基层社会治理之间还存在的效果不充分的矛盾，不断完善治理体系、搭建治理平台、应用治理新科技，在基层凝聚起实现治理体系与治理能力现代化的伟大力量。

### （一）以人民为中心作为目标，坚持党建引领，提升基层治理体系和治理能力现代化水平

以此次疫情防控为契机，朝阳区基层治理依然要把爱护人民、依靠人民、服务人民作为首要目标，通过提高站位、压实责任、改进作风推进党建引领基层治理。

一是把保障人民群众生命健康安全作为首要任务，联系群众、服务群众。基层党组织应引领广大党员干部在工作中主动亮身份，关键时刻当先锋、作表率，不惧风险、团结奋战，筑牢社区群防群控的严密防线，用实际行动诠释责任。把基层党组织力量、社会力量、市场力量和群众力量有机结合起来，凝聚全社会抗击疫情的治理合力。以此次疫情为契机持续完善联防联控、群防群控的重大突发事件防控体系，不断丰富防控举措。

二是增强群众应急自治能力，满足人民服务需求。以开展应急演练的形式，强化突发事件应对教育力度，加强人民群众应对重大突发事件的心理健康培训，提高基层社会应对重大社会风险的整体能力和水平。尊重和保障人民群众的知情权，做到信息及时公开。不断提高在突发公共安全事件中精准施策、分级管理的能力和水平，有序推动经济发展、社会秩序恢复。

三是坚持党建引领，提高站位、压实责任。基层党组织在基层治理中处于引领地位，要强化基层党组织在社会治理、疫情防控中“第一责任人”的意识，坚守一线摸清底数，为民服务解决难题。根据具体工作要求，明确职责、制定考核指标，尤其是对下沉到社区的党员干部进行考核，确保各项决策能在基层落实落细。

### （二）建立健全完善的党建引领基层治理制度体系

一是健全完善区—街道（乡）—社区（村）三级领导体系，发挥党的领导优势。在重大公共突发事件中，建立以区级统筹协调、区委书记任组长、各重要职能部门为成员单位的领导小组，形成组织联动机制。落实社区（村）直接责任，推动党员干部下沉工作常态化。充分用好基层党员干部和群众自治组织力量，盘活辖区内社会资源，调动各领域、各行业社会力量，积极开展好社会服务。

二是完善民主协商议事制度。社区党组织要开展好主题党日活动，以活动带动辖区多元主体和群众参与到治理决策中，为解决相关问题提供意见建议。

三是完善党员联系群众制度。加大党员联系群众力度，采取多种联系方式，如在职党员通过“双报到”的形式，定期到社区开展为民服务，按照社区党组织和单位党组织的整体安排，联系固定的帮扶对象；流动党员以个人居住地为服务范围，到社区报到主动参加社区党组织活动。

### （三）搭建党建引领基层社会治理的现代化平台

基层党组织要把握“数字化、智能化”发展趋势，依托朝阳区科技优势，用好各级各类智能化平台和辖区内科技企业的力量，实现党建引领传统优势与新兴科技力量的相互融合，提高基层治理效能。

一是用好政务服务云平台。丰富基层政务服务平台内容，集聚便民服务资源。社区服务站不断改造升级，打造线上线下相结合的“一体化”平台，实现“一站式”服务，以智能化建设提升基层社会治理的活力和服务效率。

二是畅通基层参与渠道。针对参与途径不畅的问题，利用科技手段构建基层社区（村）的智能化参与平台，让群众更便利、更有热情地参与到基层治理中去。

三是用大数据思维、智能化手段加强疫情防控网格化管理工作。联合卫健、司法等部门，建立疫情防控信息沟通机制，加强联动，共享信息，及时排除应急管理隐患，减少治理风险。推动“三个中心”贯通，实现数据实时共享，为基层治理以及应急处置工作提供准确信息。加强与科技企业的合作，提升在网络舆情监测、事件趋势研判与分析、预警等方面的能力。

### （四）发挥基层党组织主导作用，推进基层共同体建设

朝阳区应重点发挥党建优势，坚持党组织领导，持续推动区域化党建，加强街道、社区、基层党组织、社会组织之间的联动。

一是把基层党的建设贯穿于社区治理的全过程。当好社区领航人，把好基层建设政治方向，推进社区共同体建设，发挥社区党委议事功能，形成基层治理的新局面。

二是创新体制机制，整合区域力量，探索社区治理转型议事协商机制，机制共商、义务同担，资源共享、事务共办，推动各类资源下沉基层。坚持基层党组织带动群众建设，抱团发展，邻里和睦，实践探索基层治理共同体。

三是健全基层社会治理体系，在疫情防控常态化时期，基层多元力量下沉一线前沿，对症下药、精准施策防控。推进社会治理共同体和治理能力现代化，加大政府与基层的多方监督和管理力度，提升居民委员会地位，协调业主与物业服务企业之间的关系，提高居民素质和参与度，增强人民幸福感和满意度。

### （五）基层党建工作主动向社会组织延伸

后疫情时期，朝阳区应更加重视社会组织在基层社会治理中的专业性作用，通过探索社会组织党的建设工作，带动社会组织积极有效参与基层

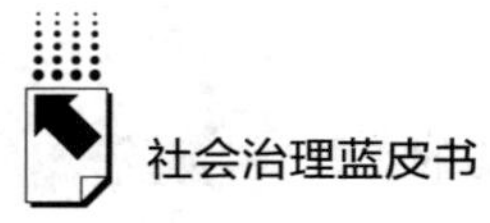


工作。

一是探索社会组织党建工作，鼓励符合条件的社会组织成立党组织。社区党委积极发掘和支持有潜力、有情怀、有诚信的社会组织，积极吸纳高水平治理力量，强化基层党的组织建设。

二是通过发展社会组织来扶持居民自治组织的成长，提升社区尤其是老旧小区治理功能。发挥社会组织的专业性，整合社区功能、空间、环境、人文、管理等五大要素，不断改善老旧小区的硬件设施，完善服务供给，提升治理能力，进而实现基层治理调整和功能归位。

三是推进社会组织改革创新，通过在社会组织中扩大和壮大党员队伍、建立党组织，不断完善让社会组织更加规范、更加科学的运转机制，发挥党建引领下社会组织在基层治理中的战斗力，提高居民对社会组织的整体评价。

## 参考文献

李晓燕：《重大疫情下的基层治理——基于多层治理视角》，《华东理工大学学报》（社会科学版）2020 年第 1 期。

王成国：《守好社区疫情联防联控第一线》，《中国党政干部论坛》2020 年第 5 期。

张玉美、张国祥：《疫情防控下党建引领基层社会治理研究》，《决策与信息》2020 年第 8 期。

王悦、林洁云：《补短板 强弱项 推进基层治理现代化——“疫情与基层治理现代化”高端论坛会议综述》，《社会主义研究》2020 年第 4 期。

孙巍峰：《疫情防控对基层党建的启示》，《党建研究》2020 年第 7 期。

陈荣卓：《疫情大考下中国基层治理的效能与优势》，《湖北政协》2020 年第 9 期。

杨英杰：《大考之下答好城市治理基础题》，《成都日报》2020 年 3 月 25 日，第 7 版。

# B.20 后　记

2020年是“十三五”收官之年，也是“十四五”的接棒之年，在社会治理工作不断取得新成绩但又面临新挑战的今天，本书聚焦“十四五”时期社会治理创新，把握首都社会治理新趋势、立足朝阳区区情实际、抓住政策落实新机遇，对社会治理领域的热点问题进行理论研究和实践探索，对朝阳区在社会治理工作过程中一以贯之又不断开拓创新的工作模式进行总结再提炼，让“党政群共商共治”“社区成长伙伴计划”等具有朝阳区特色的工作经验在新时代持续焕发新的生命力。同时，本书以前沿视野对“十四五”时期朝阳区“统筹好市域、街区、社区三大主体，推进社会治理与社会服务双向发力”等观点进行阐述，沿着社会治理主线对思路、框架、具体措施进行创新，以期通过剖析朝阳区社会治理为“十四五”时期乃至更长一段时间社会治理工作提供借鉴。

# 皮 书

## 智库成果出版与传播平台

### ✤ 皮书定义 ✤

皮书是对中国与世界发展状况和热点问题进行年度监测，以专业的角度、专家的视野和实证研究方法，针对某一领域或区域现状与发展态势展开分析和预测，具备前沿性、原创性、实证性、连续性、时效性等特点的公开出版物，由一系列权威研究报告组成。

### ✤ 皮书作者 ✤

皮书系列报告作者以国内外一流研究机构、知名高校等重点智库的研究人员为主，多为相关领域一流专家学者，他们的观点代表了当下学界对中国与世界的现实和未来最高水平的解读与分析。截至 2021 年底，皮书研创机构逾千家，报告作者累计超过 10 万人。

### ✤ 皮书荣誉 ✤

皮书作为中国社会科学院基础理论研究与应用对策研究融合发展的代表性成果，不仅是哲学社会科学工作者服务中国特色社会主义现代化建设的重要成果，更是助力中国特色新型智库建设、构建中国特色哲学社会科学“三大体系”的重要平台。皮书系列先后被列入“十二五”“十三五”“ 十四五”时期国家重点出版物出版专项规划项目；2013~2022 年，重点皮书列入中国社会科学院国家哲学社会科学创新工程项目。

**权威报告·连续出版·独家资源**

# 皮书数据库

**ANNUAL REPORT(YEARBOOK) DATABASE**

## 分析解读当下中国发展变迁的高端智库平台

### 所获荣誉

- 2020年，入选全国新闻出版深度融合发展创新案例
- 2019年，入选国家新闻出版署数字出版精品遴选推荐计划
- 2016年，入选“十三五”国家重点电子出版物出版规划骨干工程
- 2013年，荣获“中国出版政府奖·网络出版物奖”提名奖
- 连续多年荣获中国数字出版博览会“数字出版·优秀品牌”奖

皮书数据库

“社科数托邦”
微信公众号

### 成为会员

登录网址www.pishu.com.cn访问皮书数据库网站或下载皮书数据库APP，通过手机号码验证或邮箱验证即可成为皮书数据库会员。

### 会员福利

- 已注册用户购书后可免费获赠100元皮书数据库充值卡。刮开充值卡涂层获取充值密码，登录并进入“会员中心”—“在线充值”—“充值卡充值”，充值成功即可购买和查看数据库内容。
- 会员福利最终解释权归社会科学文献出版社所有。

数据库服务热线：400-008-6695
数据库服务QQ：2475522410
数据库服务邮箱：database@ssap.cn
图书销售热线：010-59367070/7028
图书服务QQ：1265056568
图书服务邮箱：duzhe@ssap.cn

社会科学文献出版社 皮书系列
SOCIAL SCIENCES ACADEMIC PRESS (CHINA)
卡号：999276535576
密码：[illegible]

# S 基本子库
# SUB DATABASE

## 中国社会发展数据库（下设 12 个专题子库）

紧扣人口、政治、外交、法律、教育、医疗卫生、资源环境等 12 个社会发展领域的前沿和热点，全面整合专业著作、智库报告、学术资讯、调研数据等类型资源，帮助用户追踪中国社会发展动态、研究社会发展战略与政策、了解社会热点问题、分析社会发展趋势。

## 中国经济发展数据库（下设 12 专题子库）

内容涵盖宏观经济、产业经济、工业经济、农业经济、财政金融、房地产经济、城市经济、商业贸易等12个重点经济领域，为把握经济运行态势、洞察经济发展规律、研判经济发展趋势、进行经济调控决策提供参考和依据。

## 中国行业发展数据库（下设 17 个专题子库）

以中国国民经济行业分类为依据，覆盖金融业、旅游业、交通运输业、能源矿产业、制造业等 100 多个行业，跟踪分析国民经济相关行业市场运行状况和政策导向，汇集行业发展前沿资讯，为投资、从业及各种经济决策提供理论支撑和实践指导。

## 中国区域发展数据库（下设 4 个专题子库）

对中国特定区域内的经济、社会、文化等领域现状与发展情况进行深度分析和预测，涉及省级行政区、城市群、城市、农村等不同维度，研究层级至县及县以下行政区，为学者研究地方经济社会宏观态势、经验模式、发展案例提供支撑，为地方政府决策提供参考。

## 中国文化传媒数据库（下设 18 个专题子库）

内容覆盖文化产业、新闻传播、电影娱乐、文学艺术、群众文化、图书情报等 18 个重点研究领域，聚焦文化传媒领域发展前沿、热点话题、行业实践，服务用户的教学科研、文化投资、企业规划等需要。

## 世界经济与国际关系数据库（下设 6 个专题子库）

整合世界经济、国际政治、世界文化与科技、全球性问题、国际组织与国际法、区域研究 6 大领域研究成果，对世界经济形势、国际形势进行连续性深度分析，对年度热点问题进行专题解读，为研判全球发展趋势提供事实和数据支持。